中国生产力促进中心协会
智慧城市卫星产业工作委员会　推荐

互联网教育从入门到精通

滕悦然　编著

U0433357

化学工业出版社
·北京·

内容提要

《互联网教育从入门到精通》一书由导读（互联网加速在线教育发展）引入，分别从基础篇和应用篇两个部分展开。基础篇，包括在线教育的基本认知、在线教育的政策环境、在线教育的技术支持、在线教育的教学模式、在线教育的产业布局、在线教育的行业发展和在线教育的投资变现七章内容；应用篇，包括在线K12教育、在线早期教育、在线职业教育、在线语言教育、在线素质教育、在线高等教育六章内容。

本书结构清晰、内容丰富、实用性强，可供互联网在线教育机构的管理者、在线教育行业的从业人员，以及新入职的大中专学生，有志于从事在线教育的人士学习参考，可为在线教育机构各级管理人员提供操作指南和借鉴，是在线教育机构各级管理人员的行动指南。

图书在版编目（CIP）数据

互联网教育从入门到精通/滕悦然编著.—北京：化学工业出版社，2020.10
ISBN 978-7-122-37480-6

Ⅰ.①互… Ⅱ.①滕… Ⅲ.①网络教育 Ⅳ.①G434

中国版本图书馆CIP数据核字（2020）第142363号

责任编辑：陈　蕾　　　　　　　　　　　　装帧设计：尹琳琳
责任校对：宋　玮

出版发行：化学工业出版社（北京市东城区青年湖南街13号　邮政编码100011）
印　　刷：北京京华铭诚工贸有限公司
装　　订：三河市振勇印装有限公司
787mm×1092mm　1/16　印张15¾　字数307千字　2020年11月北京第1版第1次印刷

购书咨询：010-64518888　　　　　　　　　售后服务：010-64518899
网　　址：http://www.cip.com.cn
凡购买本书，如有缺损质量问题，本社销售中心负责调换。

定　　价：68.00元　　　　　　　　　　　　　　　　　　　　　　版权所有　违者必究

随着全球化的发展，人与人之间的关系变得越来越紧密，因此对技术的依赖性也越来越强。新一轮人工智能、5G、区块链、大数据、云计算、物联网技术正在改变人们处理工作及日常活动的方式，大量智慧终端也已开始应用于人类社会的各种场景。虽然"智慧城市"的概念提出已有很多年，但作为城市发展的未来，问题仍然不少。但最重要的，是我们如何将这种新技术与人类社会实际场景有效地结合起来！

传统理解上，人们普遍认为利用数据和数字化技术解决公共问题是政府机构或者公共部门的责任，但实际情况并不尽然。虽然政府机构及公共部门是近七成智慧化应用的真正拥有者，但这些应用近六成的原始投资来源于企业或私营部门。可见，地方政府完全不需要由自己主导提供每一种应用和服务。目前也有许多智慧城市采用了借助构建系统生态的方法，通过政府引导、企业或私营部门合作投资，共同开发智慧化应用创新解决方案。

打造智慧城市最重要的动力是来自政府管理者的强大意愿，政府和公共部门可以思考在哪些领域适当留出空间，为企业或其他私营部门提供创新余地。合作方越多，应用的范围就越广，数据的使用也会更有创意，从而带来更出色的效益。

与此同时，智慧解决方案也正悄然地改变着城市基础设施运行的经济效益，促使管理部门对包括政务、民生、环境、公共安全、城市交通、废物管理等在内的城市基本服务方式进行重新思考。而对企业而言，打造智慧城市无疑也为他们创造了新的机遇。因此很多城市的多个行业已经逐步开始实施智慧化的解决方案，变革现有的产品和服务方式。比如，药店连锁企业开始变身为远程医药提供商，而房地产开发商开始将自动化系统、传感器、出行方案等整合到其物业管理中，形成智慧社区。

1.未来的城市

智慧城市将基础设施和新技术结合在一起，以改善公民的生活质量，并加强他们与城市环境的互动。但是，如何整合和有效利用公共交通、空气质量和能源生产等领域的数据以使城市更高效有序地运营呢？

5G时代的到来，高带宽的支持与物联网（IoT）融合，将使城市运营问题有了更好的解决方案。作为智慧技术应用的一部分，物联网使各种对象和实体能够通过互联网相互通信。通过创建能够进行智能交互的对象网络，门户开启了广泛的技术创新，这有助于改善政务、民生、环境、公共安全、城市交通、能源、废物管理等方面。

每年巴塞罗那智慧城市博览会世界大会，汇集了全球城市发展的主要国际人物及厂商。通过提供更多能够跨平台通信的技术，物联网可以生成更多数据，有助于改善日常生活的各个方面。城市可以实时识别机遇和挑战，通过在问题出现之前查明问题并更准确地分配资源以最大限度地发挥影响来降低成本。

2.效率和灵活性

通过投资公共基础设施，智慧城市为城市带来高效率的运营及灵活性。巴塞罗那市通过在整个城市实施光纤网络，采用智能技术，提供支持物联网的免费高速Wi-Fi。通过整合智慧水务、照明和停车管理，巴塞罗那节省了7500万欧元的城市资金，并在智慧技术领域创造了47000个新工作岗位。

荷兰已在阿姆斯特丹测试了基于物联网的基础设施的使用情况，该基础设施根据实时数据监测和调整交通流量、能源使用和公共安全。与此同时，在美国波士顿和巴尔的摩等主要城市已经部署了智能垃圾桶，这些垃圾桶可以传输它们的充足程度数据，并为卫生工作者确定最有效的接送路线。

物联网为愿意实施新智慧技术的城市带来了大量机遇，大大提高了城市运营效率。此外，大专院校也在寻求最大限度地发挥综合智能技术的影响力，大学本质上是一个精简的微缩城市版本，通常拥有自己的交通系统、小企业以及自己的学生，这使得校园成为完美的试验场，智慧教育将极大地提高学校老师与学生的互动能力、学校的管理者与教师的互动效率、学生与校园基础设施互动的友好性。在校园里，您的手机或智能手表可以提醒您一个课程以及如何进入课程，为您提供截止日期的最新信息，并提示您从图书馆借来的书籍逾期信息。虽然与全球各个城市实施相比，这些似乎只是些小改进，但它们可以帮助形成未来发展的蓝图，可以升级以适应智慧城市更大的发展需求。

3.未来的发展

随着智慧技术的不断发展和城市中心的扩展，两者将相互联系。例如，美国、日本、英国都计划将智慧技术整合到未来的城市开发中，并使用大数据来做出更好的决策以升级国家的基础设施，因为更好的政府决策将带来城市经济长期可持续繁荣。

Shuji Nakamura（中村修二），日本裔美国电子工程师和发明家，是高亮度蓝色发光二极管与青紫色激光二极管的发明者，被誉为"蓝光之父"，擅长半导体技术领域，现担任加州大学圣芭芭拉分校材料系教授。中村教授获得了一系列荣誉，包括仁科纪念奖（1996）、英国顶级科学奖（1998），富兰克林奖章（2002），千禧技术奖（2006）等。因发明蓝色发光二极管即蓝光LED，2014年他被授予诺贝尔物理学奖。

诺贝尔奖评选委员会的声明说："白炽灯点亮了20世纪，21世纪将由LED灯点亮。"

当前,以"互联网+"为主要特征的新一代技术革命,为推动人类社会从工业社会迈向信息社会提供了新动能。"互联网+"作为推动社会变革转型的重要技术力量,也是驱动教育发展的要素和动力,对未来教育的发展产生深远的影响。

在线教育(e-Learning)是通过应用信息科技和互联网技术进行内容传播和快速学习的方法,最早发源于美国。自21世纪以来互联网技术逐步实现着进步升级,e-Learning开始在全世界范围内兴起,从北美、欧洲迅速扩展到亚洲等地区。随着在线教育在我国的蓬勃发展,越来越多的国内企业开始涉足在线教育行业,并推出各式各样的在线教育产品,满足用户的多样学习需求。

受益于互联网的便捷和技术的升级,在线教育越来越凸显出优势:突破时间和空间的限制,提升了学习效率;跨越因地域等方面造成的教育资源不平等分配,使教育资源共享化,降低了学习的门槛。现如今,在线教育在大众生活中被广泛接受。虚拟学校、远程教育、网络课堂等形式的出现为在线教育的发展奠定了基础。

在线教育作为近年来互联网领域发展最为迅速的行业之一,随着5G商用的落地,更为在线教育带来了广阔的发展前景和应用空间。在线教育通过人工智能和大数据、VR等技术与教学场景的结合,能够打造出更加生动、有趣,远超线下教学效果的学习场景。在线教育企业有望迎来新的爆发增长期。

而"互联网+教育"计划的制订为信息化促进教育公平、提高教学质量和缩小教育数字鸿沟提供了新动能。2020年年初受新型冠状病毒肺炎疫情影响,在线教育陡然升温,学校和学生对在线教育的需求骤增,在线教育再一次站上风口。"互联网+教育"从一直以来的被动替代中,觅得难得的主动增值与发展的机会。在互联网上进行线上教学与学习,对学校、家长、学生乃至整个教育界,都是一次全新的体验和考验。

基于以上背景,笔者对"互联网+教育"从理论、实践和案例等三方面进行深入分析和探讨,编写了《互联网教育从入门到精通》一书,供读者参考。

全书由导读(互联网加速在线教育发展)引入,分别从基础篇和应用篇两个部分展开。基础篇包括在线教育的基本认知、在线教育的政策环境、在线教育的技术支持、在线教育的教学模式、在线教育的产业布局、在线教育的行业发展和在线教育的投资变现七章内容，应用篇包括在线K12教育、在线早期教育、在线职业教育、在线语言教育、在线素质教育、在线高等教育六章内容。

本书结构清晰、内容丰富、实用性强，可供互联网在线教育机构的管理者、在线教育行业的从业人员，以及新入职的大中专学生，有志于从事在线教育的人士学习参考，可为在线教育机构各级管理人员提供操作指南和借鉴，是在线教育机构各级管理人员的行动指南。

在本书的编写过程中，由于笔者水平有限，疏漏之处在所难免，敬请读者批评指正。

编著者

目录

导读 互联网加速在线教育发展 ·········· 1
  一、互联网+促进教育系统变革 ·········· 1
  二、互联网+促进教育资源均衡 ·········· 3
  三、互联网+促进学习型社会建设 ·········· 5

01
第一部分 基础篇

第一章 在线教育的基本认知 ·········· 9
  一、在线教育的概念 ·········· 9
  二、在线教育的特点 ·········· 10
  三、在线教育的优势 ·········· 11
  四、在线教育的价值 ·········· 13
    相关链接 在线教育与传统教育的区别 ·········· 14

第二章 在线教育的政策环境 ·········· 18
  一、加大校外培训机构整治力度 ·········· 18
    相关链接 《关于规范校外培训机构发展的意见》的具体措施 ·········· 19
  二、在线教育正式纳入监管范围 ·········· 21

相关链接 《关于规范校外线上培训的实施意见》的主要措施……………22
　三、多项政策扶持在线教育发展………………………………………………24
　　相关链接 《关于促进在线教育健康发展的指导意见》解读……………25

第三章　在线教育的技术支持……………………………………………27
　一、5G推动在线教育发展………………………………………………………27
　　相关链接　5G对在线教育的影响……………………………………………30
　二、人工智能赋能在线教育……………………………………………………31
　　相关链接　掌门1对1用人工智能赋能在线教育……………………………35
　　相关链接　在5G和AI的双轮驱动下，教育有何变化………………………37
　三、大数据驱动在线教育革新…………………………………………………40
　　相关链接　人工智能（AI）和大数据助力教学精准化……………………45

第四章　在线教育的教学模式……………………………………………46
　一、同步在线教学模式…………………………………………………………46
　二、异步在线教学模式…………………………………………………………48
　三、基于学习社区的协作学习模式……………………………………………50
　四、基于学情分析工具的精准教学模式………………………………………53
　五、在线翻转课堂教学模式……………………………………………………56
　六、基于学科工具的自主学习模式……………………………………………59
　七、基于问卷调查工具的操练与练习教学模式………………………………61
　八、基于学习资源网站的主题探究教学模式…………………………………63
　九、基于认知工具的支架式的教学模式………………………………………66
　十、基于互联网的互动教学模式………………………………………………69

第五章　在线教育的产业布局 ······ 71

    一、在线教育的商业模式 ······ 71

        相关链接　在线教育B2B2C模式被看好 ······ 75

    二、在线教育的产业链 ······ 76

    三、在线教育的产业竞争 ······ 78

第六章　在线教育的行业发展 ······ 80

    一、在线教育的发展历程 ······ 80

    二、在线教育的发展现状 ······ 82

        相关链接　在线教育持续增长的因素 ······ 84

    三、在线教育的发展规律 ······ 85

    四、在线教育的发展趋势 ······ 88

        相关链接　2019中国在线教育行业热点 ······ 89

    五、在线教育的痛点分析 ······ 92

        相关链接　直击在线教育痛点的发展策略 ······ 94

第七章　在线教育的投资变现 ······ 96

    一、在线教育的盈利模式 ······ 96

    二、在线教育的变现模式 ······ 97

    三、在线教育的增长策略 ······ 101

        相关链接　如何降低在线教育类App的获客成本 ······ 104

02

第二部分 应用篇

第八章 在线K12教育 ·· 109

一、K12教育的概念和优势 ·· 109
二、在线K12教育的市场规模 ··· 110
三、在线K12教育的产业链 ·· 110
  相关链接 在线K12的主要机构 ··· 113
四、在线K12教育的授课方式 ··· 114
五、在线K12教育的OMO模式 ··· 117
  相关链接 OMO模式蓄势待发 ·· 120
六、在线K12的发展趋势 ·· 121
  【案例一】新东方依托东方优播平台主打"小班模式" ················· 124
  【案例二】字节跳动布局K12领域，推出"大力小班" ·················· 126
  【案例三】掌门教育用高科技打造1对1教学模式 ························ 127
  【案例四】跟谁学推出"主讲+辅导"双师模式 ······························ 130
  【案例五】猿辅导推出智能批改产品——小猿口算App ················ 132

第九章 在线早期教育 ··· 134

一、早期教育的概念 ·· 134
二、在线早教的概念 ·· 135
三、在线早教的市场规模 ·· 136
  相关链接 在线教育在学前教育中的优势 ··································· 137
四、在线早教与传统早教的区别 ··· 138

五、在线早教细分领域··138

  相关链接　丰富多样的早教App··141

六、在线早教的发展机遇··143

  相关链接　在线早教的"另类"春天··144

  【案例一】小马快跑推进"线上+线下"，致力打造OMO早教新模式·········147

  【案例二】小步在家早教在内容及形式上的创新·······················148

  【案例三】百词斩推线上早教产品，采用"直播+小班"形式·············150

  【案例四】学而思轻课联手京东探索线上早教消费模式·················152

第十章　在线职业教育··154

一、职业教育的认知··154

二、职业教育的发展路径··156

三、在线职业教育的兴起··158

四、在线职业教育的细分市场··161

五、在线职业教育的行业结构··163

六、在线职业教育的个体应用··165

七、在线职业教育的企业应用··170

八、在线职业教育的发展趋势··172

  相关链接　在线职业教育面临的挑战··174

  【案例一】腾讯课堂助推在线职教机构新升级·························176

  【案例二】新技术赋能尚德机构探索见成效···························178

  【案例三】爱华教育精心打造定制化的一体式服务·····················181

  【案例四】东方教育联合快手升级在线职业教育服务···················182

第十一章　在线语言教育······185

- 一、在线语言教育的概念······185
- 二、在线语言教育的形式······186
- 三、在线语言教育的市场需求······186
  - 相关链接　成人英语教育与青少儿英语教育的区别······187
- 四、在线语言教育的产品类型······188
- 五、在线语言教育的发展趋势······188
  - 【案例一】小米联手51Talk跨界打造在线英语家庭教学······190
  - 【案例二】VIPKID联合华为推出在线教育智能解决方案······191
  - 【案例三】DaDa打造以教学效果为导向的在线学校······193
  - 【案例四】伴鱼少儿英语业务全线升级······195
  - 【案例五】GoGokid推出"学习地图"助力学员语言提升······198

第十二章　在线素质教育······201

- 一、素质教育的概念······201
  - 相关链接　什么是大语文······202
- 二、互联网与素质教育的融合······202
- 三、在线素质教育的驱动力······203
  - 相关链接　崭露头角的在线素质教育······204
- 四、在线素质教育的细分领域······207
- 五、在线素质教育的发展趋势······211
  - 【案例一】学而思进军少儿编程领域······211
  - 【案例二】掌门少儿满足多元素质教育需求······212
  - 【案例三】火花思维推出AI数理思维课······215

【案例四】美术宝推出小熊美术，着重打造AI+美术教育 …… 216

【案例五】爱棋道全面升级十二级课程体系 …… 218

第十三章　在线高等教育 …… 220

一、慕课的概念 …… 220

二、慕课的特点 …… 220

三、慕课在高等教育中的优势 …… 221

四、慕课对中国高等教育发展的影响 …… 222

相关链接　慕课必将成为新时代加速高等教育改革发展的重要引擎 …… 225

五、慕课在高校教育中的应用模式 …… 226

六、慕课在高等教育教学中的应用场景 …… 228

相关链接　慕课在制作上的形式要求程 …… 229

【案例一】慕课连接华东理工大学和喀什大学 …… 231

【案例二】优课联盟建起"没有围墙的优质大学" …… 232

【案例三】学堂在线推出"雨课堂"智慧教学工具 …… 233

【案例四】中国大学MOOC拥有最多国家精品在线开放课程 …… 235

参考文献 …… 238

导读
互联网加速在线教育发展

当前,以"互联网+"为主要特征的新一代技术革命,为推动人类社会从工业社会迈向信息社会提供了新动能。"互联网+"作为推动社会变革转型的重要技术力量,也是驱动教育发展的要素和动力,对未来教育的发展产生深远的影响。

一、互联网+促进教育系统变革

互联网+教育的重点在于利用现代信息技术加快推动知识型、创新型人才培养模式改革,创新跨界融合、精准高效的教育服务业态,推进审慎包容、分布协同的教育治理方式变革,对传统教育生态进行重构。具体表现在图0-1所示的几个方面。

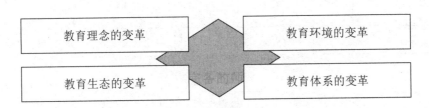

图0-1 互联网+促进教育系统变革的表现

1.教育理念的变革

在"互联网+"的作用下,学校还在,但不再是单一的物理学习空间,而是跨越社会生活边界、区域边界和学科边界,以广义的教育服务资源供给来精准满足多样化、个性化、终身化教育需求的大平台;教室还在,但不再是以讲台为核心的教与学,而是演变成线上线下深度融合、所有参与者充分互动的学习场所;教师还在,但不再只是知识传授的主导者和促进者,而是教学变革的组织者和引导者、信息技术的应用者和推广者、学生成长的激励者和陪伴者。如图0-2所示。

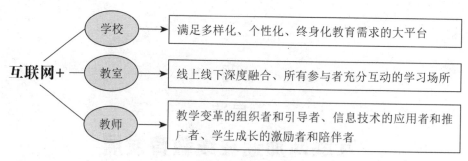

图 0-2　教育形态变革的表现

2. 教育生态的变革

在"互联网+"的作用下,知识的载体不再是书本那么简单,各类数字学习资源(如音频、视频等)、各类电子数字产品(如平板电脑、手机等)、各式学习方式(如同步在线学习、翻转课堂等)将有机结合成新型教育融媒体。

"互联网+"将作为内生变量在教育领域内打破虚实边界、扩大有效供给、整合学习资源、把准学生需求、促进角色转变、提升教学品质、深化制度变革,进而推动整个教育生态的解构与重构。如图 0-3 所示。

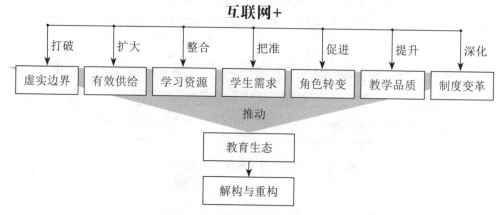

图 0-3　互联网+推动教育生态的变革

3. 教育环境的变革

在"互联网+"的作用下,大数据、物联网、云计算、人工智能、认知心理学等理论和技术得到高速发展,各种智能感知设备与技术无处不在,使师生的身体、行为、性格、精神能被更全面地感知,情境、教学、学习、教务、管理、测评、社交都能被更全面地记录,从而让校园物理环境、教室教学环境、网络学习环境充分融合,将实现图 0-4 所示的转变。

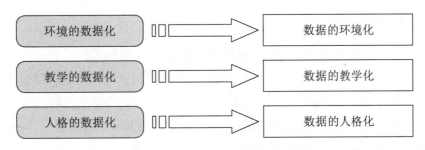

图0-4 教育环境融合后的转变

在这一转变之下,各种信息技术工具产品能够成为领导的智能高参、教师的智能助手和学生的智能学伴,为广大教育工作者和学生提供精准高效的教育服务。

4.教育体系的变革

在"互联网+"的作用下,课上课下、校内校外、区域之间的时空界限被打破,拓展了知识产生、传播和获得的渠道,将功利学习、学段学习延展成自发学习、终身学习。

同时,"互联网+"还能进一步促进优质的教师资源、教学资源和社会信息资源从教育"高地"向"洼地"精准、高效、可持续地流动,向农村、薄弱学校、贫困地区、困难群体倾斜,不断消除数字鸿沟、知识鸿沟,努力实现包容、平等、有质量的教育和学习的目标。

二、互联网+促进教育资源均衡

"互联网+教育"利用先进的科技手段来填补数字鸿沟,打破时间、空间局限,共享教学资源,引导越来越多贫困地区的学生能够享受到更为优质的教育,缩小区域、城乡、校际之间的教育差距。具体表现如图0-5所示。

图0-5 互联网+促进教育资源均衡化的表现

1. 教育起点均衡

让贫困地区的孩子接受良好教育是保障教育起点公平的措施之一。

（1）基础教育领域，利用远程直播、同步课堂等方式，能帮助农村薄弱学校"开齐课、开足课、开好课"，可缓解贫困地区学校师资不足、师资力量弱等问题。

（2）高等教育领域，发展慕课、微课程等互联网教育模式，能打破大学围墙的界限，从而推进高等教育资源的均衡。

2. 教育过程均衡

"互联网+教育"尊重学生的个性，个性化特征为教育过程均衡提供了有力保障。

比如，以"互动反馈系统"为代表的课堂教学信息化系统，能支持教师实施面向每个学生个体的精准教学。教师只要通过应答系统收集学生信息就可以立即知道每位学生回答的正误以及相应答案的统计情况，并可据此及时调整教学方法、策略及进程，从而更好地因材施教。

3. 教育结果均衡

教育结果均衡的目标可定位在"让受教育者人人学有所得、学有所用"。"互联网+教育"首先要提升学生在互联网学习中的获得感、满足感。STEAM教育［集科学（Science）、技术（Technology）、工程（Engineering）、艺术（Arts）、数学（Mathematics）多领域融合的综合教育］、创客教育等新教育模式都强调面向实践、跨学科知识和技能的应用。这种倡导学生利用各种工具资源创造产品的理念和模式，颠覆了以往的传统学习方式，将学生置于一个充满创造力的环境之中，引导学生主动尝试，把想法变成现实。

> **微视角**
>
> 这种新的教育模式锻炼的是学生灵活运用知识解决实际问题的能力，以实现培养适应社会发展的复合型人才的目标。

4. 教育质量均衡

优质教育包含图0-6所示的多个维度，"大数据""云计算""人工智能"等技术在这些方面多有突破。教学信息化系统的应用使每个学生的学习情况得到即时呈现和及时反馈，实现了因材施教。学生在以深度交互、群体协同、探究分享、评价激励为特征的网络学习中，不断提升学习的主动性和学习技能，不仅获得个性化的发展，而且更容易实现以知识建构为特征的深度学习。

图 0-6　优质教育包含的维度

5. 教育管理均衡

在信息技术广泛深入应用于教育教学的基础上,教育体系的整体变革和创新发展是教育改革进一步深化的关键,基于互联网的教育治理是撬动未来教育改革的杠杆。互联网将教育管理引向了扁平化。在网络学习平台的支持下,校长及其他行政管理人员可以直接看到一些学习和培训的活动过程,直接掌握学生和教师发展的第一手资料,进而能够快速调配资源,为学生或教师进行服务。

三、互联网+促进学习型社会建设

互联网的发展正在并将持续改变着我们所处的这个时代。"互联网+"已经上升为国家战略,成为我国经济社会创新发展的重要驱动力量。学习型社会是基于教育全面充分创新发展的一种社会形态,是人类社会发展的一种重要理想和价值追求。在"互联网+"背景下,大力推动和持续发展终身教育,将助力我国学习型社会建设不断实现新跨越。

1. 寻求教育生态优化

"互联网+教育"寻求基于技术变革和融合发展的教育生态优化。"互联网+教育"首先是互联网技术手段在教育上的应用,是利用网络技术、多媒体技术、交互技术等技术手段实施的教育形式。进一步说,"互联网+教育"是以互联网为基础设施和创新要素,构建了新的教育生态和服务模式,这一新的教育生态跨越了学校和课堂的界限,构建开放的教育服务体系,能够满足知识社会和信息时代学习者对教育的新需求。

2. 促进全民终身学习落地生根

"互联网+"使得教育走向真正的开放,人人都是资源的创造者,知识快速形成和积累,学习资源前所未有的丰富。在"互联网+教育"背景下,更为关键的是"以学习者为中心",互联网、人工智能等技术的快速发展使学习者获取知识的渠道不再局限于单一的学校和培训机构，学习者可以通过互联网，自主选择自己想要学习的知识，未来的学校和教师都会随着技术的发展在形态上发生较大的变化，如图0-7所示。

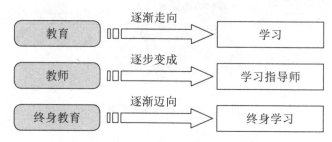

图0-7　未来的学校和教师在形态上的变化

3. 助推学习型社会建设

学习型社会建设强调教育空间的开放性和学习资源的社会性，更强调的是全方位、立体化地对学习成果的应用和创新。构建学习型社会，必须有许多学习型个体和学习型组织作为基石才能建成。"互联网+教育"在促进学习型个体和学习型组织发展的同时，促进了学习型个体和学习型组织的自我进化能力。"互联网+"提供的是资源、手段，更是一种开放的思维模式，改变原先封闭的状态，便能加速自我进化的能力。

"互联网+"下的学习型社会是一幅绚丽画卷。学习型社会的理念和思维模式与"互联网+"思维在很多方面呈现出一致性，如图0-8所示。

图0-8　学习型社会与互联网+在思维模式上的相同性

我国政府重视"互联网+"战略，重视学习型社会建设，将促进我国建设学习大国、创新大国，有利于实现可持续发展，为全球各国建设学习型社会积累中国经验，讲述中国故事，传播中国模式。

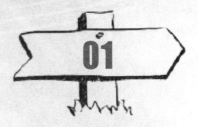

第一部分
基础篇

随着互联网的普及,网络技术不断地进步和发展,在线教育应运而生,接受度和渗透率正在持续提升。

第一章
在线教育的基本认知

> **导言**
>
> 在当前"互联网+"的发展下,在线教育的兴起,改变了人们对于教育行业的定义。互联网改变了人的认知,也促进了教育的创新,从教学思想、教学理念、教学组织形态、教学方法等都将改变。

一、在线教育的概念

在线教育(e-Learning),或称远程教育、在线学习,现行概念中一般指的是一种基于网络的学习行为,与网络培训概念相似。

简单来讲,就是通过网络学习,使用各种终端完成学习的各个环节。如通过看视频、看课件、在线互动、看直播等方式进行学习。

二、在线教育的特点

在线教育具有图1-1所示的特点。

图1-1　在线教育的特点

1. 最大化的资源利用

各种教育资源通过网络跨越了时空的限制，使学校教育在影响范围上，超出学校和校园，能够向更广泛的地区传播，成为一种辐射式的开放教育。在学科优势和教育资源优势一定的情况下，学校等教育机构可以把最优秀的教师及最好的教学成果，通过网络传播到四面八方。

2. 自主化的学习行为

网络技术应用于远程教育，网络教育的便捷灵活，也就被所有使用者认识，这种学习模式直接体现了主动学习的特点，用户在学习行为上充分自主化，满足了现代教育的目标和终身教育的需求。

3. 全互动的学习形式

教师与学生，学生与学生，平台与师生之间，通过网络进行全员互动交流，拉近了教师与学生的心理距离，扩大了教师与学生的交流范围，使平台能够充分解决并了解双方的需求，通过计算机对学生提问类型、人数和次数等的统计分析，使教师了解学生在学习中遇到的疑点、难点和问题，全方位地把握学生的整体学习心态，从而有针对性地进行辅导。

4. 个性化的教学模式

在线教育中系统对每个网络学员的个性资料、学习过程和阶段情况等，都可以实现完整的系统跟踪记录。与此同时,完善的教学服务系统,可根据系统记录的个人资料,针对不同学员提出个性化学习建议。可以说,在线教育为个性化教学提供了现实有效的实施途径。

5.网络化的教学管理

计算机网络的教学管理平台,具有自主管理和互动处理功能。在实际的网络教学管理中,学生的咨询、报名、交费、选课、查询、学籍管理、学业与考试管理等,都可以通过网络远程交互的方式来完成,达到了非常高的便利性与自动性。

三、在线教育的优势

与传统线下教育方式相比,在线教育具有图1-2所示的优势。

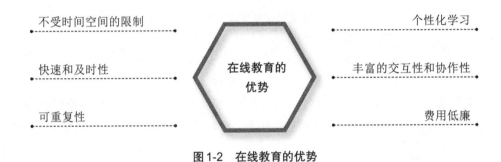

图1-2　在线教育的优势

1.不受时间空间的限制

在线学习可以做到随时随地进行,不受时间、空间的限制。其优势表现在图1-3所示的3个方面。

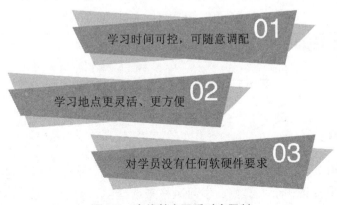

图1-3　在线教育不受时空限制

2.快速和及时性

在线学习无需下载,无需等待,可以快速获取想要学习的内容。其优势表现在图1-4所示的3个方面。

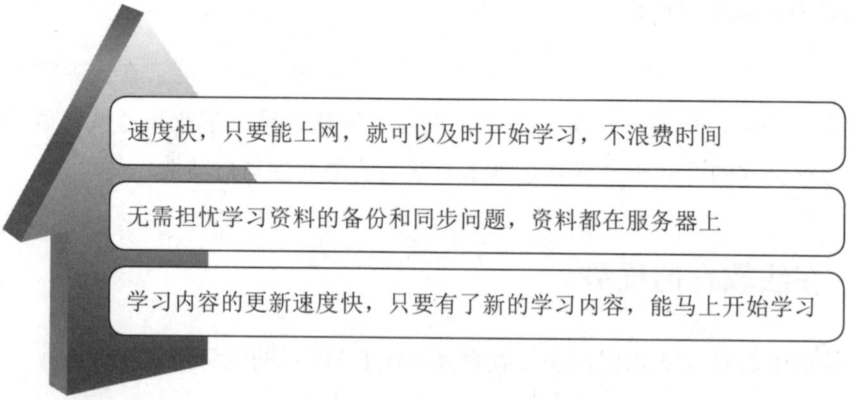

速度快,只要能上网,就可以及时开始学习,不浪费时间

无需担忧学习资料的备份和同步问题,资料都在服务器上

学习内容的更新速度快,只要有了新的学习内容,能马上开始学习

图1-4　在线教育在快速和及时性上的优势

3.可重复性

在线学习可以反复学习,因此学员可以根据自己学习的需要,重听或重学部分内容,从而更好地掌握所学内容,并充分巩固学习效果。其优势表现在图1-5所示的3个方面。

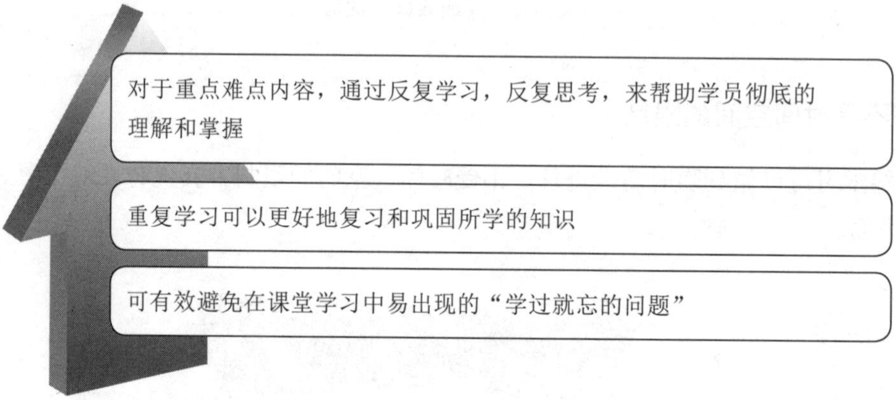

对于重点难点内容,通过反复学习,反复思考,来帮助学员彻底的理解和掌握

重复学习可以更好地复习和巩固所学的知识

可有效避免在课堂学习中易出现的"学过就忘的问题"

图1-5　在线教育在可重复性上的优势

4.个性化学习

在线学习能很好地实现个性化学习,学员可以根据自己的时间安排学习进度,根据自己的需求、知识背景、个人喜好、学习风格来选择学习内容,有效地增强了学习的针对性,从而提高个人的学习效率。其优势表现在图1-6所示的5个方面。

1	相当于一对一的教学
2	按需学习，可以选择自己需要的内容，有针对性地学习
3	按效学习，可以按照自己的学习效果，判断是继续学习和巩固已有知识，还是应该学习新知识
4	按兴趣学习，因为"兴趣是最好的老师"
5	效率高，通常自主选择的内容，学习能动性比较高，学习效率自然就高

图1-6　在线教育在个性化学习上的优势

5.丰富的交互性和协作性

在线学习可以方便地实现学员之间互相交流和协作，可以及时地把自己的想法与他人进行沟通。其优势表现在图1-7所示的2个方面。

图1-7　在线教育在交互性和协作性上的优势

6.费用低廉

在线教育的学习费用相对线下教育来说较为低廉，学习效果相差无几，却为学员节省了差旅、住宿、教师、教室、资料等大量的费用，这就意味着相同的成本可以学习更多的东西。

四、在线教育的价值

随着终身学习、学习型社会理念的兴起，终端及网络技术的成熟，在线教育的价值也更加凸显,这就使得学习的主要矛盾从过去的日益增长的学习需求与学习资源不足转变成为学习者对学习个性化的要求与学习资源丰富性之间的矛盾。在这样的矛盾转变中,在线教育体现出图1-8所示的价值。

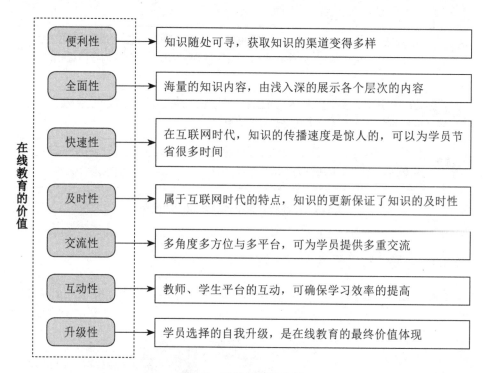

图1-8 在线教育的价值

 相关链接

在线教育与传统教育的区别

1. 教育对象

(1)传统教育。传统教育的教育对象具有大致相同的年龄和知识程度,并且以青少年为主,教育对象整体较为单一,存在的问题也具有一定的范围。

(2)在线教育。在线教育的学习者,在年龄和知识层次上会有很大差异。在线教育面向的对象是整个社会成员,而非某个年龄阶段的人群,具有大众化的特点。在线教育以其丰富灵活的教学方式,完全开放的教育模式,为不同年龄、不同性别、不同职业、不同身份、不同地区的人提供相对平等的参与学习的机会和条件,这种方式能够使他们跨越社会、家庭、经济、时间、空间、生理等多方面障碍,获得个人所需的学习资源。

2. 教育目的

（1）传统教育。传统教育模式，学生在教师规定的学习时间内完成教学计划规定的学习任务，考试合格后获得相应的学历证书，这种方式是通过升学毕业的导向来启动教学机制的，传统教育的实质是应试教育，在一定程度上，把学生的考试成绩作为评价教育质量的标准。传统教育与学历教育为主，通过选拔淘汰考试制度来培养人才。

（2）在线教育。在线教育模式，除了学历教育模式外，更多是继续教育、职业培训和终身学习，学员接受在线教育的主要目的是通过这种方便快捷的学习方式来获取新的知识，与之前的学习相比，学员所关注的是学习效果，学到的内容能否快速的应用于生产需求，学习内容是否紧密联系实际。以互联网为依托，在线教育形成覆盖全国城乡的开放教育系统，将学历教育与职业教育、成人教育和高等教育融为一体，而且提供了多个教育层次，为学员提供多样化的教育服务。整体来说，在教育目的方面，在线教育不能替代传统教育所追求的学历教育，但是除了学历教育，在线教育有更为广阔的突破，这是传统教育无法做到的。

3. 教育方式

（1）传统教育。传统教育的教育方式比较简单明了，一般情况下，由教师来评价学生的学习状况，教师在整个学习过程中处于主导地位，所以说传统教育通常以教师为中心，教师的主导作用较为明显。

（2）在线教育。在线教育最重要的影响是提出了"翻转课堂"的教育模式，并重新调整课堂内外的时间，将学习的决定权从教师转移给学生。在这种模式下，学生不单能从课堂上学习知识，还可以通过观看视频讲座，阅读电子书，通过互联网查询所需资料，在网络上与其他学生进行讨论，来实现自主学习。在课后，学员自主规划学习内容、把握学习节奏。教师有更多的空余时间与每个学员进行交流，采用不同的方法来满足不同学员的需求，促成他们个性化的学习。

4. 教育创新

（1）传统教育。知识相对陈旧，是传统教育的一个弊端，一个大学生刚出校门，就有一些知识，不再适应社会的发展，很多专业对口的专门人才，在进入社会后被迫转行的情况相当严重，主要是因为专业设置的口径狭窄，课程结构固定，教学内容不能及时更新。通过这种方式培养出来的学生，虽然理论知识扎实，但实际运用能力相对较差。传统教育的创新主要是以行业为主，在行业内的信息或方式创新，并不是单个学生的个人学习内容或模式的创新，所以这种创新的影响力较为有限，依旧是为了培养专业对口的人才。

（2）在线教育。与传统教育相比，在线教育培养的并不是纯粹的专业对口人才，而是一种适合互联网时代的全新型信息化人才。在线教育，着手培养具有高度创新能力和较强信息处理能力的新型人才。在实际的教育中，在线教育利用计算机技术提供了现代教育手段，突破了传统教育中的限制和约束，扩大了信息及时性和知识传播的区域，增加了知识呈现的种类和手段，为学员创造新的思维发展以及创造能力的孕育提供了肥沃的土壤，在线教育不强调直接灌输给学员大量的知识，而是通过着重指导和帮助让学员掌握学习的方法及灵活运用知识的能力。

5.教育资源

（1）传统教育。传统教育存在一个较大的问题，即师资力量分布不均衡，主要是受地域、经济方面资源的限制。同时，在传统教育中，教师授课的薪资和场地费用等经营成本在传统培训行业中，往往占了一半，这加重了师资力量的分散。

（2）在线教育。互联网时代的优势在于方便快捷，不受地域限制，传统教育中存在的很多问题，对于互联网而言是比较容易解决的。与传统教育的培训机构相比，在线教育能够轻易地跨越地域限制，可把北京、上海、武汉等高校密集区的优质资源扩展到全国。与此同时，在线教育甚至能将国外的优质资源充分整合到国内，快速地让学习者了解国外的学习动态。以美国的可汗学院（Khan Academy）为例，一个在学院上公开展示的视频和课程，有可能随后就会出现在国内学习者的眼前，而且还是汉语翻译版本。

6.教育环境

（1）传统教育。传统教育模式中，学生都是固定在教室学习，在整个学习过程中，教师要求学生按时上学，按时上课，不准迟到早退，不准开小差。而一个班级里的学生，学习层次良莠不齐，统计差异明显，教师只能针对大部分人的学习水平去讲课，对于学习成绩特别好或者相对差的学生而言，这种学习模式显然不够高效。所以，在传统教育中，一个学生想要获得成绩上的进步，更依靠个人努力，教师能提供的帮助有限。

（2）在线教育。随着移动互联网的迅速发展，在线教育模式中，学员在任何时候和地方都可以开始上课，并且是想学就学，随开随选，哪怕是在等公交车的几分钟里，也可以完成一个知识点的学习，碎片化的学习模式十分明显。同时，在线教育是一个完全开放和自由的空间，对于学员的成绩提升问题，在线教育充分利用大数据分析的方式，进行个性化的指导，推送针对性的习题和课程，让学员快速有效地提高成绩，这是在线教育做得较好的一个方面。

7.师生体验

（1）传统教育。传统教育主张以教师为中心，所以一直以来都是教师的地位比较高。虽然在学习过程中，教师与学生有着紧密联系，但是对学生个人而言，与教师的关系主要还是教与学的关系。当然，传统教育有利于师生之间的情感交流，在讲授过程中有利于学生和教师发生灵感、思想相互碰撞，具有其特殊的优势。

（2）在线教育。在线教育的学生处于一种更加分离的状态，这种状态与传统教育相比更加宽松。在教学过程中，教师经过精心的教学设计，把学习内容制作成利于学员自主学习的教学课件，学生根据自己的个人需求自主选择学习内容、学习形式，自主安排学习时间、学习进度。在整个学习过程中，学员与老师的关系主要是在于学习之后的交流，比如作业答疑等多种对话形式，多种交互反馈机制，教师变成了学员学习的指导者和帮助者。在线教育中，原本教师身份的意义有所降低，主要以学习的主体——学员为中心。

总体来说，传统教育与在线教育是补充融合的方式，也是很多高校正在探索的混合式学习模式，更是信息化2.0探索的趋势。如何将技术融合、应用到教育领域一直是"互联网+"背景下的重要课题。

第二章
在线教育的政策环境

> **导言**
>
> 拉动教育培训行业的，不管是线下教育还是在线教育都依靠两个方面：一是市场，二是政策。政策导向代表着一个行业的形成，也代表行业中某些规制，更代表了教育的整个宏观发展方向。

一、加大校外培训机构整治力度

自2016年至今，国家不断加大对课外培训行业的规范整顿力度，相关政策频出，2018年开始，国家的规范治理要求更加细化。

（1）2018年2月，教育部等四部委发布《关于切实减轻中小学生课外负担开展校外培训机构专项治理行动的通知》，该《通知》的核心治理任务就是：面向中小学生的培训机构均要取得办学许可证。同时，建立黑白名单制度，县级教育行政部门牵头建立《白名单》，公布无不良行为校外培训机构名单；建立《黑名单》，公布有安全隐患、无资质和有不良行为的校外培训机构名单。

（2）2018年8月，国务院发布《关于规范校外培训机构发展的意见》，针对当前校外培训机构存在的有安全隐患、证照不全、超前培训、超标培训等突出问题，从规范校外培训机构的关键环节入手提出了一系列措施，对于推动各地健全校外培训机构设置标准，加强校外培训机构日常监管，规范校外培训市场秩序，减轻学生过重课外负担具有重要意义。

（3）2018年11月，教育部等发布《关于健全校外培训机构专项治理整改若干工作机制的通知》，该《通知》强调各地一要完善教育部门牵头，多部门参加的联合执法机制，加大跨部门联合执法力度，对无证开展培训、非学科类培训机构开展学科培训及其他违规开展培训的机构要坚决予以查处，并提请市场监管部门依法吊销营业执照，消防部门要全面对校外培训机构开展消防监督检查，消除安全隐患。二要加快证照办理进度，教育行政部门重点做好学科类培训机构审批，市场监管部门要加快为符合标准的校外培训机构办理营业执照；对于非学科类培训机构数量较大的省份，省级教育行政部门可会同市场监管部门，在确保有效监管的前提下，制定符合实际的整改方案并加快整改进度。三要组建备案审核专家团队，科学制定审核、研判办法，做好学科类培训是否超前超标教学的认定工作，完成各培训机构所办学科类培训班的名称、培训内容、招生对象等备案审核工作。四要通过全国统一的校外培训机构管理服务平台，实现对校外培训机构的全过程管理，并依托平台面向社会公布校外培训机构的有关信息，受理群众投诉，接受各界监督。五要强化在线培训监管，按照线下培训机构管理政策，同步规范线上教育培训机构，切实减轻中小学生过重学业负担。

相关链接

《关于规范校外培训机构发展的意见》的具体措施

2018年8月22日，国务院办公厅印发了《关于规范校外培训机构发展的意见》（以下简称《意见》）。《意见》提出了四方面具体措施。

一、明确设置标准

《意见》强化了校外培训机构设置标准，把标准制定权交给了省级，要求省级教育部门会同有关部门，结合本地实际，研究制定校外培训机构设置的具体标准。

但同时，为了确保最低门槛，对各地标准提出了底线要求。

（1）场所条件方面，要求校外培训机构必须有符合安全条件的固定场所，同一培训时段内生均面积不低于3平方米，确保不拥挤、易疏散；必须符合国家关于消防、环保、卫生、食品经营等管理规定要求。

（2）师资条件方面，要求校外培训机构必须有相对稳定的师资队伍，不得聘用中小学在职教师。培训人员必须遵守宪法和法律，热爱教育事业，具有良好的思想品德和相应的培训能力；从事语文、数学、英语及物理、化学、生物等学科知识培训的教师必须具有相应的教师资格。

（3）管理条件方面，要求校外培训机构必须做到党的建设同步谋划、党的组织同步设置、党的工作同步开展，确保正确的办学方向。必须有规范的章程和相应的管理制度，明确培训宗旨、议事决策机制、办学资金、保障条件、业务范围和服务承诺等。

二、依法审批登记

针对当前不少机构证照不全、脱离监管的现状，《意见》提出要"先证后照"，要求校外培训机构必须经审批取得办学许可证后，并登记取得营业执照（或事业单位法人证书、民办非企业单位登记证书，下同），才能开展培训。已取得办学许可证和营业执照的，如不符合设置标准，应当按标准要求整改，整改不到位的要依法吊销办学许可证。

同时，《意见》明确提出校外培训机构审批登记实行属地化管理，县级教育部门负责审批颁发办学许可证。校外培训机构在同一县域设立分支机构或培训点的，均须经过批准；跨县域设立分支机构或培训点的，需到分支机构或培训点所在地县级教育部门审批，确保所有校外培训机构都纳入监管范围。

三、规范培训行为

《意见》从校外培训的核心环节入手，加强对校外培训机构特别是学科知识类培训机构的管理，对培训的内容、时间、班次、进度、形式、宣传、收费等都提出了明确要求。

（1）细化培训安排。校外培训机构开展语文、数学、英语及物理、化学、生物等学科知识培训的内容、班次、招生对象、进度、上课时间等要向所在地县级教育部门备案并向社会公布；培训内容不得超出相应的国家课程标准，培训班次必须与招生对象所处年级相匹配，培训进度不得超过所在县域中小学同期进度。校外培训机构营业时间不得晚于20:30，不得留作业，严禁组织举办中小学生学科类等级考试、竞赛及进行排名。

（2）践行诚实守信。校外培训机构应实事求是地制定招生简章、制作招生广告，向审批机关备案并向社会公示，杜绝培训内容名不符实。不得以暴力、逼迫等手段强迫学生接受培训。

（3）规范收费管理。校外培训机构的收费时段与教学安排应协调一致，不得一次性收取时间跨度超过3个月的费用。培训机构收费项目及标准应当向社会公示，不得在公示的项目和标准外收取其他费用，不得以任何名义向培训对象摊派费用或者强行集资。

四、强化监督管理

日常监管至关重要，《意见》着重健全校外培训机构日常监管机制，明确各部门职责，形成工作合力，通过落实年检年报和公布黑白名单等制度，强化对校外培训机构的全过程监管。

（1）完善日常监管。要求各地切实加强对校外培训机构办学行为的日常监管，落实教育、市场监管、人力资源社会保障、机构编制、民政部门、公安、应急管理、卫生、食品管理部门、网信、文化、工业和信息化、广电部门等各部门职责，健全监管责任体系和工作机制。

（2）落实年检年报制度。提出县级教育部门要会同有关部门完善管理办法，认真组织开展年检和年度报告公示工作。对经年检和年报公示信息抽查检查发现校外培训机构隐瞒实情、弄虚作假、违法违规办学，或不接受年检、不报送年度报告的，要依法依规严肃处理，直至吊销办学许可证，追究有关人员的法律责任。

（3）公布黑白名单。全面推行白名单制度，对通过审批登记的，在政府网络上公布校外培训机构的名单及主要信息。要求各地建立负面清单，对已审批的有负面清单所列行为的校外培训机构，从白名单上清除并列入黑名单；未经批准登记、违法违规举办的校外培训机构，予以严肃查处并列入黑名单。同时，将黑名单信息纳入相关信用系统及平台，严肃对相关企业的惩戒。

二、在线教育正式纳入监管范围

近年来国家对互联网行业不再持观望和宽容态度，未来行业监管政策将逐渐与线下同步。

（1）2018年8月，《中华人民共和国民办教育促进法实施条例（修订草案）（送审稿）》第16条，第一次对在线教育进行政策层面的规范，涵盖许可与备案等相关规定和要求。

资讯平台

2018年8月10日司法部对外公开的《中华人民共和国民办教育促进法实施条例（修订草案）（送审稿）》，其中第16条提到：

利用互联网技术在线实施学历教育的民办学校，应当取得同级同类学历教育的办学许可和互联网经营许可。

利用互联网技术在线实施培训教育活动、实施职业资格培训或者职业技能培训活动的机构，或者为在线实施前述活动提供服务的互联网技术服务平台，应当取得相应的互联网经营许可，并向机构住所地的省级人民政府教育行政部门、人力资源社会保障部门备案，并不得实施需要取得办学许可的教育教学活动。

实施培训教育活动的互联网技术平台，应当对申请进入平台的机构或者个人的主体身份信息进行审核和登记。

（2）2018年11月，教育部、国家市场监管总局、应急管理部三部门办公厅联合印发《关于健全校外培训机构专项治理整改若干工作机制的通知》，重点提出了对于在线教育机构的监管；明确在线教育培训班的名称、内容、招生对象、进度安排、上课时间等；要求展示出所有教师的备案资料，要求教师都具有教师资格证，同时规定了对于兼职教师的限制。

（3）2018年12月，教育部发布了《教育部办公厅关于严禁有害App进入中小学校园的通知》，通知要求立即开展全面排查，严格审查进入校园的学习类App，加强学习类App日常监管、探索学习类App管理使用的长效机制。

（4）2019年7月，教育部等六部门联合印发《关于规范校外线上培训的实施意见》，提出2020年12月底前基本建立全国统一、部门协调、上下联动的监管体系，基本形成政府科学监管、培训有序开展、学生自主选择的格局。

微视角

《关于规范校外线上培训的实施意见》是国家层面颁布的第一个专门针对规范校外线上培训活动的规范性文件，具有十分重要的意义，将有力促进校外线上培训持续健康有序发展。

（5）2019年8月，教育部等八部门联手印发了《关于引导规范教育移动互联网应用有序健康发展的意见》，这是国家层面发布的首个全面规范教育App的政策文件，对促进"互联网+教育"的发展具有重要意义。在供给侧方面，该意见提出建立备案制度。由教育部制定教育App备案管理办法，明确备案流程和内容，依托国家教育资源公共服务平台为备案登记工作提供信息化支撑，汇总各省级教育行政部门备案信息，并向社会提供查询渠道。在需求侧方面，该意见压实了教育行政部门和学校在教育App推荐、选用及运营维护中的责任。

相关链接

《关于规范校外线上培训的实施意见》的主要措施

《关于规范校外线上培训的实施意见》（以下简称《实施意见》）提出的措施主要包括实施备案审查制度、开展排查整改和健全监管机制等三个方面。

一、实施备案审查制度

主要内容包括三个方面。

（1）明确备案审查重点。主要对培训机构、培训内容和培训人员三方面情况进行备案。

（2）明确备案审查流程。具体的备案流程是：校外线上培训机构在取得ICP备案[1]、网络安全等级保护定级备案的证明、等级测评报告后，向机构住所地的省级教育行政部门申请备案。具体备案细则由各省（区、市）制定。

（3）明确备案变更流程。备案内容产生变更时，应及时提交变更内容说明和变更材料，省级教育行政部门依据备案要求对提交的变更材料进行审查。

二、开展排查整改

主要包括以下三个方面的内容。

1.排查要求

明确省级教育行政部门要会同网信、电信、公安、广电、"扫黄打非"等部门制定排查方案，因为这个工作技术性很强，相关部门在技术上要进行把关，要组织对本省（区、市）申请备案的校外线上培训开展排查，要求在2019年12月底以前完成排查工作，并对存在的问题提出整改意见。

2.排查的重点

对备案审查和日常监管重点提出了五个方面的规定。

（1）在培训内容上，明确学科类课程培训内容不得超出国家课程标准，须与学生所在年级相匹配，也就是禁止超前超标培训。

（2）在培训时长方面，要求每节课的培训时长不得超过40分钟。这也是保护学生视力健康的需要。课程间隔不少于10分钟，面向境内义务教育阶段学生的直播类培训活动结束时间不得晚于21点。到21点必须停止线上培训活动，让学生早一点休息，因为第二天还要上课。

（3）在培训人员方面，要求培训机构具有完善的招聘、审查、管理的办法，严格把好培训人员素质关，特别是从事学科知识培训的人员，文件当中都点出来了哪些学科，承担这些学科培训任务的老师应当具备国家规定的相应教师资格。

（4）在信息安全方面，要求按照《中华人民共和国网络安全法》的要求落实好三项制度，确保信息安全，防止泄露学生有关信息。

（5）在规范经营方面，要求在培训平台显著位置公示收费项目、标准及退费办法，不得收取超过60课时或者3个月的培训费用，有规范的合同格式，降低群众消费风险。

3.限期整改

经排查发现问题的线上校外培训机构应按照整改意见认真进行整改，整改工作要在2020年6月底前完成。省级教育行政部门要联合有关部门对逾期没有完成整改或整改不到位的校外线上培训机构进行查处，视情节暂停或者停止培训活动，包括停止平

---

[1] ICP，Internet Content Provider，网络内容提供商。

台的运营、下架培训应用、关闭微信公众号、依法进行经济处罚等。

三、健全监管机制

包括强化综合治理、建立黑白名单和加强行业自律三个方面。建设全国校外线上培训管理服务平台，明确教育、网信、电信、公安、广电、"扫黄打非"等部门的职责分工。通过建立黑白名单实现动态监管，强化社会监督；倡导行业自律，引导企业认真履行服务承诺，提高培训质量。

此外，《实施意见》还从完善工作机制、加强公共服务、强化问责考核等方面明确了组织实施要求，确保工作目标和规范措施能够落到实处。

三、多项政策扶持在线教育发展

随着互联网技术的发展和运用，在线教育越发得到重视，相关政策法规的出现，进一步促进在线教育健康发展。2019年，对于在线教育来说，是至关重要的一年，监管和鼓励政策双管齐下。

（1）2018年4月，教育部印发《教育信息化2.0行动计划》，提出如下基本目标：通过实施教育信息化2.0行动计划，到2022年基本实现"三全两高一大"的发展目标，即教学应用覆盖全体教师，学习应用覆盖全体适龄学生，数字校园建设覆盖全体学校，信息化应用水平和师生信息素养普遍提高，建成"互联网+教育"大平台，推动从教育专用资源向教育大资源转变、从提升师生信息技术应用能力向全面提升其信息素养转变、从融合应用向创新发展转变，努力构建"互联网+"条件下的人才培养新模式、发展基于互联网的教育服务新模式、探索信息时代教育治理新模式。

（2）2019年2月，国务院《加快推进教育现代化实施方案（2018—2022年）》提出

"大力推进教育信息化。着力构建基于信息技术的新型教育教学模式、教育服务供给方式以及教育治理新模式。"

（3）2019年2月，中共中央、国务院印发了《中国教育现代化2035》，提出"创新教育服务业态，建立数字教育资源共建共享机制，完善利益分配机制、知识产权保护制度和新型教育服务监管制度。"

（4）2019年3月，国务院《政府工作报告》明确提出"发展'互联网+教育'，促进优质资源共享"。

（5）2019年9月，教育部等十一部门联合印发《关于促进在线教育健康发展的指导意见》，提出发展目标："到2020年，大幅提升在线教育的基础设施建设水平，互联网、大数据、人工智能等现代信息技术在教育领域的应用更加广泛，在线教育模式更加完善，资源和服务更加丰富。到2022年，现代信息技术与教育实现深度融合，在线教育质量不断提升，资源和服务标准体系全面建立，学习型社会建设取得重要进展。"

相关链接

《关于促进在线教育健康发展的指导意见》解读

为促进在线教育健康发展，教育部等十一部门在2019年9月30日联合印发《关于促进在线教育健康发展的指导意见》（下称《指导意见》）。

《指导意见》可以概括为"一指导、两目标、三策略、四坚持"，将人、财、物、力做了最大程度的整合优化，可以看出我国政府对在线教育生态构建的信心，以及协同治理促进在线教育健康发展的决心。

● 一指导

"一指导"是指坚持以习近平新时代中国特色社会主义思想为指导。明确了在线教育作为教育体系中的一部分，应全面贯彻党的教育方针。

● 两目标

"两目标"：一是指到2020年，在线教育的基础设施建设水平大幅提升，在线教育模式更加完善；二是指到2022年，现代信息技术与教育实现深度融合，初步构建网络化、数字化、个性化、终身化的教育体系，建设学习型社会取得重要进展。这是我国首次提出在线教育发展的两大战略目标，为发展在线教育确定了方向。

● 三策略

"三策略"是指采用扩大优质资源供给、构建扶持政策体系、形成多元管理服务格局的三大发展策略。

策略一：扩大优质资源供给。从2000年教育部决定在中小学实施"校校通"工程，到2012年开始实施的"三通两平台"行动计划，为教育信息化的普及发展提供了良好的硬件、软件和经费支持，再到2014年中央电化教育馆开展的"一师一优课、一课一名师"活动，以及2018年教育部发布《教育信息化2.0行动计划》提出"三全两高一大"的发展目标，我国基本解决了资源紧缺的问题，但是优质资源的缺乏问题依然比较严重。这次《指导意见》明确提出满足多样化教育需求，推动线上线下教育融通，培育优质在线教育资源，推进产学研用一体化发展，加强在线教育人才培养。预计未来教育信息化建设的重点将从基础硬件设施建设、软件开发逐步倾向优质教育内容和服务的供给。

策略二：构建扶持政策体系。主要提出了建立规范化准入体系、加强基础设施建设、落实财政支持政策、拓展金融支持渠道、加强知识产权保护五位一体的政策体系。教育是一个"慢"行业，必须精耕细作，长时间培育市场，相比其他互联网行业，在线教育缺乏融资优势和财政政策支持，知识产权也得不到有效保护，但是在线教育的快速发展又离不开社会力量的全情投入。《指导意见》提出社会各界抓住5G的商用契机建设基础设施，并要求相关部门提供一系列的财政与产权的支持和保护，可谓在线教育市场将迎来新一轮发展的重大利好。

策略三：形成多元管理服务格局。主要是从保护消费者权益、创新管理服务方式、加强部门协同监管、强化行业自律四个方面对在线教育的管理服务工作进行管理和服务全局的布控。在线教育行业上手快、门槛低、易操作，从2012年开始，中国的在线教育行业市场规模开始了"野蛮"式的增长，大企业和小作坊同时并跑，导致在线教育资源良莠不齐、泥沙俱下，相当一部分在线教育企业通过不断突破底线获取流量，导致问题丛生。从2018年12月《关于严禁有害App进入中小学校园的通知》等一系列文件再到近期《指导意见》的发布，预计未来政府对在线教育的监管将不断趋严，市场趋于冷静和规范，资本化程度加深，促进服务模式不断创新，回归教育的初心。

● 四坚持

"四坚持"是指坚持育人为本，坚持改革创新，坚持融合融通，坚持多元治理。

坚持育人为本作为首要原则，以促进人的全面发展为导向，是对《国家中长期教育改革和发展规划纲要（2010—2020年）》提出的"育人为本是教育的生命和灵魂，是教育的本质要求和价值诉求"原则的贯彻。坚持改革创新，则主要聚焦于解决传统教育模式中难以解决的难点和堵点问题。坚持科技与教育的深度融合，推动线上、线下、校内、校外教育的有机衔接，是对全社会助力在线教育的总动员。坚持多元治理更是强调，在线教育的发展不仅需要行业内自律，更需要社会各个领域和政府职能部门的支持与配合。

第三章
在线教育的技术支持

> **导言**
>
> 除了政策的驱动外,随着宽带速度提升、人工智能、网络直播、大数据的发展,移动互联网技术的革新给在线教育行业带来巨大变化。技术的发展促进了在线教育机构的不断升级,通过多元化的形式提供教学服务。

一、5G推动在线教育发展

在线教育作为一个流量消耗大、重体验服务的行业,国内的在线教育受益于4G时代末,将在5G技术下迎来爆发期。5G技术将为实现在线教育的"移动性"提供强大的技术保障。

1. 5G网络的特点

5G网络具有eMBB（增强型移动宽带）、uRLLC（超高可靠、低时延）和mMTC（海量机器类通信）三大特性，网速高于4G网络10～100倍，时延达到1毫秒级别，是4G网络下时延的约1/50，单基站可以连接约100万设备终端，可以说5G技术与在线教育的场景有着天然的重合性。

2. 5G的技术支持

直播卡顿、视频模糊、画面延迟、下载缓慢等不良体验一度被很多学生和家长诟病，成为在线教育行业亟待解决的痛点之一。而5G凭借高速度、泛在网、低功耗、低时延等特点将带来更宽广的网络覆盖、更稳定的网络连接及更高效的数据传送，其利用海量连接的优势打造一个面向万物的统一连接架构，将为在线教育企业提供很好的技术支持，在很大程度上解决在线教育行业的技术痛点。

直播技术迭代是5G带给在线教育行业的基础改变，而5G与智能技术的融合将对其产生翻转式的影响。未来的在线教育行业将以5G为底层基础，充分融入AI、AR、VR等智能技术，逼真还原课堂场景，增强师生互动力度，点燃孩子学习兴趣，实现360度沉浸式体验教学。据了解，高途课堂目前已开发出LEOS互动参与学习系统3.0+、IRC智能复习巩固回放系统3.0，主讲老师和孩子们通过学习系统，利用连麦、抢红包、封"超神"等方式深度互动，营造轻松活跃的课堂氛围，提升孩子的学习积极性。

一些网络课堂还将在此基础上利用最新技术不断更新各类学习系统，打造更智能、更有趣、更丰富的在线课堂，提升孩子学习体验，保证孩子学习效果。除此之外，网络课堂还研发了在线教研智能化体系，将智能技术深度融入教学，打通智能测评、智能课堂、智能作业等环节。在网络课堂的后台可以看到孩子的专项学习报告，基于大数据对孩子进行学习情况记录、学习数据分析、学习专题推荐等，得到全方位的监控学习效果。

3. 5G在在线教育领域的应用

5G时代下，技术创新必将会升级学习体验，在线教育与人工智能以及大数据的连接愈加紧密，将渗透到在线学习的各个环节。随着对个性化发展和个性化教育的强调，众多的需求催生了在线教育精准教学的趋势。从对学习资料的获取、学习的沟通管理环节到核心的教学内容环节，适应时代需求。

（1）学习效率得到提升。5G 网络的使用预计能将时延减少到 10 毫秒以下，因此对于网络来说能为使用对象带来更为流畅的体验。5G 带来的是传输革命，高质量视频传输、通话，特别是为 21 世纪教育的发展和普及提供了空前强大的技术和载体支持。对于现在发展迅速的在线教育行业来说，5G 网络的使用，能使其进行教育传达的速度和面对面教育传递信息的速度实现一致。那么，教育方式会发生很大的变化，教育资源即将得到最大的利用，随时随地都可以借助 5G 带给我们的流畅体验，学习云端的各种教学资源。

（2）教育资源得到共享。5G 超稳定的广域移动数据传输，能够让远程多课堂即时通信成为可能，不论是在发达地区还是发展中地区，都能通过实时传输的教育教学视频，实现跨地域的资源共享。同时，在努力提高教育资源高效应用的前提之下，也有益于更好地消除教育地域性不均衡的矛盾。

5G 带给教育的是模式高效、使用方便、资源互联互通、低成本等特性，打破了传统教育在地域方面的限制，任何一个地方都可以借助物联网和虚拟现实的技术，在直播过程中师生进行有效的互动，他们在这个过程中能够获得像现实教学一样的学习体验，那我们的学习将会变得无处不在。从此，人们不会再为到处找免费的 Wi-Fi 而苦恼，因为 5G 网络能够随时随地为学生提供想要的教育资源，并且足够快速地让人们享受到信息传递服务的便利。只要 5G 网络可以覆盖的地方，我们就能和其他先进教育院校的学生一起来分享来自顶尖教育专家的教学指导，并且能够与专家们进行交流，此时教育也就变得更加平等，教育资源的分配将打破地域的限制，教育资源的共享将惠及全人类。

4.5G 与在线教育结合

5G 技术为在线教育的工具和技术变革带来利好：最大限度地提升移动性，任何时候、任何地点、任何人（终端）都能够获得实时、高保真的信息。相似的，提供在线教育服务的愿景也是借助互联网技术把 PC、手机、AR 眼镜等学习终端连接在一起，实现任意时间、任意地点、任意一人、任意学习资源互相连接。

那么，5G 时代，有哪些在线教育场景值得我们期待呢？

（1）移动在线教育。5G+实时音、视频技术的成熟，将推动远程直播教育在移动环境中的高频运用，如利用碎片化时间在公交车上和外教连线练习口语。一张支持移动环境的高速网+超低时延的 5G 网络，使得教学不再被限制在学校，完全可以无处不在，随时可学。

（2）AR/VR 沉浸式在线课堂。5G 与教育的碰撞，必将带来全新的教育模式，加速推动现有的教育产品创新迭代，AR/VR 带来的沉浸式教育体验就是其中之一。5G 来临后，基于 VR 设备技术的发展，可随身携带、可穿戴化的学习工具应运而生，使得学生可以边玩边学，突破线下场所的限制，真正实现随时随地、沉浸式、趣味性学习。学生如身临其境，学习专注度更高，主动探索性更强，在一定程度上也提高了学生的创新能力。如图3-1所示。

图3-1　AR/VR沉浸式学习场景

基于5G网络，AR/VR在线课堂体验将大幅提升，可以很好地解决以往由于带宽不够导致的画面模糊、晕眩感等问题；同时通过VR构建虚拟学习环境，学生戴上传感设备就能动手实践；简单的听说读写转变为"眼见为实"的沉浸式学习方式，可弥补以往教育重理论轻实践的不足，也为职业院校、实验室等重实操的教学需求提供了切实的解决方案。

（3）丰富互动性的智能硬件。5G将"人"的连接扩展到"万物连接"，随着可接入设备增多，将出现丰富的智能IoT（Internet of Things，物联网）硬件。目前市场上已经有不少智能音箱、点读故事机等幼儿内容服务，这些创新的启发式教育设备让孩子在互动环境中学习，未来像乐高一样具有高可玩性的实时在线的智能硬件设备也会越来越多。

微视角

未来是"AI+教育"时代，人工智能将在5G及超高清技术的引领下，不断深化应用，更好地辅助老师教学、学生学习、学校管理。

相关链接

5G对在线教育的影响

5G给在线教育带来最直观的变化就体现在直播上，超高清、低时延可以极大改善课堂互动体验。

线下教育最大的优势之一就是面对面，老师和学生可以直接地看到彼此，作出实时反应，而此前的线上教育由于延时等各方面技术限制，更多偏向单向传输，用户多数时间被动听讲，互动体验不佳。

5G的普及，正可以让线上课堂与线下一样流畅互动，达到直播效果最大化。其实现在教育行业的直播形式非常丰富。比如专注教育培训行业的技术服务商搭建的在线教育系统，仅直播形式就有7种：视频录播+社群直播、OBS实时直播、手机推流直播、语音直播、PPT直播、视频直播、多师视频直播，加上5G技术的加成，可以充分满足不同的教学需求。

在5G时代，在线直播上课将接近线下体验，直播互动从体验上更加接近于线下培训"老师—场景—学生"的服务模式，能够最大限度地提升教学内容的影响力，并提高教学效率。在直播过程中师生可进行有效的互动，可以随时答疑，与线下学习效果高度相似；5G时代，在线直播场景化改造后，课程中老师可对学生的学习起到观察和督促的作用，对学习效率和效果的提升有重要意义；直播提供的语言环境和互动场景能够为学生提供浸入式的学习感受，从而提高学生的专注度。

在5G时代，技术创新必将会升级学习体验，在线教育与人工智能以及大数据的连接愈加紧密，将渗透到在线学习的各个环节。随着对个性化发展和个性化教育的强调，众多的需求催生了在线教育精准教学的趋势。从对学习资料的获取、学习的沟通管理环节到核心的教学内容环节，为适应时代需求，在线教育平台也将会不断地更新迭代。

二、人工智能赋能在线教育

随着深度学习技术的发展和普及，在线教育与人工智能的结合越来越紧密。从在线直播，到VR、AR科技再到人工智能，技术的更新换代推动着在线教育的变化发展。

1.人工智能的概念

人工智能（Artificial Intelligence），英文缩写为AI。百度百科定义人工智能为"研究、开发用于模拟、延伸和扩展人的智能的理论、方法、技术及应用系统的一门新的技术科学"，将其视为计算机科学的一个分支，指出其研究包括机器人、语言识别、图像识别、自然语言处理和专家系统等。

人工智能具有图3-2所示的特征。

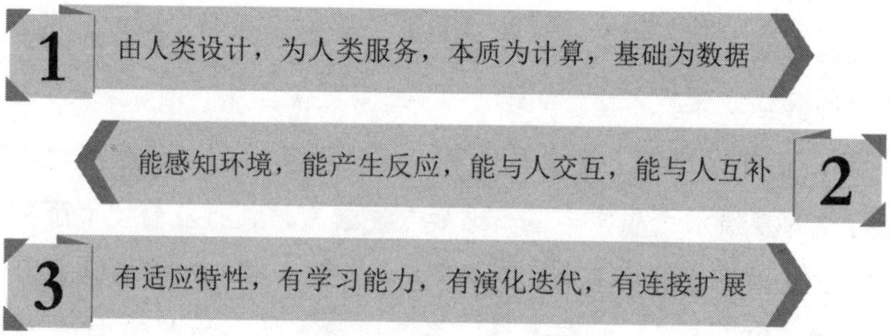

1. 由人类设计，为人类服务，本质为计算，基础为数据

2. 能感知环境，能产生反应，能与人交互，能与人互补

3. 有适应特性，有学习能力，有演化迭代，有连接扩展

图 3-2　人工智能的特征

2.人工智能与教育的融合

"AI+教育"是指在人工智能与教育深度融合与发展的条件下，以基于教育场景的人工智能应用为路径，促进教育公平，提升教育质量，实现教育个性化。具体来看，"AI+教育"是人工智能在教育领域中创新应用的技术、模式与实践的集合，可划分为"计算智能+教育""感知智能+教育""认知智能+教育"，即 AI+教育正从"能存会算"向"能听会说与能看会认"发展，最终实现"能理解与会思考"。如图 3-3 所示。

能存会算
利用穷举和匹配搜索等方法实现海量学习资源的存储与传递，构建智能化学生信息管理系统

能听会说、能看会认
通过数学建模和基于大数据的深度学习等方法对人类感知能力进行模拟，以实现语言教学、口语测评和图像搜题等功能

能理解会思考
模拟人类的推理、联想、知识组织能力，使得机器和人一样能够理解、会主动思考并采取合理行动，具备一定的概念、意识和观念，能够实现真正的自适应学习

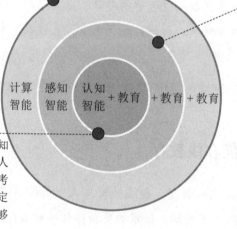

图 3-3　AI+教育的定义

当前，人类社会正在迈向人工智能时代。新一代人工智能相关学科发展、理论建模、技术创新、软硬件升级等整体推进，正在引发链式突破，推动经济社会各领域从数字化、网络化向智能化加速跃升。在教育领域，人工智能应用日益广泛，正在逐步融入教育核心场景、核心业务。

3. 人工智能赋能在线教育行业用户端

目前，在线教育竞争已经进入到一个新的阶段，针对用户端（学生和老师），人工智能技术已经在在线教育领域有了初步的应用。主要体现在图3-4所示的五个方面。

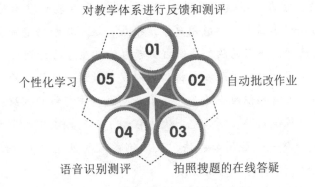

图3-4 人工智能在在线教育领域的应用

（1）对教学体系进行反馈和测评。借助场景化数据，辅助AI技术，人工智能在教研方面，能够对考试规律做深度分析，根据学员的答题预判该学员的考试结果；在教学方面，人工智能可以找出以往课堂上学生学习的难点和偏爱的教学方式，为老师的教学提供有效指导。

（2）自动批改作业。AI可以通过知识图谱、认知诊断模型，根据学生的学习、行为数据定位出该学生相应的知识掌握状态，AI也可以替代老师一部分劳动的工具，如辅助阅卷、个性化布置作业等。

（3）拍照搜题的在线答疑。利用人工智能的图像识别技术，在K12（Kindergarten through Twelfth Grade，是学前教育至高中教育的缩写，现在普遍被用来代指基础教育）在线教育领域的拍照搜题App，通过把学生拍的照片转换为题目，再搜索到解析过程和答案。一定程度上解放了学生家长陪读的时间，学生通过AI在线答疑，也提高了学习的效率和兴趣。

资讯平台

随着人工智能等新兴技术的深入应用，在线教育平台能够为家长、老师、学校提供更有效的教学辅助。

作业帮以"拍照搜题"功能为切入点，利用图像识别、智能题库、精准检索等人工智能技术，模拟了学生遇到问题，寻求帮助的学习过程。

只要学生用手机对着不会的题目拍照，就能立刻得到题目的详细解析、知识点讲解、相关练习等一整套学习服务。

据介绍，作业帮每年为用户提供累计超过350亿次作业辅导和知识讲解，超过5亿次"举一反三"练习，超过20亿次各类练习，超过2000万次问答，超过100万小时的答疑讲解。

据介绍，作业帮的"人工智能+大数据精准教育"系统能利用大数据技术，完成对学生学习进度、学力、习惯的跟踪和分析，系统后台能够准确对用户进行用户画像，找到他们的知识薄弱点，形成用户学情报告，这可以帮助老师和学校更细致地了解每一个学生的情况，并有的放矢地制订更精准的学生学习计划。

通过对学生学习行为的跟踪和分析，可以发现最近一阶段，甲市初中学生在数学学习方面，遇到的五大知识难点是多项式乘多项式、平行线的性质、幂的乘方与积的乘方、二元一次方程组的解、解二元一次方程组；而同期乙市初中生遇到的五大数学知识难点是因式分解——运用公式法、反比例函数的性质、平行线的性质、因式分解——提公因式法、平行四边形的性质。

两地学生的学习情况有着很大的不同，相应的教学方法和重点也应该有所区别。如果有上述大数据作为支撑，老师和学校就能制定出更有针对性和效果的教学方案，能够更好地帮助学生学习。

（4）语音识别测评。在语音识别方面，某些英语学习App程序自动为用户的口语打分，帮助其不断提高口语水平。这个不仅适用于K12教育领域，也正广泛应用于职业英语线上培训领域，获得了众多在职人士的青睐。

（5）个性化学习。传统的学校教育无法真正做到对每个孩子有教无类和因材施教，但人工智能带来了这样的机会,通过跟踪记录学生的所有学习过程,发现学习的难点、重点所在,从而帮助学生及时调节学习过程,量身定制学习计划。

人工智能与在线教育结合后,一门有着上万听众的课程,通过技术分析就得到了上万个样本的数据,把个人的学习行为数据与别人进行关联比较后,就能定制个人学习路径,修订在线课程学习内容。

掌门1对1用人工智能赋能在线教育

"学生们戴上一个像耳机一样的仪器,表面是在听音乐,但实际是在进行脑电波测试,以观察他们是否足够专心和感兴趣;并且通过测评提分系统,孩子可得到定制试卷……"在2018年上海科技节活动现场,掌门1对1作为受邀在线教育企业入驻"未来教育"展区,展区里这些新奇的设备吸引了很多学生和家长前来体验。

在2018年战略发布会上,掌门1对1打造"AI+教育"产品的决心便已显而易见。特别是其正在研发的ICPE智能个性化测评提分系统,将从智能师生匹配系统、智能课堂系统和智能测评系统三个版块发力,贯穿学生学习的课前、课中和课后环节,结合学生学习个性化的特点,全力攻破学生知识点薄弱环节,大大提升学习的智能化水平。

通过在线1对1的模式,掌门1对1利用互联网打破了时间和地理的阻碍,省去了孩子和家长以往去辅导班在路上浪费的大量时间;同时打造了一个叫作"在线教师"的新职业,通过在线辅导的方式,让全国各地的学生都享受到均衡的、高质量的教育;而一对一这种个性化需求、高效辅导的模式也随之在行业内流行起来。

据介绍,掌门1对1平台现在已经覆盖了几乎所有的终端,手机、平板、电脑、电视都可以上课。

比如,一个班50个学生都会做同样一套卷子,但是这里有10道题目可能对有些学生来说都是有用的,但是对于另一个学生来说,可能其中只有5道题目对他是有用的,另外5道就是浪费时间。掌门1对1现在正在做的事情就是把人工智能引进来,辅助学生进行智能化的学习,通过系统能够了解学生是否已经熟练掌握了知识点,掌握后便不需要再对该知识点进行重复学习,只需要快速地去学习下一个知识点,这样就能够让学习更加高效。

从课前的师生匹配,课堂的智能化,包括对测评系统的智能化等多方面切入,掌门1对1正在打造和优化ICPE智能个性化测评提分系统,希望通过这套系统,帮助学生找到更适合的老师,在课堂上找到更适合每个人的上课方式,以及用更智能的方式评估学习效果。

对学生来说,他们的学习轨迹都会被记录下来,包括一整套的作业系统、成绩曲线、错题本等,家长们也可以通过这套系统,实时地进行课程监课和回放,随时随地掌握学生的学习情况。

如何更高效地针对具体的学生备课也是掌门1对1着重发力的领域。因为通过大数据分析以及人工智能辅助,可以将教学变为以学生为中心的个性化学习,为每个学生提供个性化、定制化的学习内容、方法,从而激发学生深层次的学习欲望。

2015年,掌门1对1成立了教研院,现在总共拥有几百名全职的教研员及几千名兼职教研员,总共做了10万套的标准课件。他们把知识模块切得非常细,每个学生都可以在其中找到不同难度的适合自己的题库,老师也只需要在其中选择这个孩子适合哪些方面的课件和题目,然后去做这方面的课程伸展就可以了。

此外,掌门1对1还正与国内领先的人工智能企业进行战略性合作,在情绪智能识别等领域共同进行技术上的融合与研究。通过在线辅导的情绪识别,可以清楚地知道学生是否处于认真上课的状态,还是说已经走神了。

4.人工智能推动互动教学新模式

随着人工智能技术手段的研究和发展,在教育领域将逐步实现"AIinall"的互动教学新模式。

虚拟实景的自主实践式学习,将成为未来学习方式的主流。人工智能基于每个孩子的性格、兴趣、学习能力、接受程度等多个评价指标,能够创设针对每个孩子易于接受掌握的学习内容,创造更多元、更丰富的学习方式和手段。

比如,目前教育者只能通过测试的手段来获知学生对知识点的掌握情况,在教学过程中,学生对知识信息的认知程度和思考状态很难直接被了解和观察。未来,人工智能可以帮助老师来解决这一难题。脑机交互的可穿戴智能设备可以实时监测学生的脑电波数据,通过脑电动态数据采集分析,对学生在学习过程中进行情绪识别、疲劳度识别,分析判断学生在学习过程中的精神状态、思维活跃度和学习专注力。当学习者被监测到的脑电数据显示疲劳、压力等对知识接受存在困难的生理数据,教学者可以采用多维度的智能手段来调节学习者的身心状态,以到达张弛有度的高效教学状态。

作为最关注教育成果的家长,未来在人工智能的帮助下,家长会慢慢从教育的监管者转变为孩子的"同学",各种具有人工智能的智能家居设备能在家庭教育中创造共同学习的环境,帮助家长更好地了解孩子面对不同技能的接受度,指导孩子共同创建知识体系,将共同创造的生活智慧可视化、形象化。

此外，图像识别、语音识别、人机交互等人工智能应用技术在教育领域都可以大有作为。个性化学习、智能学习反馈、机器人远程支教等人工智能的教育应用也被看好。将人工智能在教育手段上进行科学合理的应用，能更有效地帮助我们面向未来培养具有综合素质的创新型人才。

相关链接

在5G和AI的双轮驱动下，教育有何变化

近年来，智能化成为教育行业的新发展趋势，语音识别、图像识别、大数据、人工智能、虚拟现实等新技术和教育行业的结合备受关注。随着5G商用元年的到来，5G在各细分领域到底如何进行商业应用再次成为万众瞩目的焦点。2019年，是业内公认的5G和AI的落地之年，在5G和AI双轮驱动下，教育行业智能化将面临着哪些新的机遇和挑战呢？

1. 5G、AI赋能教育

长期以来，"互联网+教育"的大潮一直浩浩荡荡，K12、素质教育、职业教育等热点轮番上阵。5G赋予了教育行业更多的想象，将进一步推动"AI+教育"的智慧教育时代到来。目前，AI技术已经在组卷与批改、评测与智适应、搜题与排课、AI教学与陪练等场景里初显身手，5G技术加持则让人工智能应用场景再次深化，AI教室、AI教师等也相继出现。

2018年8月，今日头条孵化的少儿英语App"aiKID"上线，便采用了AI直播的模式。随后，AI老师一对一少儿英语项目"熊猫加加"、AI直播课堂"葡萄智学"等相继上线。在5G技术支持下，他们试图通过大量的授课视频素材、视觉识别、语音识别技术来判断学生上课的真实状态，从而进行精准教学，帮助学生获取满足个人需求的课程。

2019年3月，华为云与网易有道一起发布了DarwinPro智慧教育系统，共同推进"AI+教育"领域解决方案落地，联手共进5G引爆的新纪元。此次发布的DarwinPro智慧教育系统，基于有道在人工智能自然语言处理领域上的强大AI技术实力和数据优势，加之华为云创新赋能，以"大带宽、大连接、低时延、高可靠"为特征的5G技术，将之转化成更优质的云上算力。最终，为产业用户提供更智能、更迅速、体验感更好的定制化解决方案服务，更可能实现良性迭代与自循环。

AI和教育结合后会产生很多的目标，最基本的目标有自动化教育的过程，数字化教育的内容，以及智能化教育的方式。

2020年3月，大疆创新正式发布了新一代教育机器人RoboMaster EP，作为大疆的第二款教育机器人，在前代RoboMaster S1的基础上，RoboMaster EP加入了大疆自研的舵机、机械臂、机械爪等模块，并且兼容众多第三方硬件、支持更多软件平台、开放大疆官方SDK。RoboMaster EP教育拓展套装，其配套的教具、课程、教材将为专业教育机构与教师提供完整的机器人教育服务。

作为面向未来的IT形式，5G与人工智能重新定义了科技创新与企业发展的基础动力，基于此，数字化、信息化、智能化的高校教育教学意义和价值日益凸显，同时也极大地改变着教育的形态，不断驱动高校教育政策科学化、驱动高校教育评价体系重构、推动区域教育均衡发展、助推高校教育质量提升以及促进师生个性化发展。

另外，5G、AI赋能教育还带来了另一大机遇，即"互联网+教育"在保障贫困地区儿童受教育机会，推动贫困地区共享优质教育资源中发挥着重要作用。

比如，正在快速推进的中国移动"5G+人工智能+教育"信息化建设。大力推广"5G人工智能双师课堂"，通过"5G+高清摄像头+人工智能"模块与教育场景深度融合，实现优质校与偏远校"同上一堂课"，较好地解决了贫困地区孩子"上不了学""上不好学"的难题。

此外，中国移动积极整合自身在基础通信、5G和人工智能等领域的优势，与教育部、北师大共同打造互联网教育智能技术及应用国家工程实验室和"教育部-中国移动"移动学习联合实验室，助力建设宁夏"互联网+教育"示范区，目前已经形成完整的智慧教育解决方案。

2. 传统教学方式面临颠覆性改变

当AI的"智慧"搭载上5G的"快速"投入教育行业，传统教学方式面临的是颠覆性改变。

现有的教育模式在很大程度上是人与人之间的连接，通常是以教师、课堂、书本为中心，形成老师单向性、学生被动性接收的局面，导致学生的学习主观能动性与高效性往往存在缺陷。而AI行为感知技术可以收集学生日常行为数据，从握笔方式、读书习惯，到兴趣方向、情绪波动，通过大量行为数据对学生进行个人天赋、自身兴趣、环境发展等多维度的综合分析，制定最适合其个人的发展规划，真正实现因材施教，改变现有"教"和"学"中的问题。

在此过程中，AI通过收集海量数据，从数据中自动识别学习模式和规则，并代替人工来预测趋势、执行策略。但海量的数据与即时处理对AI在互联网教育中的运用带来巨大挑战，而5G网络的出现能将AI更灵活运用于教育。从科学技术上来说，5G带来的是超高速率的网络，下行峰值速率可达20Gbps（交换带宽），其速率足足是4G的20倍，大大缩短下载时间。

有专家分析认为，5G将"人的连接"扩展到"万物连接"，从网络技术到应用场景都将发生极大变化。同时，5G与AI的数据驱动方向保持一致，都是由下向上，这使得两者的网络有着天然的融合。5G不论是从"人的连接"，还是"万物互联"，都将自下而上地产生海量数据，这为AI提供了基础支撑。

环球网校方面也曾强调，在5G技术下，AI将与物联网、大数据等技术互相融合发展，让AI模拟"人的思维方式"，更好地辅助学生学习、老师教学。一方面，自然语言处理、自适应等功能可帮助学生获取满足个人需求的课程，提供精准教学；另一方面，视觉识别、语音识别等技术会渗透到在线学习各个环节，迭代出更加智能化的工具，提高各环节效率。

不可否认，5G会推动"AI+教育"智慧教育时代的到来，人工智能应用场景也将再次深化。在5G技术下，人工智能将与物联网、大数据等技术互相融合发展，让人工智能模拟"人的思维方式"，更好地辅助老师教学和学生学习。在此背景下，教育者也需要顺应时代潮流，积极探索教学新模式、分享新型实践教学经验、研讨创新型专业人才培养模式。

3. 风口与挑战并存

目前，发展人工智能教育也是党中央新时代影响全局的重大战略部署。2019年，"AI+教育"已成为多巨头发力的热门领域。但实际上，5G时代"AI+教育"的应用目前仍在探讨阶段，它面临着如何与教育场景结合的挑战，能否获得实际的教育效果、提升教育效率等诸多问题。

"昨天晚上陪我儿子背诗，事实上目前AI已经能够做到，不需要我检查他背诗了，找一个小程序选好10首诗，隔5分钟我看一眼哪个字错了，AI语音识别已经非常强大,很大程度解放了家长。"紫牛基金创始合伙人、少年得到董事长张泉灵表示,但 AI 做不到的地方是,这首诗代表的人文精神是什么,这两首诗为什么可以放在一起,能不能做知识延展。事实上这个基础是存在的,通过大型搜索技术、NLP 的技术、知识图谱等,未来都是有可能做到的。

有专家表示,教育的发展与技术的发展是互为促进的,在对人的教育培养中,教育与技术的关系是:教育为主、技术为辅。技术辅助教育需要遵循的原则是:适用、共用、好用、想用、会用、管用。教育不是简单的知识传递,更多的是对人素养的培养。

还有家长质疑,教育领域的技术创新虽好,互动性是否还存在不足?孩子的疑问有时会难以得到及时、充分的解答。另外,有些"双师课堂"为了保证视频流畅,做了很多用户体验上的妥协,比如实时互动直播 1 对 1 只用相对低的视频分辨率来提供。

那么,这些问题在 5G 时代能否得到更好的解决呢?或许正如业内人士所说,5G 是基础设施,可以想象成更宽更快的高速公路。未来,随着 5G 的成熟以及 AI 的应用发展,科技必将为教育插上腾飞的翅膀,领跑教育变革新生态。高带宽时代来临,为以 AI 为基础的 AR/VR 技术在教育中的应用也创造出更多可能。

三、大数据驱动在线教育革新

随着信息技术的飞速发展,特别是移动互联网、云计算、物联网等技术的广泛应用,大数据对我们生活的各个领域产生了深远的影响。在教育领域,以大数据为主导的趋势还在继续,教育逐渐进入大数据时代。

1. 大数据的概念

国务院 2015 年 8 月 31 日印发的《促进大数据发展行动纲要》这样定义大数据:是以容量大、类型多、存取速度快、应用价值高为主要特征的数据集合,正快速发展为对数量巨大、来源分散、格式多样的数据进行采集、存储和关联分析,从中发现新知识、创造新价值、提升新能力的新一代信息技术和服务业态。

大数据技术,是指从各种各样类型的数据中,快速获得有价值信息的能力。适用于大数据的技术,包括大规模并行处理数据库,数据挖掘电网,分布式文件系统,分布式数据库,云计算平台,互联网和可扩展的存储系统。

大数据不同于传统数字。大数据具有如图 3-5 所示的特征。

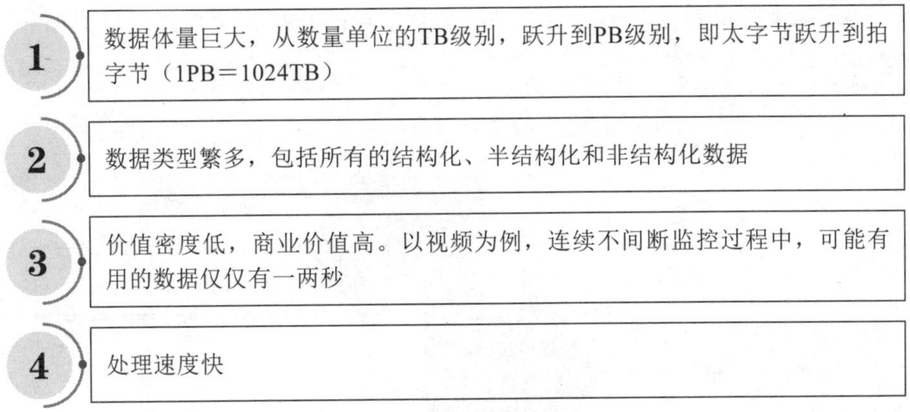

1
数据体量巨大，从数量单位的TB级别，跃升到PB级别，即太字节跃升到拍字节（1PB＝1024TB）
2
数据类型繁多，包括所有的结构化、半结构化和非结构化数据
3
价值密度低，商业价值高。以视频为例，连续不间断监控过程中，可能有用的数据仅仅有一两秒
4
处理速度快

图3-5 大数据的特征

2.在线教育领域的数据类型

教师可以任何时间、任何地点在在线教育平台上发布课程或者通告，学生通过在在线教育平台上观看视频，学习课程的内容，巩固知识领域。这个过程中所涉及的数据按不同的分类标准可以分为不同的类型。

（1）根据数据来源进行分类。按照数据的来源可将在线教育平台的数据分为图3-6所示的四种数据。

用户信息
指用户的个人信息
视频信息
指视频、音频和字幕等信息
习题信息
包含了习题内容和提示信息等
课程信息
指课程的内容信息和课程的组织结构

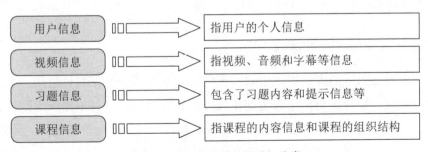

图3-6 根据来源对数据进行分类

（2）根据获取方式进行分类。根据在线教育平台中的数据获取方式可以将数据分为图3-7所示的两种。

隐形数据
指浏览内容、关键词搜索和下载的文件等
显性数据
指用户的注册信息、选取的课程内容、课程的成绩以及评价评分等

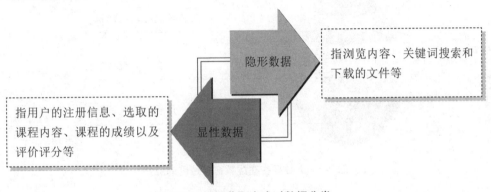

图3-7 根据获取方式对数据分类

（3）根据存储形式进行分类。根据在线教育平台的数据存储形式可交数据分为图3-8所示的两处。

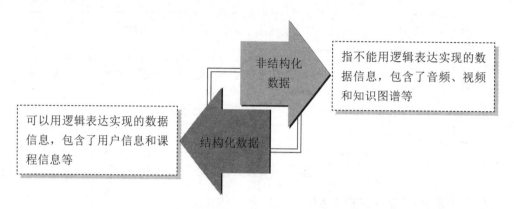

图3-8　根据存储形式对数据分类

3. 大数据对在线教育的意义

由于在线教育中产生的众多数据并不全是有价值的数据，其中不乏垃圾信息的存在，所以利用大数据技术可以筛选出有价值的数据信息，并根据不同的研究要求或者模型将数据进行有效转换，使之形成可供识别和评估的依据。

4. 在线教育领域内大数据的应用

面向在线教育领域的大数据应用通过在学习者数据库中挖掘有价值的、有效的数据信息，经过分析和整理，得出学习者的学习习惯和行为逻辑，并根据以上结论制订合理的在线教育计划。可以说，大数据的应用为在线教育带来了革命性的变化。具体如图3-9所示。

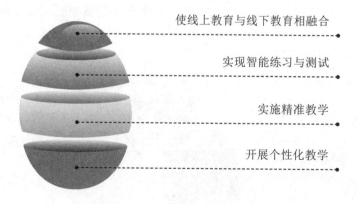

图3-9　大数据在在线教育领域内的应用

（1）使线上教育与线下教育相融合。在线教育的发展极为迅速，在一定程度上对线下教育产生了一定的冲击，与此同时也凸显出了在线教育的不足之处。线下教育可为学习者提供面对面的教育服务，而在线教育无法实现这一点。同时，线上教育与线下教育的脱节也是影响学习者进行在线学习的一个关键原因。

未来的教育模式必定是线上和线下相融合的混合式学习模式，大数据则在其中扮演着重要的纽带作用，使学习者的学习过程变得更加可视化，根据学习者在线上教育的学习过程中所产生的数据，对其学习习惯和行为导向进行分析和整合，方便教育者了解学习者的学习兴趣和倾向，为学习者制订更为完善的学习计划；同时，线下教育可以准确了解学习者的学习动态，为学习者推送适宜的学习内容。

> **微视角** 应用大数据对线上线下的教育数据的规律进行分析和整理，就可以实现线上线下教育的完美结合，提高学习者的学习效率和质量。

（2）实现智能练习与测试。在线上或线下的教育当中，练习和测试是至关重要的强化和巩固知识的手段。面向在线教育领域的大数据应用可以根据学生的实际情况将练习和测试做到个性、智能和细致。

比如，依据学生历次练习和测试的结果，大数据可以从题库中挑选程度适中又形式丰富的题目供学生练习。学生既可以通过完成这样的习题或测试检验自己的学习成果，又可以借此发现问题，不仅不会因为题目难度过小而丧失学习兴趣，也不会因为题目难度过大失去自信心。

在这个基础上，大数据可以设置周期性提升的练习与测试。也就是根据学生学习、记忆等的特点与规律重点强化易出错或易失误的知识点，使练习与测试更加以人为本，实现学习成效强化与巩固效果的最大化。

（3）实施精准教学。与教师根据自身对于课程的理解程度和授课经验来进行备课的传统教学手段不同，在线教育可以让教师根据学习者具体的学习情况和反馈进行针对性的备课。利用大数据，教师可以在海量的数据中快速地获取学习者学习的有价值数据，通过统计、分析和挖掘学生的行为数据，从中发现学习者的学习难点和教师的教学弱点，根据学习者的实际情况，针对学生的知识短板进行准确干预和调整。

面向在线教育领域的大数据应用可以实现在线教育的精准教学，通过对数据的精准挖掘，对学习者的精确定位和精确预测，帮助教师提高教学水平，为学习者制定更有针对性和个性化的教学指导，进而使学习者的知识水平有所提高，使师生之间形成良好的学术氛围。具体如图3-10所示。

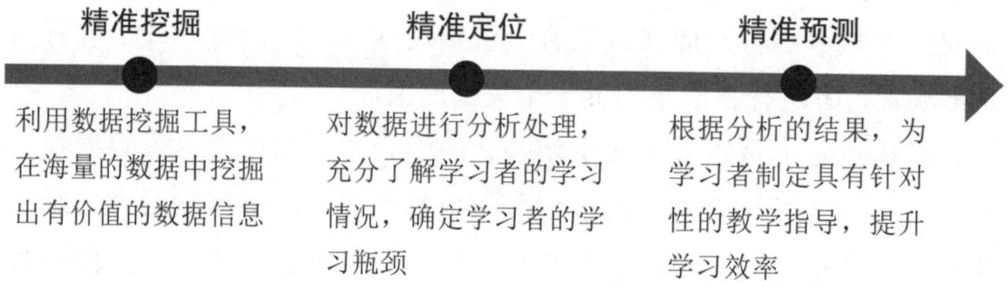

```
精准挖掘 ────────→ 精准定位 ────────→ 精准预测
利用数据挖掘工具,      对数据进行分析处理,     根据分析的结果,为
在海量的数据中挖掘      充分了解学习者的学习    学习者制定具有针对
出有价值的数据信息      情况,确定学习者的学    性的教学指导,提升
                      习瓶颈                学习效率
```

图3-10 精准教学的实施过程

（4）开展个性化教学。个性化教育的前提在于识别和发现学习者的个性，构建个性化教育环境为其个性化发展提供支撑。在传统数据时代，由于缺乏获取和分析信息的手段与方法，数据是在周期性、阶段性的评估中获得，凸显的是群体水平，诠释的是宏观教育状况，缺乏对学习者的特点和个性差异的了解，无法为其提供支持性学习服务。在大数据时代，教育过程中的一切行为都可以转化为教育大数据，数据的产生完全是过程性的，有能力去关注每一个个体学生的微观表现，是高度个性化特征的体现。与传统数据相比，教育大数据具备数据量大、产生速度快、数据多样的特点，这些特点正好适应了个性化和人性化的学习变化。

通过对教育大数据的采集、处理和分析，可以构建学习者学习行为相关模型，分析学习者已有学习行为，并对学习者的未来学习趋势进行科学预测，为学生的自我学习监控、教师的教学决策和教育机构的教育决策提供更精细化的服务。

大数据帮助学习者发现并开发他们的潜力，提升学业表现。学习者可以掌握学习的主动权，自主规划学习计划，随时随地掌握学习进度，检查学习效果，根据自身需求，决定个性化的学习参与路径，选择和定制个性化的学习内容。

大数据帮助教师确定最有效的教学方式，优化教学过程。教师可以全面跟踪和掌握学生特点、学习行为、学习过程，分析评估每个学生的学习需求、学习风格、学习态度及学习模式，相应地提供适合不同学生发展的学习内容和学习指导，促进其个性化发展。

微视角

在大数据时代，能够以更为便捷、更为低价的形式，最大限度地实现个性化的解决方案，才是在线教育真正对比现实课堂的核心竞争力。

相关链接

人工智能（AI）和大数据助力教学精准化

在智能教育的浪潮中，人工智能（AI）为教育事业变革与发展创造了新机遇，给教育发展带来了无限可能。"AI+教育"逐渐成为全球发展共识，近年来，随着技术进步以及政府大力推动等因素，AI教育在国内步入了发展的快车道，越来越多的培训机构开展人工智能教育。

自从全面转型为互联网教育、率先建立起国内领先的在线直播学习模式后，某教育机构拥抱新科技并使之为教育赋能。某教育机构利用人工智能和大数据分析，智能优化所有学员的学习路径，精准定位学员的知识薄弱点，为每位学员量身打造最优学习途径，帮助学员针对性地弥补较弱学科，从而让学生的学习更科学，提分更高效。

2019年，某教育机构更是在"AI+教育"方面发力，先后推出了自主研发的督学机器人、AI检测系统、人脸识别电子合同系统等，在保障学员权益、为学员创造价值方面结出累累硕果。

某教育机构从2018年底开始自主研发AI督学机器人，2019年3月投入试用。经过一个月的真实场景深度学习，督学机器人正式上线，已能满足基本督学需求，并可针对学生的提问自主回答。目前AI机器人主要应用于开班课前，通过电话的方式督促学生上课，缺课提醒和没做作业的提醒等，开学"第一课"会介绍完整课程，针对自考做详细讲解以及如何根据自身情况安排考试等，节约了老师的大量时间。在线教育成人用户学习时间少，容易产生惰性，需要班主任督促学习，而该督学机器人做事稳定高效，可有效代替30%左右班主任的工作，省下时间的老师们，可以去做更多和情感、人文相关的工作。

在线教育行业是典型的产业互联网行业，需要经历线上化、数字化、智能化三个阶段。目前，某教育机构已把所有线下逻辑搬到线上，完成了几十个服务平台的搭建，形成了真正的线上化。此外还搭建了自己的数据中心，打通了底层数据逻辑。在智能化方面，某教育机构拥有自己的"三师"体系：讲师负责教学工作，班主任负责督学工作，AI老师负责辅学工作，有效提升了老师的管理效率、提高了课程留存率和复购率、保证了用户学习效果、提升了用户体验。

第四章
在线教育的教学模式

> **导言**
>
> 随着用户对碎片化、多样化学习需求的与日俱增,在线教育也越来越被用户所接受。在线教育划分了多种教学模式,不同的模式具有不同的特点,适合不同的学习形态,也需要不同的学习工具作为支持。

一、同步在线教学模式

同步在线教学模式是指老师和学生在不同空间的同一时间进行互动和教学的模式。

1. 模式特点

一般来说,同步在线教学模式可以利用直播类的工具来构建虚拟教室,可以实现一对一或者是一对多的同步在线的教学。其模式如图4-1所示。

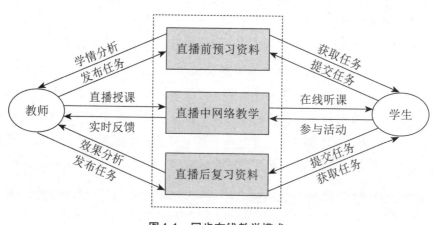

图4-1 同步在线教学模式

直播系统的视频会议基本上能够满足这一类模式的要求。直播系统都集成了群体授课所需要的多人音频和视频的交流、演示文稿的展示、文字研讨等功能，而且都能够在平板、手机、电脑等多种终端上进行显示。这种教学模式的核心特点就是教与学的空间是异地，但是时间是同步的。

2.模式代表

目前，常用的直播类教学工具有钉钉直播系统、腾讯会议、QQ、CCTalk、Skype、Zoom等。

（1）钉钉直播系统。钉钉直播系统稳定支持百万人次在线学习和互动，智能文档支持在线提交和批改；数据统计能可视化统计学生观看直播的情况。

（2）腾讯会议。腾讯会议支持在线文档协作和屏幕共享，方便远程演示和讲解；支持主持人管理会议的功能（见图4-2），能让主讲教师更好地把控课堂；支持微信小程序和企业微信整合使用，能够更好地利用已有群组功能。

（3）Zoom。Zoom是一款多人云视频软件，支持共享屏幕并设有在线板书的功能，能够辅助教师更好地讲解知识。Zoom还设有分组讨论室功能，允许教师和学生创建群组，实现群组协作和合作。

图4-2　腾讯会议主持人管理功能截图

3.模式实施注意事项

同步在线教学模式在实施时应注意图4-3所示的事项。

1	讲解知识时要有效嵌入情景，培养学生的问题解决能力
2	要以任务驱动推进学生自我调控学习，培养学生的自主学习能力
3	基于同伴互评的小组合作学习，培养学生的合作交流能力和思辨能力
4	提供合适的学习框架，培养学生的批判性思维能力
5	以合作辩论促进学生的思维拓展，培养学生的创造性思维能力
6	适时、适机转换角色，加强学生课后辅导，培养学生的归纳总结能力

图4-3　同步在线教学模式实施注意事项

二、异步在线教学模式

异步在线教学模式是指教师与学生的教与学的活动在时空分离下的教学模式。

1. 模式特点

异步在线教学模式能够适应学生灵活的时间投入，允许学生灵活支配时间，根据个人学习特点自我调节学习步调，自我控制学习进度，实现4A（Anyone、Anytime、Anywhere、Anything）这种学习方式。其模式如图4-4所示。

录制教学视频
依据教学设计录制教学视频，上传至网络学习空间

安排校内学生选课
组织学生登录在线学习平台，进行选课

单纯在线学习和线上线下翻转课常学习两种类型
可以组织学生实施在线学习，也可以实施翻转课堂教学，学生课前在线自主学习，课中实施讨论交流、答疑

有专门教师组织线上和/或线下学习活动
教师组织学生实施线上线下学习，参与在线学习活动，包括小组协作活动等

学习完成学习任务和测评后可获得学分
学生参与单元测试、期末考试、完成作业和其他学习任务，达到学业成绩要求，获得学分

图4-4　异步在线教学模式

2. 模式代表

异步在线教学模式的代表性平台有爱课程、中国大学MOOC、直播课平台、Coursera、学堂在线等。

（1）爱课程。"爱课程"网是教育部、财政部"十二五"期间启动实施的"高等学校本科教学质量与教学改革工程"支持建设的高等教育课程资源共享平台。承担国家精品开放课程的建设、应用与管理工作。

爱课程旨在利用现代信息技术和网络技术，推动高校教育教学改革，提高高等教育质量，以公益性为本，构建可持续发展机制，为高校、师生和社会学习者提供优质教育资源共享和个性化教学服务。

爱课程涵盖了在线开放课程、视频公开课、资源共享课等多种形式的教学视频资源。网站提供优质教育资源共享和个性化教学资源服务，具有资源浏览、搜索、重组、评价、课程包导入导出、发布、互动参与和"教""学"兼备等功能。如图4-5所示。

图4-5　爱课程网站界面截图

（2）中国大学MOOC。中国大学MOOC是由网易与高等教育出版社携手推出的在线教育平台，承接教育部国家精品开放课程任务，向大众提供中国知名高校的MOOC课程。在这里，每一个有意愿提升自己的人都可以免费获得更优质的高等教育资源。课程涉及计算机、心理学、经济管理、外语、艺术、工学、理学、生命科学、法学、教育学等多种学科，为教师开展教学活动提供丰富的资源。如图4-6所示。

图4-6　中国大学MOOC网站界面截图

（3）直播课平台。一些直播课平台也可以支持录播课教学，用于异步在线教学，如沪江网校、网易云课堂、腾讯课堂、口袋课堂、猿辅导等。

3.模式实施注意事项

异步教学模式在实施时应注意图4-7所示的事项。

1	异步教学的关键是要有完整教学活动设计，不是堆砌资源，是从内容开放到教育过程开放，要从面向内容设计到面向学习过程设计
2	在视频录制之前，教师应做好详细的教学设计，并对学习内容保持持续更新
3	学习支持服务非常关键，要组织讨论、答疑、作业、作品展示等一系列的在线交互活动，激励学生的学习投入，保持学习的持续性
4	在课程开始前教师需要结合课堂目标设计好评价方案，并确保每个学生知道学习，并且能够采取一些激励性的评价措施调动学生的学习主动性

图4-7　异步教学模式实施注意事项

三、基于学习社区的协作学习模式

虚拟学习社区是一种重要网络教学形式，一般来说包括教学、社会互动和平台技术支持三个维度。学习社区不追求交互的实时性，但强调通过多种学习资源和异步交互支持学生的认知提升。

1.模式特点

基于学习社区的协作学习模式一般来说由教师先设计讨论的主题，然后给学生提供一些资源和设计一些活动，让学生进行讨论。学生同时还可以检索一些资料，进一步丰富问题的讨论。基于这些讨论，生成学习的结果，然后做知识迁移，最后达成对知识的深刻理解，在这个过程中教师对整个学生的参与过程进行整体的引导、评价和反馈。如图4-8所示。

2.模式代表

这种基于学习社区的协作学习模式有学习元平台、知乎平台、Knowledge Forum平台、微博、EdmoDo、TIM等。

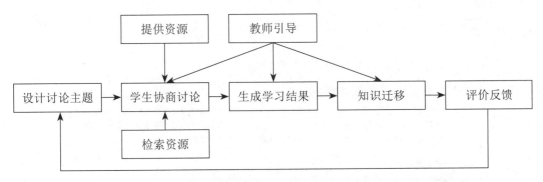

图4-8 基于学习社区的协作学习模式

（1）学习元平台。学习元平台包括班级社区、主题社区和课程社区。其中班级社区主要实现了实体班级管理的网络化；主题社区实现了关于某一主题的兴趣社团的管理功能；课程社区主要为开课的课程设计，采用一对一关系，方便了课程与社区的灵活组合。如图4-9所示。

图4-9 学习元平台界面截图

（2）知乎平台。知乎平台是基于用户生成内容建立的网络问答社区，为公众提供了提问和回答的公共知识分享平台，并逐渐成为社会公共事务的大众论坛。在知乎社区中以专栏形式建设课程，充分体现了异步教学的特征。课程建设者可以发布文字、图片、视频等形式的教学内容；用户通过浏览、留言、发私信、评论等方式与课程教师和其他学习者交流。如图4-10所示。

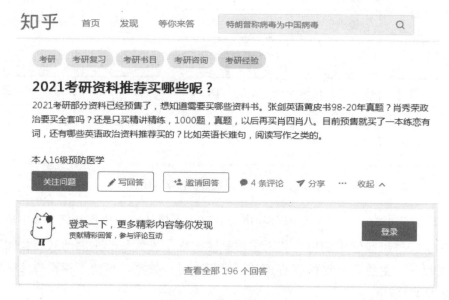

图4-10　知乎网站界面截图

（3）Knowledge Forum平台。知识论坛（http://kf.aicfe.cn）是为了帮助和支持知识建构共同体而开发的一种合作知识创造平台。它为学生和教师提供独特的在网络上分享观点和数据、组织课程材料、分析研究结果、讨论文档以及引用参考文献的合作空间。经过多年的研究和实践，该平台可以很好地促进学生对知识深入理解。目前，该平台在全球近20个国家各级教育系统均有使用。

（4）EdmoDo平台。EdmoDo是一个全球教育网络，也是一个面向学生和教师的社交类学习资源分享的开发平台，同时提供允许教师通过移动和网络平台创建和安全可靠的教学空间或课堂的免费服务。如图4-11所示。

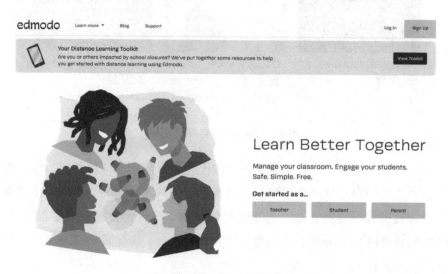

图4-11　EdmoDo界面截图

3.模式实施注意事项

基于学习社区的协作学习模式在实施时应注意图4-12所示的事项。

1. 可供学习的资源要丰富，在线学习社区的学习资源丰富程度将决定社区内成员的活跃程度和教学质量

2. 学习活动设计要遵循社会性原则，学习者之间要借助社会性软件开展深度交互活动

3. 在线学习活动设计要遵循整合性原则。将学生的社会性学习环境与自主性学习环境进行整合。合作学习活动中可以有自主性学习环节，自主性学习活动中可以包含社会性学习环节

4. 帮助学生构建学习社区的生态文化，形成集体性的知识沉淀、共享的价值观与行为规范

图4-12 基于学习社区的协作学习模式实施注意事项

四、基于学情分析工具的精准教学模式

学情分析的重要意义在于可以为教学预设提供基本依据与重要的指导，可以为课堂教学活动的调节与生成提供重要反馈，可以为教学生成提供重要的子资源，也可以为教学理论与学习理论的生成提供丰富的素材和有益启发。

学情分析的主要内容如图4-13所示。

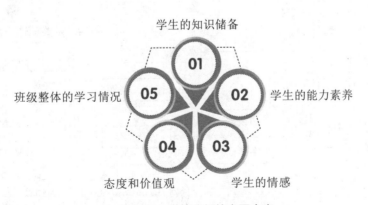

图4-13 学情分析的主要内容

1.模式特点

这种基于学情分析工具的精准教学模式，基本上包括学情诊断、设定目标、在线教

学、分析最临近发展区、个性化补偿教学这五个关键步骤。最重要的是要利用学生学习过程中产生的数据,分析学生已有的发展区和最临近的发展区,在学生最临近发展区的时候教师提供相应的支持及相应的学习服务,引导学生在最临近发展区的可持续性发展。如图4-14所示。

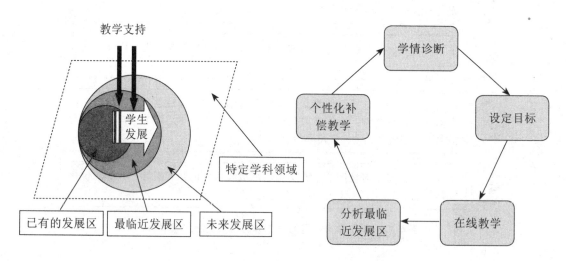

图4-14 基于学情分析工具的精准教学模式

基于这种教学模式一般来说包括三个主要的环节:一是基于数据,以学定教;二是基于数据的因材施教;三是要基于数据,以评促教。如图4-15所示。

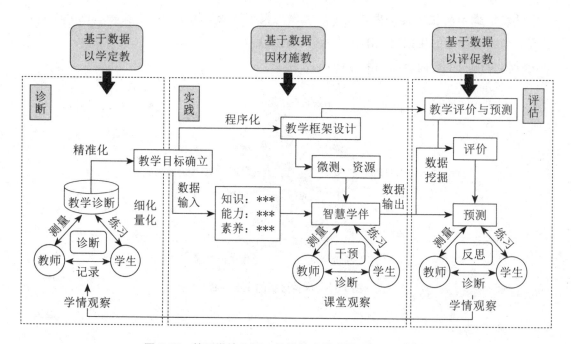

图4-15 基于学情分析工具的精准教学模式的主要环节

2.模式代表

这种模式代表主要有智慧学伴、智学网、极课大数据、学科网、阿凡提平台等。

（1）智慧学伴。智慧学伴可以实现全学习过程数据的采集、知识与能力结构的建模、学习问题的诊断与分析、学科优势的发现与增强。采集学生学习过程中的数据，通过数据对学生知识的能力结构建模，而后通过对学生能力结构的建模和可视化，对学生的学习问题进行诊断分析，然后发现学生的学科优势，增强学生的学科优势。如图4-16、图4-17所示。

图4-16 学习问题的诊断与分析

学生	教师	家长	教研管理人员
通过诊断工具，对自己的学科能力和素养有所认识，发现优势，查找不足，精准学习，快速提高	通过诊断工具，分析学生薄弱点，改进教学，精准教学，提高教学质量，还可为学生提供在线辅导	及时了解孩子学习状况，参与孩子的过程性学习，早了解、早规划	通过平台提供的大数据分析报告，了解学情，做好教学总结规划

图4-17 服务对象

（2）智学网。智学网根据作业和测试结果进行薄弱点诊断分析，知识点学习状态跟踪等。扫描仪、web端、移动端在线使用产生学业数据；多角色共同产生学情数据。

（3）极课大数据。极课大数据能满足教师、学生和家长需求，主要借助word工具和智能扫描仪产生学情数据；由教师汇聚学生大数据，根据做题情况自动生成共性错题。

（4）学科网。学科网资源较丰富，可以帮助教师快速组题、出卷，帮助教师开展快速测试，了解学生对教学内容的掌握情况。如图4-18所示。

（5）阿凡提平台。阿凡提平台能线下判卷线上分析，及时获取试卷作答信息，智能算法推算知识点漏洞，针对性评测报告帮助学习复习，提升教师工作效率。

图4-18 学科网界面截图

3. 模式实施注意事项

基于学情分析工具的精准教学模式在实施时应注意图4-19所示的事项。

① 设计多元化评价方法,收集学生多模态学习数据,重点通过学习过程数据收集和分析,力求客观真实反映学生的学习情况

② 学情分析的主体应包括教师和学生,实现教师评价、学生自评和学生互评相结合的评价方式

③ 为学生提供及时反馈,将个性化分析报告推送至学习系统的学生端和教师端,便于学习者和教师查看个人学习评价与分析报告

图4-19 基于学情分析工具的精准教学模式实施注意事项

五、在线翻转课堂教学模式

随着互联网技术的高速发展和移动终端的广泛普及,教育逐渐摆脱时间和空间的限制,教育理念、教学结构和教学方法都产生了巨大变革。翻转课堂就是在这样一个信息技术高速发展背景下产生的新教学模式。翻转课堂最简单的定义是:将传统教室中发生的活动与教室外发生的活动进行调换。具体来说,是将教师的讲授利用视频技术移至课下,让学生在进入教室开始正式课程之前,先通过视频、讲义等资源自行学习,然后在课堂上进行作业的完成和课后的复习等。

1. 模式特点

在线翻转课堂教学模式中,学生可以在课前线上自主学习课程内容,在线上直播课

堂中，做应用练习和参与讨论。在线翻转课堂要求学生在课前通过线上观看微课、网上查阅资料、完成在线检测等方式，自学课程内容。老师主要解答学生问题、阐述相关概念、启发在线讨论以及引导学生开展在线交流等，同时通过线上应用练习或者检测来进一步强调、巩固、加深或者是延伸相关知识，这是在线教学模式，其特点如图4-20所示。

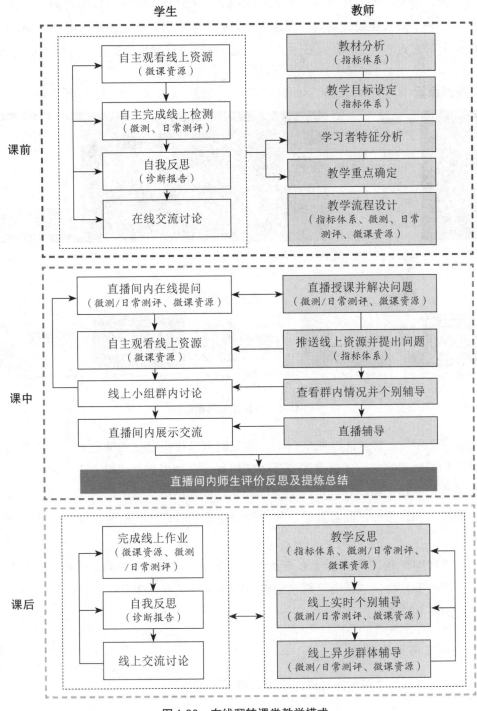

图4-20 在线翻转课堂教学模式

2. 模式代表

这种在线翻转课堂教学模式的代表性平台有腾讯课堂、天天微课、可汗学院、学习元平台、101PPT等。

（1）腾讯课堂。腾讯课堂具有播放音视频、PPT分享、教师摄像头直播、分享屏幕、涂鸦画笔、举手语音连线、签到、答题卡等功能。学生进入课堂便捷，利用微信、QQ或者电脑网页等方式进入课堂，可在手机、电脑、iPad端进行直播课学习。如图4-21所示。

图4-21　腾讯课堂界面截图

（2）可汗学院。在可汗学院平台上，学生们可以按照自己的情况来学习，首先找出并填补他们的知识空白，然后深入理解并掌握每一个知识点。通过可汗学院，教师们可以找出学生的知识欠缺，有针对性地进行教学，以满足每位学生的需求。另外，可汗学院庞大的练习和课程库，涵盖数学、科学以及更多科目，这些资源对学习者和教师免费开放。

（3）101PPT。101PPT平台上有丰富多彩的案例，覆盖全面的教育系统，完整的教师备课和授课专业软件，包括海量教学资源、有趣多样的互动工具，以及简单易操作的备课模式。如图4-22所示。

3. 模式实施注意事项

在线翻转课堂教学在实施时应注意图4-23所示的事项。

图4-22 101PPT网站界面截图

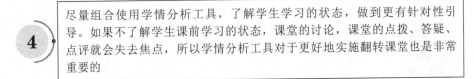

图4-23 在线翻转课堂实施注意事项

六、基于学科工具的自主学习模式

学科工具可作为学生认知发展的工具，为学习者提供学习资源、学习支持、学习指导等，从而支持学习者自主学习，帮助学习者对学习内容进行加工处理，构建自己的知识体系。

1. 模式特点

自主学习包含自我监控、自我指导、自我强化三个子过程，强调自我效能和榜样示范在自主学习中的作用。在这种自主学习过程中，要明确学习目标，确定自己的学习任务，选择相应的学习策略，根据自己的个性特点做自主学习和自主探索，然后进行评价反思。家长或是教师要帮助学生进行自我监控、自我指导和自我强化。如图4-24所示。

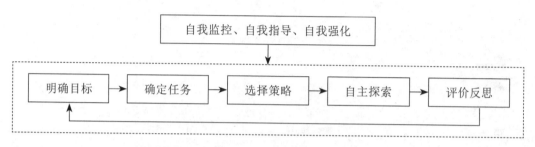

图4-24 基于学科工具的自主学习模式

2. 模式代表

这种基于学科工具的自主学习模式代表有洋葱学院、微软小英、三余阅读、多邻国、英语流利说、有道语文达人、土豆化学等平台。

（1）洋葱学院。洋葱学院平台和全国90多万名学校教师一起探索出一套系统的学习方式，融合人工智能、视频课程与在线练习，为全国中小学生提供有趣、有效的学习体验，并减轻学习压力和负担。如图4-25所示。

图4-25 洋葱学院网站界面截图

（2）微软小英。微软小英能帮助初学者快速建立日常英语沟通能力，帮助英语学习者完善发音，熟练口语。

（3）有道语文达人。有道语文达人有海量词库，完整收录《现代汉语大词典》等权威工具书，有超过500万条字词；收录海量中小学课内古诗文，原文翻译对照看，重点字词点击查，更有数篇课外诗文；支持多种检索模式，更可手写或拍照取词。离线查询，随时随地放心学。如图4-26所示。

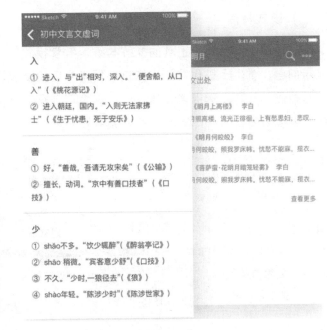

图4-26　有道语文达人App界面截图

3. 模式实施注意事项

基于学科工具的自主学习模式在实施时应注意图4-27所示的事项。

1. 为学习者提供优质的自主学习资源；在选择学科工具时要考虑学科特点，以及学科工具与教学内容的融合程度

2. 提高学生的自主学习意识和能力，采用同伴助学、教师指导、脚手架等策略加强学生自主学习

3. 为学习者提供操作训练机会，通过练习或测验强化学生知识获得，促进学生知识迁移

4. 在自主学习过程中应加强学习交互，鼓励学生与教师、学习同伴交流讨论。自我效能感是影响自主学习的内在因素之一，教师应帮助学生建立良好的自我效能感

图4-27　基于学科工具的自主学习模式实施注意事项

七、基于问卷调查工具的操练与练习教学模式

操练和练习的教学模式对于让学生快速掌握某一个技能或者是快速掌握某一个知识，尤其是相对简单的知识，是一个非常有效的手段。

1. 模式特点

这种基于问卷调查工具的操练与练习教学模式，是由计算机向学生逐个或一批批地显示问题，学生上机作答，计算机根据学生回答情况给予反馈，以促进学生掌握某些知识与技能、技巧。运用多媒体，可将许多可视化动态情景作为提问的背景，也可以做出更有表现力的反馈。其模式如图4-28所示。

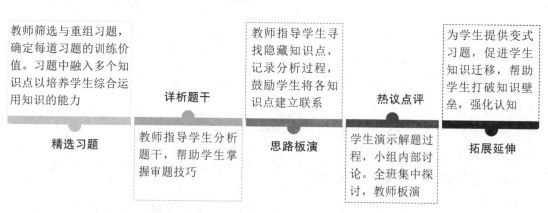

图4-28 基于问卷调查工具的操练与练习教学模式

2. 模式代表

支持操练和练习的代表有问卷星、腾讯问卷、我要模考网、调查派、作业盒子、猿题库等平台。

（1）问卷星。问卷星是一个专业的在线问卷调查、测评、投票平台，专注于为用户提供功能强大、人性化的在线设计问卷、采集数据、自定义报表、调查结果分析等一系列服务。与传统调查方式和其他调查网站或调查系统相比，问卷星具有快捷、易用、低成本的优势。其典型应用包括学术调研、社会调查、在线报名、在线投票、信息采集、在线考试、讨论投票、公益调查、趣味测试等。如图4-29所示。

图4-29 问卷星网站界面截图

（2）腾讯问卷。腾讯问卷支持自由创建、导入试卷、使用模板创建测试题。跨终端平台通用，可在PC、手机、平板等智能设备自适应呈现。如图4-30所示。

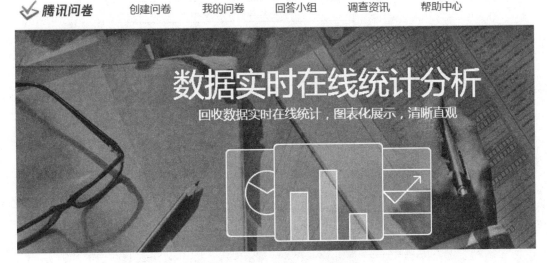

图4-30　腾讯问卷网站界面截图

3.模式实施注意事项

基于问卷调查工具的操练与练习教学模式在实施时应注意图4-31所示的事项。

1	设计习题时遵循分层分类和贴近生活的原则，保证不同层次水平学生的不同发展，帮助他们消除对习题的陌生感，调动学习兴趣
2	要求教师必须深度钻研教材，了解考试及大纲要求，掌握真实学情。要求教师在认真批改学生作业的基础上分析筛选出学生易错且具代表性的习题
3	给予学生及时的激励、及时的纠正性反馈与指导，引导学生一步步接近正确答案

图4-31　基于问卷调查工具的操练与练习教学模式实施注意事项

八、基于学习资源网站的主题探究教学模式

这种基于学习资源网站的主题探究教学模式，是通过学习资源网站为学习者提供丰富的学习支持，老师精心设计问题，学生能够实施探索式的学习，利用网站的交互功能，学习者可以实现师生交互、生生交互，从而支持协作探究性的学习。

1. 模式特点

这种教学模式的步骤如图4-32所示。

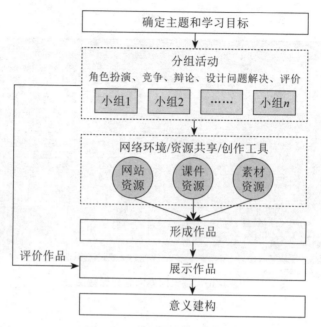

图4-32 基于学习资源网站的主题探究教学模式

图示说明如下。

（1）根据课程学习需要，选择并确定学习主题，制订主题学习计划（包括确定目标、小组分工、计划进度）。

（2）组织协作学习小组。

（3）教师提供与学习主题相关的资源目录、网址、资料收集方法（包括社会资源、学校资源、网络资源的收集）。

（4）指导学生浏览相关网页和资源，并对所得信息进行去伪存真、选优除劣的分析。

（5）根据需要组织有关协作活动（如竞争、辩论、设计问题解决或角色扮演等）。

（6）形成作品，要求学生以所找到的资料为基础，做一个与主题相关的研究报告（形式可以是文本、电子文稿、网页等），并向全体同学展示。

（7）教师组织学生通过评价作品，形成观点意见，达到意义建构的目的。

2. 模式代表

这种教学模式的代表有中国科学技术馆、故宫博物院、WISE平台、中国知网经典导读、中国科普网、美国宇航局NASA、辽宁省科学技术馆等网站。

（1）中国科学技术馆。中国科学技术馆网站设计有华夏之光、科学乐园、探索与发现、科技与生活、挑战与未来等板块，支持学习者在线游览场馆。虚拟现实支持学习者探究科学项目，如《脑与成长》的虚拟现实探究项目。科技讲堂栏目有一些知名专家的科普讲座。如图4-33所示。

图4-33　中国科学技术馆网站界面截图

（2）故宫博物院。故宫博物院网站支持虚拟现实浏览故宫。探索栏目中包含丰富的学习资源，涵盖古籍、历史、文物、名画等多种主题。视频教学板块，学习者可以在线观看视频进行学习。

（3）WISE平台。WISE（http://wise.berkeley.edu）是一个操作简单但功能强大的基于网络进行科学探究的学习环境。为学生提供一个项目计划，引导学生进行学习、反思，并监控学生学习过程，学生可在其中了解真实世界、分析各种现代科学观点、亲历科学探究过程等。主要适合4～12年级的学生，其中包含了一些与各国科学课程标准相匹配的精品项目。

（4）中国知网经典导读。中国知网经典导读（http://yd.cnki.net）依照语文课标和考试大纲，锁定基础教育阶段语文学科的必读书目和必背篇目。从作品导读、作家知识、主题思想、结构分析、艺术特色、语言魅力、人物形象、比较阅读、文化解析等维度解构经典，有助于学生进行探究类主题阅读学习活动。如图4-34所示。

图4-34 中国知网经典导读网站界面截图

3. 模式实施注意事项

基于学习资源网站的主题探究教学模式在实施时应注意图4-35所示的事项。

① 精心设计好探究的问题，强调把学习设计在复杂、有意义的问题和情景中，通过学生合作解决问题，促进学生对所学知识的理解与建构

② 为学生提供丰富的、多样化学习资源，支持学生多通道的知识获取，加强知识在学生生活中的应用

③ 遵循建构主义学习理论，体现学生的主体性，教师作为学生的指导者、引导者、合作伙伴

④ 采用小组合作学习形式，鼓励学生交互，鼓励学生进行个人反思

⑤ 采用多元评价方法，关注学习过程，实施形成性评价和表现性评价

图4-35 基于学习资源网站的主题探究教学模式实施注意事项

九、基于认知工具的支架式的教学模式

支架式教学是通过一套恰当的概念来帮助学生理解特定知识，建构知识意义的教学

模式，借助概念框架，学生能够独立探索并解决问题，独立建构意义。

1. 模式特点

支架式教学强调为学习者建构知识提供一种概念框架。事先要把复杂的学习任务加以分解，以便于把学习者的理解逐步引向深入。通过为学习者搭建支架（或称脚手架），不停顿地把学生的智力从一个水平提升到另一个新的更高水平，真正做到使教学走在发展的前面。其模式如图4-36所示。

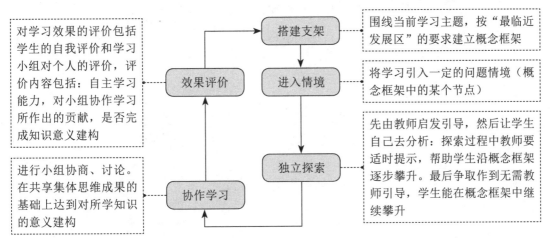

图4-36　基于认知工具的支架式的教学模式

2. 模式代表

这种支架式教学的代表工具有思维导图、图形计算器、Phet、形色等软件。

（1）思维导图。思维导图（Mind Master）能可视化整理观点，梳理思路，支持学习者发散思维的表达，帮助学生系统化思考。它是一种个人思维外化的方法，可提升思考技巧，大幅增进记忆力、组织力与创造力。如图4-37所示。

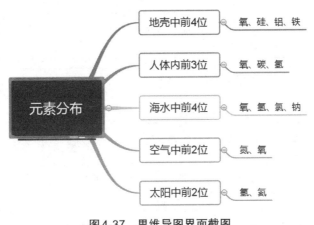

图4-37　思维导图界面截图

（2）图形计算器。图形计算器有助于学生在教师引导下的主动参与、自主探索和规律发现的知识形成过程。配合各种探究活动，让学生做数学、做科学，提升学生数学知识应用、综合理科分析和创新实践能力。基于图形计算器探索和创新活动，可以让学生更为深刻的理解数形结合的数学思维本质。还可以通过编程"教"学生如何完成某个任务，构造某些数学对象，或做一些有趣的工作，让学生从编程活动中能获得有价值的数学经验。

（3）Phet。Phet（https://phet.colorado.edu）是一款免费在线物理、化学、生物、地理及数学交互性仿真程序平台，教师可以用这些模拟仿真程序来演示各种原理和现象，学生也可以亲自动手探究一引起学科原理和知识。如图4-38所示。

图4-38 Phet网站界面截图

3.模式实施注意事项

基于认知工具的支架式的教学模式在实施时应注意图4-39所示的事项。

1. 在创设情境时，可以利用认知工具创设虚拟学习情境、游戏化学习情境、问题情境、任务情境等

2. 在为学生提供支架时要充分考虑学生的现有知识发展水平，即考虑学生的最临近发展区

3. 学习支架的搭建要循序渐进，要注意在适当的时候撤掉学习支架

4. 在学生协作学习中，有意识地为学生提供能够支持协作的学习支架，如协作策略指导等

图4-39 基于认知工具的支架式的教学模式实施注意事项

十、基于互联网的互动教学模式

基于互联网的互动教学模式跟直播教学模式有一点类似,但是它特别强调在跟学生进行讲授的同时,强调师生之间的互动,且互动具有多样性和丰富性。

1. 模式特点

这种基于互联网的互动教学模式,能够建立教师、学生与学习内容之间的多元化联系,实现"教师—学生—内容"的多重交互。利用互动类教学工具进行课堂教学信息反馈,能够使所有学生广泛地参与教学活动。在基于互联网的互动教学模式中,支持学生探索和发现,支持小组协作,支持游戏化学习,提供练习和反馈,帮助教师和学生开展质性评估。其模式如图4-40所示。

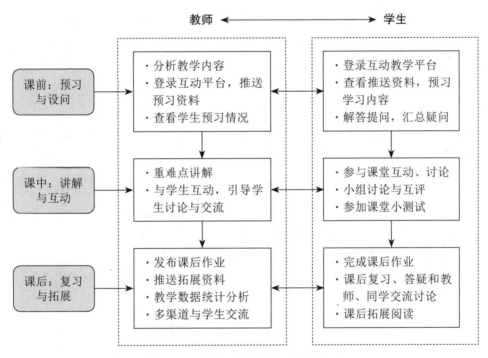

图4-40　基于互联网的互动教学模式

2. 模式代表

基于互联网的互动教学模式常见的代表有Classin在线教室、雨课堂、UMU、PPTClass、101PPT等平台。

(1) Classin在线教室。Classin在线教室支持视频授课、学习答疑、试题练习等多样化的学习服务,以互动进行学理念,实现多方语音、视频互动式教学。如图4-41所示。

图4-41 Classin在线教室网站界面截图

（2）雨课堂。雨课堂融合了PPT和微信的功能，在课外预习与课堂教学间建立沟通桥梁，为教学提供较强的交互体验。课堂上实时答题、弹幕互动，为传统课堂教学师生互动提供了解决方案。雨课堂为师生提供完整的数据支持，个性化报表、自动任务提醒，让教与学更明了。

（3）UMU。UMU平台可用手机组织投票与讨论，用大屏幕展示互动结果，让互联网活跃传统课堂，让每个人融入分享收获，富有效率的现场提问讨论，平行发言，彼此点赞。

3.模式实施注意事项

基于互联网的互动教学模式在实施时应注意图4-42所示的事项。

 在实施互动教学过程中，在使用互动式教学平台的时候，教师需要根据"课前、课中、课后"三个不同阶段进行调整和配置教学内容，引导学生对所学知识进行有意义地建构，产生自己的理解和思维，促进学生自主学习

 教师需要准备在线微视频、图文等网络资源，使学生能够利用现代教育技术和手段主动学习，在教师的干预、引导下自主建构自身的知识体系，系统而有效地获取知识

 教师需要精心设计课上教学环节，从课前预习要点与提出的问题，到课上随堂小测验的考察重点和课后拓展领域，都要有周密的计划和安排，要将"课前预习、课上精讲、课后拓展"有机地整合为一体，强调学生在学习过程中对知识的理解和运用

图4-42 基于互联网的互动教学模式实施注意事项

第五章
在线教育的产业布局

> **导言**
>
> 随着用户对优质教育资源的需求不断增加,各在线教育平台纷纷引入国外的优质教学内容、师资和教学手段,用与时俱进的教育体系满足用户需求。各在线教育龙头企业也在不断拓宽国际市场,探索国际化产品及服务模式的出海。

一、在线教育的商业模式

持续增量的在线教育市场一直处于火爆模式,这期间,有传统教育顺应时势与互联网结合,也有互联网巨头布局在线教育想要分一杯羹,从而演化出了多种不同形式的在线教育商业模式。

1. B2B模式

B2B是Business-to-Business的缩写,指企业对企业之间的营销关系。B2B模式主要指的是企业与企业之间的交易模式,如3BAT(360、腾讯、阿里巴巴、百度)原有的给教育培训企业提供广告的服务,基本上属于这种模式。还有向企业、政府、团体提供在线教育服务的模式,也属于B2B模式,如在线企业大学、大客户培训等。

百度、搜狐、新浪等门户网站,通过巨大的用户基数,给教育培训机构提供了信息浏览,以此通过海量用户基数,将一定比例的用户转化为教育培训的付费用户。

花钱购买搜索引擎关键词和门户的流量,这种商业模式已经成为教育培训行业的通行模式。教育培训机构获取一个付费用户的平均费用非常高,从每人数百元到数千元不等。

2. B2C模式

B2C是Business-to-Customer的缩写,是电子商务的一种模式,也就是通常说的直接面向消费者销售产品和服务商业零售模式。

目前，市面上大多数在线教育企业都属于B2C模式，如猿题库、VIPABC、51Talk等。B2C模式因为往往具有海量的用户数，如数千万用户甚至上亿的市场容量，吸引了大量投资投向这个领域。

然而B2C模式向个人用户收费很难，随着"互联网免费"思维的广泛，越来越多的项目试图通过免费服务来获取大量用户。但是因为网络上有大量的免费同类产品，使得B2C项目的盈利变得越来越难。

3. C2C模式

C2C是Customer to Customer的缩写，是指用户之间自己把东西放到平台上出售的商业模式。

C2C通过和教育机构合作讲师团队入住平台或者个人讲师也可入驻的形式，向用户提供直播或点播的教育服务。平台本身并不生产课程，它属于第三方为个人提供技术平台，为用户提供学习课程。

平台模式避开沉重的服务和内容，只需要在其中抽取一定费用。平台模式下，成本结构以固定成本为重，当搭建好平台，随着用户数增加，成本将逐步下降。当平台形成规模，达到垄断地位，那么议价权一定掌握在平台手里，实现利润增长就是一件水到渠成的事情。

当然，平台模式只要搭建好平台架构，一本万利也不是没有代价。由于不是产品内容的输出方，只是中间商，必然导致产品质量以及其他边际的难以把控。品控的把握只有更多地依赖平台的人工审核。

> **微视角**
>
> C2C模式在网络日趋发达的今天，教师通过网络招生教学，其收入水平可能超过在培训机构当老师的收入。

4. O2O模式

O2O是Online to Offline的缩写，即"线上到线下"的模式。互联网时代下，线下巨头教育机构开始开展网络教育授课，或者原本在线上做教育的企业开始发展线下教育，打通线下和线上平台。这种将线上和线下相结合的在线教育模式就是O2O模式。如图5-1所示。

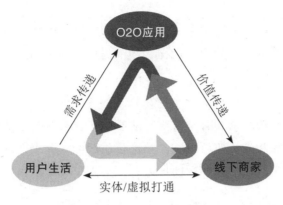

图5-1　O2O模式示意图

其特点如图5-2所示。

1. 学习场景上，与其他在线教育平台相比，O2O模式下主要是通过线上将用户和流量引导到线下，学习场景放在线下进行，而其他在线平台根据其业务特色一般是放在线上教学

2. 平台作用上，教育O2O平台更多的是将机构/教师信息集中起来，然后分发给用户，能够一定程度提升用户筛选效率和选择空间，并且为中小机构带来流量

3. O2O模式相对简单且理论收益高。这种模式抛开了其他在线教育那种"笨重"的录播或直播视频，无需开发相关配套产品

4. O2O模式更多的是将用户从线上进行引流，将其导流给自营业务或者是三方的面授机构，只要掌握用户需求，吸引到用户，收费相对较为容易，而且符合大众传统的消费习惯

5. O2O模式对运营和产品本身要求较高。产品需要匹配用户需求，直击用户痛点，比如职业培训、教育培训，能够给用户带来实际的效益。运营就是在成熟产品的基础上，不断拉新，需要大量流量

图5-2　O2O模式的特点

5. B2B2C模式

B2B2C是Business to Business to Customer的缩写，是指通过和线下教育机构合作的模式，并让个人老师入驻到平台的形式，向学习者提供课程资源。相较于B2C商业机构

对消费者的电子商务,或C2C网上个体双方交易的商城,B2B2C模式更像两者之间的综合。链接教育内容供需双方,为教学过程各环节提供技术、功能和服务,并实现教育内容变现的互联网第三方教育平台。

B2B2C在线教育平台可以理解为一种互联网教育载体,它不会直接提供各类课程内容,而是为有知识储备的网师和有学习需求的学生搭建起教与学的链接:一方面,平台会通过严格的资质审核和课程监管机制,筛选优质网师入驻平台,建立合作关系;另一方面,平台通过聚合多领域的网师和课程内容,来满足学生用户的学习需求,并实现课程内容的变现。

在教学、运营、交易、营销、技术支持等各个环节,B2B2C在线教育平台为师生双方用户提供全方位的支持和服务,最终在实现教学效果的基础上达到课程商业化的目的。如图5-3所示。

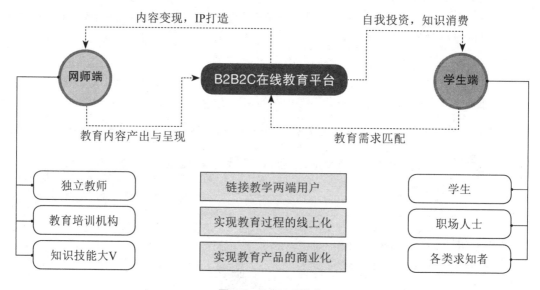

图5-3　B2B2C模式

与B2C模式相比,它们的共同点都是以实现在线教育和能力培训为导向目标,教学场景都是线上教学。

不同点在于B2C往往是单个领域的直通车,比如在某证券教育平台你学会了"大神炒股十八式",完成第一式到第十八式这十八个阶段,那你就能秒变炒股达人,但是B2B2C在线教育平台担任的更多的是教育载体,你不仅可以学会证券"大神炒股十八式",还可以学会生活类"省吃俭用三十六计",这也就是聚合类垂直领域。

B2B2C模式主要有两种类型,如图5-4所示。

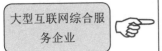

大型互联网综合服务企业	由百度、阿里、腾讯、网易、搜狐等企业开发的百度传课、淘宝教育、腾讯课堂、网易云课堂等知名平台均是典型代表产品。其优势是母品牌知名度高、自有流量大，能快速吸引大量供需方进入，但也会存在原有流量与教育流量不完全匹配等问题
垂直于教育领域的在线教育企业	知名平台产品如沪江旗下首个提出"网师"概念的CCtalk，以及多贝网、淘课网等。其优势是在线教育从业经验丰富、教研水平较高、教育资源相对充足，但平台自身的流量水平多逊于前者水平

图 5-4　B2B2C 模式的主要玩家

相关链接

在线教育B2B2C模式被看好

在 MOOC、知识付费 App、B2C 等各种形态的商业模式中，B2B2C 开放平台集专业教育、内容聚合、知识变现于一身，连接教育供需双方，在教学、技术、营销、生态等方面具备突出优势。特别是以沪江旗下实时互动教育平台 CCtalk 为代表的开放平台成为业内备受青睐的新星。汇聚巨大流量和核心技术，CCtalk 发展空间巨大，可向 B、C 端收费，盈利模式多样，前景无限。

2016 年，"内容创业"的风口大开，沪江推出综合性的开放教育平台 CCtalk。CC 寓意 Content（内容）+Community（社区），横跨知识经济和在线教育领域，是一个"超级物种"。

值得一提的是，CCtalk 在教育场景中实现对音视频技术瓶颈的突破，在业内尚属首次。在线教育平台化，即实时互动+OCS 智能课件+社群化学习，让无数老师终于可以真正在网上实现完整的"教、学、练、测"循环，打造了平台、技术赋能个人及行业的范本。

技术层面，沪江已将技术成果整合为一套可为教学过程提供全方位支持的智能学习系统，用以提升和改造授课和学习时的"教、学、练、测"场景。以录播课为例，不同于大部分录播式课程单纯的观看体验，沪江的 OCS 课件实现学生在上课的同时完成答题、互动、录音对话等动作，并收集用户的数据以供精确分析学习效果。

与此同时，CCtalk 根据教育场景自主研发的实时互动视频技术，处于全球领先地位。如多向视频、双向白板、屏幕分享、提升广播工具和定制媒体质素、直播讲义等教学工具,让学生可以实时与教师互动,几乎100%真实还原线下课堂。凭借此技术的先进设计,系统可同时承载超过3万个直播视频课程,而每个课程可容纳近20万人同时在线。

社群化学习也是一大亮点,CCtalk为教师提供全方位教学服务,覆盖学生学习活动的整个周期。课前预习、课中互动、课后作业,以及班级群组的讨论等有效提高学生的活跃度、学习效果和课程完成率。

2017年9月,沪江在京举办战略发布会,宣布全新战略。未来,沪江会围绕教育生态重点发展两大业务:以沪江网校为主体的B2C业务和以CCtalk为主的平台业务。

作为沪江的未来战略发展重心,CCtalk交出了一份令人满意的答卷。2016年、2017年和2018年前八个月,CCtalk平台挂网课程的全站交易净额分别为人民币0.038亿元、2.36亿元、6.68亿元。2018年前八个月的全站交易净额,是2017年的2.8倍,2016年全年的176倍,堪称业内的"增速王"。

同时,入驻的第三方商户及网师分别由2016年12月31日的992名及11831名增至3312名及63337名,在中国所有互联网教育平台中排名第一。

大量网师群体的崛起,让CCtalk自证了平台的孵化能力。在"互联网的下半场",流量红利消失,内容为王,能够生产优质内容的老师,是平台自身造血能力的关键,谁能拿下并激活更多老师,谁就掌握了这门生意的关键。

目前,CCtalk已经完成了从语言教学到全品类互动教学平台的构建,初步形成语言学习、职业教育、中小幼、文化艺术等四大品类体系,全面覆盖Android/iOS、iPad、PC和MAC平台,超过3万名老师和数千家优质内容和教学机构入驻,产生课程85万节,累计用户超1000万。

二、在线教育的产业链

一般来说,在线教育的产业链条比较长,典型的产业链由图5-5所示几个部分构成。

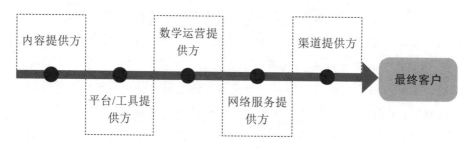

图5-5 在线教育产业链构成

由图5-5可见，在线教育产业因为涉及很多内容资源和教学平台开发的问题，使得产业链的特点非常接近互联网企业，而传统教育培训的产业链则相对较短，省却了很多中间环节。

1. 内容提供方

内容提供方指的是提供在线教育内容资源（如授课视频、课件、试题、试卷等）的提供方，业内的典型代表有沪江网校、新东方在线等企业。内容提供方不仅可以是企业，也可以是个人，如为各个网校提供授课、课件服务的教师等。内容是在线教育服务的主体，因此内容是各大在线教育企业的必争之地。

2. 平台及工具提供方

平台提供方指的是实施在线教育使用的教学软件平台的企业，包括点播教学平台、直播教学平台等。国内专门提供平台的企业有传课网、能力天空、一号教室等企业。

工具提供方主要是指提供课件制作、课件录制服务的工具软件提供方，此部分代表有Articulate、iSpring、Lectora等产品。课件录制工具有移动学习资讯网等。

3. 教学运营提供方

教学运营提供方指的是面向学习者，提供在线教育服务的企业，如学而思网校、沪江网校、东大正保旗下的各个网校，都是教学运营提供方。

> **微视角**
>
> 在中国很多运营性的网校，都是自主开发内容和平台的，因此前三者在很多情况下，都是同一家公司。

4. 网络服务提供方

网络服务提供方主要是指提供服务器及带宽资源的互联网IDC，如阿里云、西部数码、CC视频等。这里将网络服务提供方列入产业链中，主要是因为在线教育运营所需要的大量的带宽和服务器成本，占有在线企教育企业约10%～15%的支出，所以也是一项不可忽视的链条。

5. 渠道提供方

渠道提供方是指如何将产品和服务推广和销售给目标客户的独立企业，主要分为三类。

（1）网络推广服务提供商。比如百度、新浪、网易、搜狐、腾讯、360、淘宝等各大门户网站，是在线教育最重要的网络推广渠道。沪江网、精品教育网等各类垂直门户网站也是在线教育的又一推广渠道。

而 App Store、91手机助手、360助手等则是App推广的重要途径。随着网络营销的作用越来越大，以后此类渠道对在线教育和面授培训都是最为重要的推广渠道。

（2）线下代理商。线下代理商是指代理各类在线教育产品的代理商、加盟商等，主要分布于二线、三线甚至四线地区的新华书店、教学培训机构、民营书店等实体机构。

随着电子商务的迅猛发展，线下代理商的作用将越来越小，尤其是对成人教育来说，这类群体受线下代理商的影响将越来越小。而中小学教育则不同，因为中国学生群体的区域分布非常广，因此短时间内线下代理商的作用仍然不可小瞧。

（3）直营渠道。直营渠道指的是运营方自己建立的推广和销售渠道，如直销队伍、分公司等。当前在线教育做直营的非常少，因此直营渠道的建设成本高而且不符合在线教育的定位。

6.最终客户

最终客户指的是从在线教育企业中购买所需产品和服务的群体，分为两种类型。

（1）客户与使用者合二为一。商品和服务的购买者和使用者均为同一人，则是合二为一。此时购买者的需求和使用者的需求是一致的。在线教育B2C的商业模式，则为此模式。

（2）客户与使用者分离。商品和服务的购买者和使用者不是同一人，而是有相互关系。此时购买者的需求和使用者的需求则是不一致的。

比如，在企业e-Learning领域，购买在线教育产品的人群多是企业培训部门或人力资源部门，而使用者则是企业的员工。购买者要求产品要有记录员工学习记录的功能，而作为使用者的员工，则不需要此功能。

在K12领域也是如此，家长和学生是一对矛盾的统一体。家长希望买了产品和服务之后，能够促进学生的学习；而学生并不持同时的观点，可能只是被动听从家长的安排。

在从事客户与用户分离的行业时，在线教育企业需要特别注意重点满足"客户"的需求，还是"用户"的需求，因为这是商业行为是否产生的关键所在。

三、在线教育的产业竞争

在线教育虽然火得一塌糊涂，各类产品层出不穷，然而，在产业竞争上，无论多好的在线教育项目，仍然逃脱不了以下几个方面的竞争。

1. 同类产品之间的竞争

同类产品之间的竞争主要指的是同类在线教育产品之间的竞争关系，比如同是英语单词 App，均面向英语学习者，产品之间的竞争不可避免，英语单词类产品就有几十种。经过优胜劣汰的自然选择，用户只会选择优秀的产品，因此同类产品的竞争只能通过提升产品品质、增强推广力度来实现。

2. 与面授教学和培训的竞争

某个企业或机构在线教育的业务很可能覆盖原有面授的业务，此时二者会产生竞争。在线教育应发挥自己的优势（如随时随地可用的优势），与原有面授业务产生有效的差异化竞争，才能赢得市场。

而在线教育不适合的领域，如需要实践操作技能的学习，如果在电脑或手机上进行，则不能发挥在线教育的优势，因此在线教育无法与这类无法取代的领域内竞争。

3. 与图书出版行业的竞争

在线教育与图书出版行业之间的竞争并不多，而多是相互补充的关系，比如在图书中印刷二维码，用户用手机扫描二维码，即可以获取对应的讲解，就是一种与图书出版行业有效互补的方式。

4. 与盗版和免费产品的竞争

与盗版资源和免费产品的竞争问题，是困扰在线教育产品最大的但是又躲不开的问题。盗版问题可以采取普通内容免费、精品内容收费等形式来抵制。但是当一款产品还没有多少用户的时候，建议采用免费加精细服务策略，只有建立庞大的用户群体、提供差异化的服务，才能在盗版和免费服务中取胜。

第六章
在线教育的行业发展

> **导言**
>
> 20世纪末，互联网进入中国，轰轰烈烈的中国互联网产业开始酝酿，新闻门户、社交、游戏、视频、外卖、出行等领域风生水起。教育虽然是互联网渗透较慢的一个行业，但也在近几年迎来爆发式增长。

一、在线教育的发展历程

我国的在线教育行业经历了二十余年的发展，先后经历了数字化教育、互联网+教育、移动+教育、智能+教育（AI+教育）等发展阶段。在线教育行业的发展与信息技术的普及和渗透密切相关：在互联网尚未起步阶段，主要通过投影仪、录像带等硬件设备来提升学习效率，丰富教学形式；随着互联网的普及渗透，远程教育模式开始广泛应用，以学校为单位的远程教学试点快速涌现；互联网用户数量的不断提升，使得满足学生个性化需求的社区、网校等新的在线教育形式层出不穷；移动互联网的发展带动了MOOC（Massive Open Online Courses，即大型开放式网络课程）、移动课堂等新的教学形式；人工智能等前沿技术在教育领域的应用，则带来了精准教学、在线教育平台的蓬勃发展。如图6-1所示。

	1990年	2000年	2010年	2013年
传统教育	数字化教育	互联网+教育	移动+教育	智能+教育
・函授 ・幻灯片/投影仪 ・广播/电视 ・录音/录像带	・电子计算机 ・多媒体课件 ・互联网 ・远程教学	・学习社区 ・视频课件 ・网校	・录播/直播课 ・MOOC ・移动教育 ・大数据应用	・知识付费平台 ・B2B2C平台 ・人工智能应用

图6-1 在线教育的发展历程

1. 数字化教育

1990年之前，信息化带来教育工具和方式的改变。1990～2000年，互联网在中国的起步以及高速发展使得多媒体课件教学、互联网学习、远程学习模式出现。1994年中关村地区教育与科研示范网络工程进入互联网，中国被国际上正式承认为有互联网的国家，利用互联网开展的业务和应用逐渐增多，多媒体课件、互联网远程学习开始出现。教育部1998年制定的《面向21世纪教育振兴行动计划》提出了"现代远程教育工程"，计划建设全国远程教育资源库，开展高等学校现代远程教育试点工作，自1999年陆续批准了68所高校进行现代远程教育试点。

2. 互联网+教育

2000～2010年，随着互联网在中国的成熟以及国家对远程教育的支持，网校开始出现，视频课件、学习社区逐渐成为新的学习模式。2000年出现三分屏课件，学生可以同时观看教学视频、授课课件以及课程纲要；2000年新东方网校上线，2009年沪江网校上线，网校通常采用录播授课的形式，学生可以根据自身的时间安排，通过互联网观看教师的授课内容，传统的线下培训教育开启了互联网教育模式。

3. 移动+教育

2010～2013年出现移动端教育、MOOC、网络公开课。随着智能手机的普及，至2013年手机网民已占中国总网民数量的81%，移动端教育开始更多地被人们采用；2010年网易推出"全球名校视频公开课"，成为国内首家推出名校公开课的门户网站，随后2011年网易公开课、新浪公开课等门户网站与国内清华大学、北京大学、中山大学等学校达成合作，大量名校公开课视频开始涌现；2011～2012年间Coursera、MITx、Udacity三大MOOC平台的相继成立推动了国内MOOC的发展，2013年果壳网创立的MOOC学院，成为国内首个MOOC平台，随后大学也开始以与MOOC平台合作或推出自营MOOC平台的方式提供在线课程。

4. 智能+教育

2013年之后知识付费平台出现、B2B2C在线教育平台成为互联网教育的新模式，随着人工智能与大数据应用的发展，"人工智能+教育"成为了在线教育的新发展方向。2013年罗振宇在其"罗辑思维"栏目中尝试推出付费会员项目，随后"得到""喜马拉雅"、微博问答等知识付费平台快速涌现；CCTalk、腾讯课堂、网易云课堂、专注4～12岁少儿在线英语的VIPKID、中国成人在线教育领域领导者尚德机构等在线教育平台开始出现，提供全方位服务以及多领域的教育资源。在提供在线教育的过程中，平台通过大数据与人工智能应用了解用户偏好并根据用户需求促进教育的个性化发展。

二、在线教育的发展现状

近年来，随着经济水平快速提升、互联网普及发展以及社会教育意识加强，中国在线教育行业保持持续增长态势。

1. 用户规模

根据艾媒咨询（iiMedia Research）发布的《2019～2020中国在线教育行业发展研究报告》显示，中国在线教育用户规模逐步上升，预测在2020年达到3.09亿人。互联网的普及和发展带来的"互联网+教育"使得在线教育用户不断攀升，同时，各类在线教育平台不断开发下沉市场，扩大了在线教育市场，致使在线教育用户规模进一步扩大。如图6-2所示。

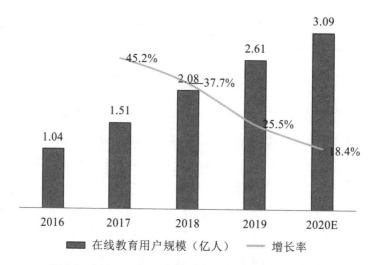

图6-2　2016～2020年中国在线教育用户规模及预测

随着在线教育的发展，部分乡村地区视频会议室、直播录像室、多媒体教室等硬件设施不断完善，名校名师课堂下乡、家长课堂等形式逐渐普及，为乡村教育发展提供了新的解决方案。通过互联网手段弥补乡村教育短板，为偏远地区青少年通过教育改变命运提供了可能，为我国各地区教育均衡发展提供了条件。

2019年8月30日，中国互联网络信息中心在京发布第44次《中国互联网络发展状况统计报告》。数据显示，截至2019年6月，我国在线教育用户规模达2.32亿，较2018年底增长3122万，占网民整体的27.20%。手机在线教育用户规模达1.99亿，较2018年底增长530万，占手机网民的23.6%。

2.市场规模

艾媒咨询发布的《2019～2020中国在线教育行业发展研究报告》显示，在线教育市场规模逐年增长，预计2020年达到4538亿元。在线教育市场规模的扩大与在线教育用户规模的扩大息息相关，正是在线教育用户规模的不断扩大，下沉市场的开发，才使得在线教育市场规模持续增长。如图6-3所示。

图6-3　2016～2020年中国在线教育市场规模及预测

> **资讯平台**
>
> 2020年初，受新冠肺炎疫情影响，学校停课，数百万传统教师变身"主播"；线下教育机构被迫转到线上办学……疫情防控期间，"停课不停学"带火了在线教育行业。在App Store，截至2020年3月16日的免费类学习软件的下载排行榜Top10中，有8个App都是在线学习类软件，包括腾讯课堂、作业帮、Timing学习等。
>
> 天眼查专业版数据显示，截至2020年2月，我国目前共有超19万家从事在线教育相关业务的企业，2020年以来就有4757家相关企业注册成立。作为全国文化中心的北京，以近8万家的在线教育企业数量优势遥遥领先。排在第二的是广东省，拥有相关企业超过1.3万家。

3. 投资规模

从投资方面来看，2011年在线教育开始流行的同时，其行业投融资数量也不断升高，从2010年的9起上升到2016年的298起。进入2017年以后，在线教育行业开始"洗牌"，出现普遍亏损，投资机构开始回归理性，投融资数量大幅下降至209起。据投中网统计，经历了两年的冲击，优质企业逐渐显现出来，在线教育再次被看好，截至2019年底，投融资数量达305起。如图6-4所示。

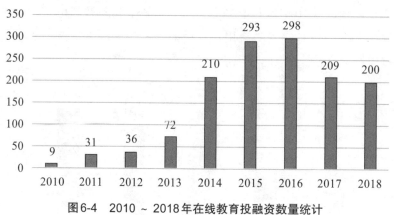

图6-4　2010～2018年在线教育投融资数量统计

 相关链接

在线教育持续增长的因素

在线教育的持续增长得益于以下几个因素。

1. 互联网的普及，网民数量庞大

据中国互联网络信息中心统计，2012年我国网民规模已达5.46亿，每年以平均4000万人的增速增长，2019年上半年网民人数达8.54亿。互联网普及率从2012年的42.1%上升至2019年上半年的61.2%，其中手机网民也从2012年的4.20亿达到2019年上半年的8.47亿人。2017年后网民增长进入了相对平稳的阶段。网民基数大给在线教育提供了巨大的市场空间。

2. 在线教育用户规模偏小，有巨大的潜在市场

根据中国产业研究院发布的《2019～2024年中国在线教育行业市场前景及投资机会研究报告》，2015年我国在线教育人数为1.1亿人，远不及2015年网民数量。2019年用户规模接近4亿，但始终偏低。在线教育行业的潜在市场依旧巨大。

3.课程多样性，吸引不同年龄、职业用户

经过几十年的发展，在线教育课程变得多种多样，包括在线学科辅导、在线外语教育、在线职业教育、兴趣班和公开课等课程。从儿童到中老年人、从学生到上班族都能在在线教育网站或软件中找到自己喜欢的课程。

4.互联网巨头加入，拥有强大的用户群体

BAT（百度、阿里巴巴、腾讯）、新浪网、网易的加入，依靠其强大的用户基础给在线教育市场带来了大量的客户群。这也使在线教育市场的竞争变得越发的激烈。

5.国家政策的支持，助力在线教育行业发展

2010年开始，教育部相继颁布多个与在线教育相关的政策，包括《教育脱贫攻坚"十三五"规划》《国家教育事业发展"十三五"规划》《教育信息化2.0行动计划》等。所有政策都提及运用"互联网+"思维，构建和发展基于互联网的教育服务新模式。新政策的不断颁布让更多的公司看到了在线教育行业的机遇。

6.二孩政策的放开也将给在线教育行业带来巨大商机

在市场、科技和政策的推动下，在线教育市场前景优势日益明显，在线教育被看好的同时也存在很多问题。首先教育关系到个人的前途与发展，在线教育产品参差不齐、质量难以得到有效的把控。同时，获客成本高。据第三方不完全统计，在线教育获取潜在客户投入的营销成本占销售额的20%～30%，且转化率低。另外，在线教育前期投入大、盈利周期长，导致大多数企业倒闭或依靠融资来获取资金。

教育行业资本过热的时代已经过去，但经历了二十多年的发展后在线教育的未来充满机遇。通过2020年初"停课不停教、停课不停学"之后，在线教育行业或许能迎来春天。

三、在线教育的发展规律

在线教育在短短几年时间，已经发展到了相当大的规模。各大细分领域也都有着不同程度的创新和变革，这也加速促进了整个产业的升级。然而，就目前而言，从资本市场还有市场规模两方面来看，资本入局在加剧行业竞争的同时也加速着"赛道标准化"，行业洗牌也随之会进一步加速，用户规模还有待进一步的挖掘，行业发展前景依旧广阔。那么，在线教育的整体发展规律是怎样的呢？具体如图6-5所示。

图6-5 在线教育的发展规律

1.线上教育与线下教育融合互补

"教育+互联网"是融合而不是颠覆,在线教育和线下培训是互补而不是互斥。由于教育的本质是服务,在"老师—场景—学生"的服务链条中,大部分的在线教育模式缺乏合适的学习场景,未来的主流仍将是线下面授教学,互联网难以颠覆线下培训机构,线下培训机构通过深度布局在线教育业务之后将具备极强的竞争实力。

教育产业和互联网深度融合之后,将有助于教育从封闭走向开放和教育产业资源的重新配置。未来最大的教育企业大概率是拥有在线教育基因的线下机构。

比如,新东方和好未来、中公教育和华图教育等龙头培训机构依托其教研资源和资本力量,在在线教育领域深度布局。

2.教学质量是流量变现的关键

教育服务行业注重效果,服务和教研至上,流量不等于流水。渠道(流量)仅是在线教育企业做大做强的一个维度,"品牌、运营、教研、渠道"仍然是所有在线教育从业公司发展的核心本质。优质的内容和高水平的师资是教育服务行业的基础,是教学质量受到认可的关键。因此,对于在线教育企业来说,如何实现流量变现成为业务能否做大做强的关键。

比如,曾名噪一时的留学培训服务论坛小马过河,2009年之前,小马过河主要是提供托福、SAT等备考信息和机经预测,吸引了大量的流量;2009年前后,小马过河开始转型托福、SAT、SSAT的线下培训;2012年前后,小马过河开始做SEM(搜索引擎营销),意图获取更大量流量,但是获客成本也随之上升;2014年迫于成本压力,小马过河再次聚焦线上业务,推出低价产品及辅助学习App,但是发展战略与用户的应试培训、短期提分需求背道而驰,同时课程质量和师资建设等核心环节并未得到提高。2017年,小马过河正式进入破产清算。

在线教育的本质是教育,不是"互联网+教育",而是"教育+互联网"。教育的主要目的是"升学、就业",在线教育行业应该在提高教学服务质量的基础上发挥互联网的传播优势和效率优势;众多的O2O模式和平台过度关注互联网的营销与流量,对教研服务质量缺乏重视。

资讯平台

2015年是O2O在线教育平台集中爆发的一年,轻轻家教、跟谁学、请他教、疯狂老师等教育O2O平台相继获得融资。教育O2O平台争相融资进行教师补贴并积累用户数量,在疯狂扩张的同时缺乏对平台教研服务质量的重视,通过烧钱吸引老师进而吸引学生的模式增加了学生对教师本身的忠诚度而非平台本身教育价值的忠诚度,在资本狂欢过后众多O2O在线教育平台往往难以为继。教育注重升学就业的效果,单纯的互联网思维则追求快速积累用户,纯互联网思维驱动的O2O在线教育忽略了教育行业的规律,而新东方、好未来等龙头公司则是深度布局"线下培训+在线教育",因此新生O2O平台难以撼动优质的传统教育培训机构构筑的竞争壁垒。

3.用户消费行为不具备重复性

教育行业重度垂直且跨年龄段,因此消费者不会消费其他年龄段的产品和服务,线下培训和在线教育均是如此。教育行业的细分领域众多,根据年龄段进行划分,可以分成学前教育、K12教育(中小学教育)、高等教育(大学教育)、职业教育(成人教育)等。不同年龄段的教学内容不同,面向的群体需求也有着很大的差异。不同年龄段的群体,几乎不会有学习需求的交叉。对于在线教育提供者来说,即使通过在线平台的形式可以对多种资源进行整合,但是同一个团队没有精力在多个垂直领域内进行深耕,多而不精的策略将无法与专注的竞争对手进行匹敌。

因此,在线教育领域不存在规模经济,在线教育企业很难覆盖不同的年龄段,同时学生也几乎不具备重复消费的可能性。由于不同年龄段的客户需求差异很大,在线教育市场被分割成了多个领域,每个领域的市场规模有限,且重度区隔,无法凭借规模优势获取跨年龄段的利润。同时,学习行为通常不具备重复性,在线教育企业通常只有一次提供服务的机会。与淘宝、京东等电商平台不同,传统电商平台可以覆盖多品类商品,既可以售卖食品也可以售卖电器、家具等,相同的消费者可能既购买食品又购买电器;但是由于年龄段限制,同一位学生不可能在同一在线教育平台既购买幼教英语课程、又购买考研直播课程。

四、在线教育的发展趋势

随着我国的科技水平与人民生活水平的日益提高,家庭的教育意识将会发生改变,家长们将会在在线教育的领域上开始投入一定的关注;同时,人均可支配收入的提高,也让家长们在孩子们教育的投资上将会加大力度;此外,科技的提高、技术的变革必然会催化在线教育的继续发展。

未来,在线教育将会呈现如图6-6所示的发展趋势。

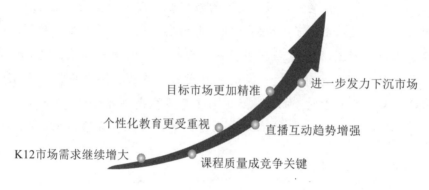

图6-6　在线教育的发展趋势

1. K12市场需求继续增大

受政策利好、社会教育意识加强以及中小学学生升学压力的影响,未来K12在线教育市场需求将继续增大,综合实力更强、更加关注用户体验及需求的产品将进一步扩大领先优势。而随着市场进一步成熟,在线1对1全科辅导类行业格局基本形成,1对1全科辅导类头部企业应更加注重优化盈利模型,避免盲目扩张。

2. 课程质量成竞争关键

随着"80后、90后"父母教育意识的加强,素质教育需求将愈加迫切。K12头部企业也积极开拓素质教育市场,如掌门教育旗下素质教育品牌掌门少儿凭借品牌优势和优质内容已积累海量用户,在素质教育领域上处于领先地位。随着在线素质教育行业发展,学生和家长可选择的平台增多,课程内容及教学质量将成为竞争关键。

3. 个性化教育更受重视

传统大班教学方式存在知识重复、学习重复的问题;而另一方面,随着信息技术发展,大数据、人脸识别技术、AI助教等应用于在线教育平台。利用AI技术可以描绘用户画像,精准推送学习内容,及时反馈学习成果,有利于促进个性化教学。与此同时,也应协调好AI教学与真人教师之间的关系,促进学生健康成长。

4. 直播互动趋势增强

随着5G技术的推广,直播教育的形式将愈加重要。5G技术可以解决目前直播教育存在的痛点,例如画面不流畅、内容延迟等,进一步丰富在线教育的形式、促进在线教育场景化、提升学习氛围、增加交流互动。随着5G技术在教育场景中的应用,用户体验将得到改善,影响在线教育平台的用户黏性及口碑传播。

5. 目标市场更加精准

随着在线教育的逐步发展,在线教育行业渐趋成熟,出现了早幼教、K12教育、高等教育、素质教育、职业培训等细分领域。针对目标消费群体提供专业化的服务,才能更好地满足用户需求,提升用户体验。在线教育企业应精准自己的定位,凸显自己的优势,为目标市场提供优质教学服务。

6. 进一步发力下沉市场

在线教育行业一、二线市场渐趋成熟,而三、四线城市仍处于发展期,具有较大的发展潜力。随着经济水平提高、教育意识加强,三、四线城市及乡镇居民将更加注重精神需求。在线教育可以进一步发力下沉市场,将优质课程资源传递到三、四线城市,实现优质教育资源共享,满足三、四线城市居民的教育需求。

相关链接

2019中国在线教育行业热点

1. 线上线下结合

线上课程突破时空限制,节省时间和金钱成本,但体验性、互动性较弱;线下课程提供体系化教学、课堂式学习氛围,但成本较高、限制条件多。艾媒咨询分析师认为,如何结合线上、线下教育的优点,以更好地满足消费者的需求,是在线教育健康发展亟待解决的重要问题。

编程猫、松鼠AI拓展线下教育	2019年6月，编程猫提出"预计三年内，在全国100座城市设立1000个编程学习中心"；截至2019年10月，松鼠AI已经在全国20多个省700多个市县开设超过2300家学习中心
英孚教育推出整合式产品	2019年9月，英孚青少儿英语推出线上线下整合式产品，提供线下全英文小班课和线上1对1教学课程，促进线上线下课程同步
DaDa英语拓展教育新场景	2019年11月，DaDa英语与小米AI产品"小爱老师"合作，将词卡拼读、精品有声绘本、口语练习等内容入驻"小爱老师"产品中，拓展DaDa教育新场景

2. 技术升级

随着人工智能、大数据的发展，信息技术对于在线教育的作用将愈加凸显。艾媒咨询分析师认为，在线教育依赖于平台功能，而平台功能需要技术支撑。为了提高教学效果、教学体验，在线教育平台亟须推动技术升级。

好未来推出"AI英语外教互动课"	2019年10月，好未来集团素质教育事业群与人教数字出版有限公司在京举办发布会，发布全新课程产品"AI英语外教互动课"
掌门教育推出深度智能化教学产品	2019年，掌门教育研发了一套深度智能化教学产品，包括智能测评、"掌芯"课件、课程练习等多项成果，进一步完善贯穿课前、课中、课后三维一体化的掌门智能化教学链条。更好地满足用户需求，推动千人千面的个性化教学
松鼠AI与CMU成立联合实验室	2019年5月，松鼠AI与卡内基梅隆大学（CMU）成立联合实验室，开发人工智能、机器学习、认知科学和人机界面技术的新方法，以改善全球K12学生的适应性学习体验

3. 新市场崛起

受消费升级、政策利好以及住处技术浪潮的推动，少儿编程市场迅速崛起。2019年，编程猫、极客晨星、西瓜创客和小码教育均获得亿元及以上的融资。艾媒咨询分析师认为，随着经济水平提高，社会对素质教育的重视程度也相应提高。提供高质量的思维编程类内容，满足父母对素质教育的教学预期，是未来在线编程教育健康发展的关键。

2019年中国在线少儿编程部分企业融资情况

企业名称	时间	融资轮次	金额
编程猫	2019.11	C轮	4亿元
乐码王国	2019.10	天使轮	数百万元
核桃编程	2019.10	B轮	5000万美元
和码编程	2019.10	Pre-A轮	数千万元
极客晨星	2019.09	A+轮	近亿元
西瓜创客	2019.08	B轮	1.5亿元
小码教育（小码王）	2019.02	B+轮	近亿元

除了少儿编程，思维、兴趣教育领域也迅速崛起，在线教育头部企业积极开拓思维类、兴趣类教育。艾媒咨询分析师认为，素质教育不同于传统课程辅导，专注培养学习的兴趣爱好和思维能力，承受着社会对素质教育重视程度的提高，在线质素教育领域，特别是数理和思维类教育仍具有较大的发展空间。

2019年中国在线素质教育部分企业融资情况

企业名称	时间	融资轮次	金额
画啦啦	2019.11	B+轮	未透露
优贝甜	2019.08	Pre-A轮	1000万元
美术宝	2019.06	C轮	4000万美元
迈思星球	2019.04	A轮	数百万美元
快陪练	2019.01	Pre-A轮	1000万元
洋葱教学	2019.01	D轮	3亿元

4. 直播教育

直播技术的运用弥补了录播课程互动性弱的缺点，实现在线实时交流及促进教学场景化。K12教育（如掌门教育）、综合网校（如新东方在线）、职业培训（如中公教育）等领域平台纷纷采用直播课程的形式。5G技术的发展将进一步改善直播课程的质量，提升教学和学习体验，直播教育形式将迎来新的发展阶段。

5. 开拓新流量入口

微信朋友圈、抖音、快手、哔哩哔哩等成为在线教育新的流量展示入口。
住处技术的发展为在线教育企业开拓新的营销渠道提供了契机。为了吸引更多用户、提高品牌知名度，学而思网校、新东方在线教育、VIPKID、中公教育、网易云课堂等在线教育机构纷纷涉足微信朋友圈、抖音、B站、快手等平台。

6. K12市场持续升温

2019年暑假，为争夺市场份额，K12在线教育市场掀起低价课程促销和高额广告投放热潮。

在K12暑期"大战"中，猿辅导优先推出"49元暑期系统班"暑期促销，随后各大在线教育平台，如作业帮、学而思网格，纷纷推出各种特惠课、试听课，还赠送配套书籍。与此同时，大量K12在线教育广告投放范围广、数量多，广告投放涵盖地铁、机场、公交、电视等平台。

在线教育市场竞争日益激烈，在线教育企业也随着调整业务布局，以获取更大的市场份额。其中K12市场仍是在线教育业务拓展和战略目标的重要领域。

（1）掌门教育完成3.5亿美元E-1轮融资。2019年2月，掌门教育获得CMC资本、中金甲子基金等多家机构3.5亿美元E-1轮融资。该笔融资是截至2019年2月K12在线1对1全科辅导领域融资金额最高的一笔。

（2）跟谁学在美国纽约证券交易所上市。2019年6月6日，跟谁学在纽约证券交易所上市。跟谁学是成立于2014年的在线教育机构，主要以在线直播大班课的形式开展教学，于2018年扭亏为盈并成功上市。

（3）新东方在线拓展下沉市场K12业务。2019年8月，新东方在线发布公告，由全资附属公司北京迅程向天津前程收购东方优播余下股本权益。至此，新东方在线将东方优播收购为全资子公司，继续发力三、四线城市市场。

五、在线教育的痛点分析

庞大的用户规模和学习需求，犹如一块巨大的蛋糕吸引着各大教培机构纷纷入局。在火热的表现背后，在线教育行业不得不面临图6-7所示的几个痛点。

1. 用户付费比例低，流量变现困难

据相关数据表明：50%以上的用户每月花费在100元以下，超过1/3的用户消费金额在101～500元之间，用户能接受的每节在线教育课程的价格，近90%用户选择100元以下。

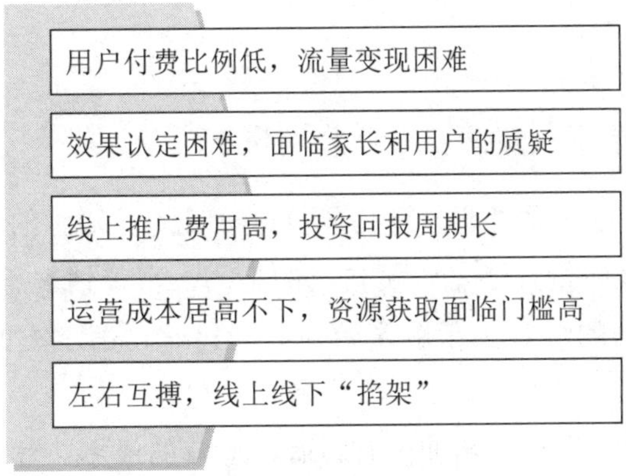

```
┌─────────────────────────────────────┐
│  用户付费比例低，流量变现困难          │
│                                     │
│  效果认定困难，面临家长和用户的质疑    │
│                                     │
│  线上推广费用高，投资回报周期长        │
│                                     │
│  运营成本居高不下，资源获取面临门槛高  │
│                                     │
│  左右互搏，线上线下"掐架"             │
└─────────────────────────────────────┘
```

图6-7　在线教育的痛点

教育机构为了招生，大多采用低价班、免费班的形式进行招生，看似用户数量增多，实际上经营更加困难，一方面低价、免费让用户转化变得更加困难；另一方面降低了用户的客单价，使得用户能够接受的价格范围越来越低。后期价格一旦提高，用户数量会急剧下降。

因此，出现上课成本高昂，而收入低微，变现困难的状况。

2.效果认定困难，面临家长和用户的质疑

我们都知道，教育行业有一个不同于其他行业的特点：效果不容易被量化。

那么，达内教育、尚德机构为什么能够上市？是因为这两个机构都有一个明显的特点。达内教育的主流产品基本是包就业和保证薪资的，用户在购买的时候就有明确的目的和预期；尚德机构主要做证书类/学历的培训，在售卖产品的时候会明确几年内可以拿到证书，拿不到证书保证退费，用户也可以看到明显的效果和结果。

而其他类型的培训，如针对幼儿的创客教育，主要是培养孩子的动手能力、逻辑思维能力，以及兴趣类的课程，如舞蹈、音乐等，这种很难直接看到明确的效果。用户主要购买的是服务和某一段时间内的体验，因此无法避免的会受到家长和用户的质疑。

3.线上推广费用高，投资回报周期长

教育产品与其说是购买产品，不如说是一种投资。用户在做购买决策的时候，其实是抱着对未来能力提升的预期去购买产品，在这样的过程中一定会有比较长的时间处在观望和同行比对的阶段。而目前教育行业主流的推广渠道主要分为免费渠道和付费渠道。

免费渠道主要包括SEO、自媒体、公众号、社群等，这些免费渠道虽然初期不用花钱，但是可能需要花费很大的精力和内容来传递到用户，包括公众号和社群，需要花精力吸引到更多的用户，让用户留下来，通过广告和内容的接触去获得转化；付费渠道主

要包括SEM、信息流广告、本地推广和朋友圈推广等，在如今的现状下，单次投放成本不断在上升。

4.运营成本居高不下，资源获取面临门槛高

举个简单的例子，哪怕是考研、考公务员这种目的性较强的培训，也很难说清楚最终通过的人是因为教育质量好还是学员自己的努力，很多情况下是因人而异的。因此，需要通过一些外界辅助的内容去了解，如外界的口碑、第三方的评价、过往学员的案例等。

对于中小型教育机构来说，初期没有口碑，运营的成本必然是高昂的，资源获取方式也是困难重重。所以，刚开始做营销的时候一定是沉淀下去做服务、做口碑；当有了一定口碑之后，对后期的营销也是很有帮助的。

5.左右互搏，线上线下"掐架"

在资源一定的情况下，线上线下必然是一片红海。鉴于教育行业重服务的特点，学校周边辐射范围内，线下机构有一定的优势，在能够接触到教师和现场讲课方式的冲击下，在线教育的挑战还很大。

在线教育并不是搭建起网络架构，把内容搬到网上去即可，其中还涉及用户服务、盈利模式、效果认定、线上线下协调等多方面因素。

 相关链接

直击在线教育痛点的发展策略

1.锁定目标用户

锁定目标用户，提供优质内容发展付费用户，同时依靠免费模式扩大用户规模。大学生关注托福雅思，白领关注职业技能培训，企业管理者关注EMBA培训，中小学生关注课余兴趣学习等。在线教育伴随着用户的每一个成长阶段，从幼时的早教，到学生阶段的考试以及工作之后职业技能的提升等，不同阶段有着不同的需求。

培训机构要做出自己产品的用户画像，锁定目标用户，洞察用户需求，时刻想着能为用户解决什么问题，提供真正优质的内容。

2.找准切入点

找准切入点，既要切实解决用户的真实痛点，又能找到用户能够接受的并且能够看到可量化的效果。

关注政策变化和用户关注点，比如学前教育、职业教育、素质教育、人工智能，这些都是发展付费用户的目标市场。

3.塑造线上品牌

在线教育越来越成为一种快消品，有特定的使用目标和使用时长，提供在线教育服务需要有产品意识，打造品牌才能获得忠诚用户群，那么就要做到打造高质量的课程内容，杜绝简单的产品移植，做到线上线下区别定价，加强社会化媒体传播。

所有具有变革意义的商业实践，都是既迎合创新技术的趋势变化，又在情感体验方面触动用户的内心。同样的，对于在线教育产品而言，如果将过多精力放在新模式创新上，是很容易被竞品迅速复制的，而只有技术创新（教学内容＋工具研发）和数据积累（学生学习数据）是无法被抄袭的。

4.引入更多互动

引入更多互动，相对于面对面教学，在线教学在互动性上显得不足。提高技术和宽带投入，打造流畅的教学互动体验，同时推出更多互动内容，让教学矩阵化呈现，更加生动立体。

随着用户量和技术的积累，可继续沿着产品逻辑尝试变现，比如在线答疑服务，部分学生是有主动学习的意愿，也有学生是因为不方便或不敢问老师；产品都在一定程度上满足了这一部分的用户需求，同时也可以给教师带来额外收入。

需要指出的是，这一模式的难点在于效率问题：对于教师端，由于客单价较低，需要考虑如何给予老师足够的动力，使其在平台提供服务；对于学生端，在于如何缩短其等待时间，提升体验，如果再加上附加成本，在线答疑较难实现规模化收入，因此，如何将用户流量变现仍然是行业内一直在探索的问题。

5.丰富产品形态

丰富产品形态，要把学习从一件枯燥的"苦力活"变成一件有趣的事情，就必须增加产品的形态，避免单一的产品形式。

依赖于技术和用户数据的积累，提供教师讲义和用户课程规划；为师生配备智能笔等硬件产品，使其可以实时交流；在课后提供教学视频回放、学情分析和作业反馈报告，使家长和学生都可以了解教学效果。

第七章
在线教育的投资变现

> **导言**
>
> 在线教育是非常值得投入的长期风口,无论是投资人还是后入者都需要了解该行业的基本逻辑,而正在从事该领域的管理者和运营人,也要更加深入分析行业发展趋势和业务提升方向,以谋求更好的发展。

一、在线教育的盈利模式

互联网的最大特征是很多内容免费,然而免费对于一家企业的持续发展没有任何意义。在线教育未来可能的盈利点一定是通过互联网平台为用户提供真正个性化的服务,同时具有不可替代性,让其具有付费价值。目前,市面上可见的在线教育盈利模式主要有图7-1所示的几种。

内容收费	以提供线下内容为主,通过以学习视频、教育工具和文档资料的形式对内容进行二次或多次的加工,提供多种格式的数字化文档资料以及在线服务,从中获取利润
服务收费	机构提供24小时内解决问题的咨询服务,或为留学求职等特定事件提供线上辅导支持,从而收取相应的服务费用
软件收费	技术提供商专注于提供技术支持,对在线教育主要从软件平台、工具、智能技术几个领域提供技术支持,专业性使得它们能享有在线教育高速发展的巨额红利

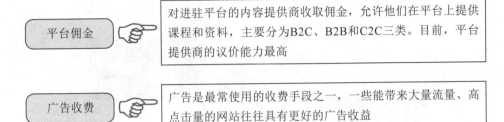

图7-1 在线教育的盈利模式

二、在线教育的变现模式

在线教育的本质是基于互联网的以"内容+服务"为核心的解决方案,这意味着有很多种变现模式和增长策略。就变现模式而言,尤其是面向C端,在线教育有三大主流模式,如图7-2所示。

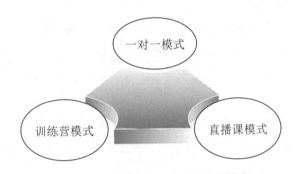

图7-2 在线教育的三大主流变现模式

1.一对一模式

一对一模式是较为原始的教育行业变现模型,尤其对于线下教育培训行业,一对一模式曾给行业创造了一波黄金时代。

一对一模式的好处是显而易见的,主要有两个,如图7-3所示。

图7-3 一对一模式的好处

但是，一对一模式同样拥有弊端，具体表现在图7-4所示的两个方面。

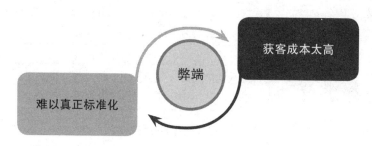

图7-4　一对一模式的弊端

图示说明如下。

（1）因为个性化是一对一模式的优势，即使降低老师标准比如采用兼职大学生，也难以真正解决，最多是做到老师培训的标准化，在较为核心的教法上还得依靠教研。最好的办法是做到极细致的教研切片，并利用大数据辅助老师辅导学员，但这对增长提出了很高的要求，投入成本也更高。

（2）因为一对一的单价过高，用户决策成本高，需要销售人员进行跟踪维护，这样才能拥有稳定的转化率。而为了扩大更多用户量，还要对销售进行培训和激励，外加广告投放等流量式打法，导致整体的获客成本激增，这是很多在线一对一机构亏损、裁员等的直接原因。

以上两点弊端让一对一模式失去可以持续独立发展的机会，除非将一对一作为班课的补充，由班课为一对一导流，既解决了模式发展问题，也降低了获客成本，一举两得。

2.训练营模式

训练营模式是自在线教育诞生以来原创产生的变现模式，它在运营、教研、辅导等各方面与其他模式有着明显不同。

比如，训练营大多匹配社群，对社群运营的要求高于一对一和直播课。再比如，训练营要求某段时间内集中上课，不像直播课那样周期性且固定时间上课，也不像一对一那样时间随机只要能消课就好。

训练营的模式组成，可以用一个公式表示，即"训练营=仪式+社群+课程+活动"。

（1）仪式。对于每个人来说，都存在从一个阶段向另一个阶段过渡的过程，这个过程往往需要一个仪式来体现人的愿望与需要，或帮助自我实现，或带来身份认同，这种感觉就是仪式感。对于训练营模式来说，用户一旦决定参加，在某种程度就是要做一种转变。虽然这个过程相对来说比较短，但通过创造仪式感，可以激发用户对于训练营的参与欲望，这就是训练营往往设置开营仪式和闭营仪式的原因。

（2）社群。社群是训练营模式的第二个必备要素。社群可以集中高效地对用户实施运营动作，毕竟人是群体性动物，盲目从众和情绪化是典型特征，利用这些可以对社群实施特定动作，从而影响群成员的心智和行为。

对于训练营来说，班级型社群是最适合的社群形态，有两个明显特征，如图7-5所示。

强规则性：所谓强规则性就是群内成员必须遵循一定规则行事，否则将受到惩罚，通过设立规则及惩罚措施，可以对群内用户起到警示作用，为良好学习氛围的打造奠定基础

学习氛围：最核心的表现是学员能主动发起关于训练营内容的话题和讨论，这对于短期社群来讲难度太大，即使训练营的内容非常切中痛点，引起自发性讨论的概率也不大，所以需要有策略地引导话题和分享激励

图7-5　班级型社群的特征

（3）课程。课程是训练营模式最核心的部分，是凝聚用户的关键，课程的设计主要包含图7-6所示的三个部分。

课程目的：课程目的决定训练营的目的，一般来说，训练营课程分为两种，一种是偏向某一具体能力，一种是偏向某一具体知识，即“能力型课程”和“信息型课程”

课程内容：训练营的学习内容呈现三个特点：第一有系统框架，即有完整、清晰、符合逻辑递进关系的内容大纲；第二有进阶体系，即可以做为能力进阶体系的入门课程；第三是可承接性，即学完训练营的用户能被留存进其他产品

学习环节设计：一般训练营的学习环节遵循这样的流程，即“听课学习—练习打卡—点评总结—测试评估”，模型有效提升完成率

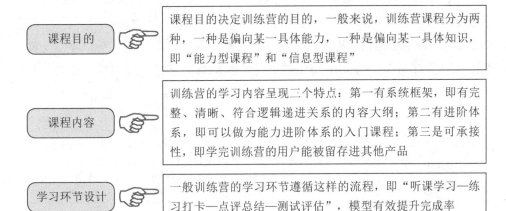

图7-6　训练营课程的设计

（4）活动。除课程外，相应的活动也是必不可少，训练营常见的活动形式主要有图7-7所示的三种。

学员分享 → 即邀请优秀学员、往期学员等分享学习经验

组队竞争 → 即让学员们自由组队学习，对坚持学习最久的小组进行物质性奖励

福利活动 → 即增加一些小福利提升社群活跃度

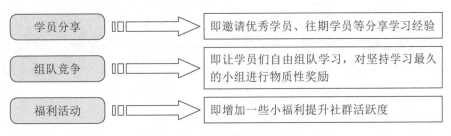

图7-7　训练营常见的活动形式

微视角 通过解析训练营的结构可以发现，该模式对于运营要求非常高，社群运营的标准化是关键，在线教育企业多以微信和QQ作为主要流量渠道和变现基础。

3.直播课模式

直播课模式是目前最接近跑通的在线教育变现模型，主要得益于2019年暑期的投放大战，几家K12在线教育机构展开低价班流量的争夺。

不过，直播课模式不是新的变现模型，而是存在已久，并且包含直播大班、直播大班双师、直播小班等几个主要细分形态，同时一对一模式和训练营模式也会涉及直播形式。在整个直播课模式的类型中，直播大班落地最容易，但效果最差。直播小班效果最接近线下，但运营难度最大且不易彻底标准化，投入也较高。直播双师则是目前比较接近线下教学效果，且运营相对成熟、标准化程度相对较高、落地相对较容易的模式。目前，K12在线教育领域的头部独角兽都以直播双师作为盈利核心。

那么，直播双师为什么会在2019年爆发？这得益于直播双师模式的优势，如图7-8所示。

直播是目前线上学习最好的方式，只能在固定时间观看，不能像录播那样调整速度和进度，还可以和老师互动以及游戏化答题，从而增加线上学习的沉浸感，更重要的是能够占用用户时间

双师的配置由一个主讲老师面对所有学员讲授统一内容，由辅导老师为所带班级学员针对性地跟踪辅导，整个标准化运营可以通过培训进行解决，保证标准化和个性化能做到基本的平衡

图7-8 直播双师模式的优势

良好的直播体验加上保证效果的双师配置让该模式快速发展，并且经过行业的不断迭代基本形成可复制的运营方案，只要保证优秀的师资、内容和服务，超过线下的效果是可以期待的。目前K12网校的复购率基本接近线下，达到70%以上，几家大的在线教育机构可以达到80%甚至90%以上，可见该模式的威力。

当然，直播双师模式也有弊端，具体如图7-9所示。

弊端一　**直播体验与效果保证**

虽然和其他不能规模化的线上学习方式相比直播双师有很大的优势，但直播卡顿、出勤率低、回放率高、学员自控力差、学员分层不均等是比较明显的问题，这些都是制约直播模式扩大受众范围的关键因素

弊端二　**辅导老师的流失率高和服务水平不均**

虽然相比主讲老师而言，辅导老师的培养周期和筛选门槛要低很多。但引进的人才质量难免会良莠不齐，同时该职业的成长空间过窄是留不住辅导老师的关键因素，单纯的物质诱惑难以留住或吸引真正的人才，提供多元的能力模型和岗位通道将是必要举措

图7-9　直播双师模式的弊端

在现实中，很多人会对认为训练营与直播课类似都有双师模式，其实这是一种误解。训练营实际没有双师，只有“一师+n个助教”，助教也叫班主任，基本不负责答疑但负责群运营，且多以兼职为主。而真正的双师是双方都有教学功底，只不过其中一个负责讲授另一个负责辅导，后者往往是全职员工，能力要求和选拔标准要高于助教，答疑和群运营都是基本工作。

微视角

就目前来看，直播课模式和训练营模式相对清晰且容易落地，业内也有共识性的运营方案，后入局者可以优先考虑这两个模式作为变现切入点。

三、在线教育的增长策略

增长一直是各行业各企业关注的命题，在线教育也是如此。通常情况下，增长包含用户增长和营收增长，如果要在二者做一个权衡，用户增长往往是首要发展问题，因为要想创造营收需要有一定规模的用户量为基础。当然，随着在线教育的发展，用户增长的策略日渐丰富，已从单一的销售过渡到组合式营销。目前，在线教育领域里四个相对有效的组合增长策略如图7-10所示。

低价课投放+私域运营

公众号矩阵+直播转化

短视频引流+变现

转介绍裂变+分销

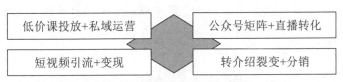

图7-10　在线教育的增长策略

1. 低价课投放+私域运营

在线教育的核心产品是培训课程，传统方式是直接出售长期课程，因为教育是刚需，有需求的用户一定会购买教育产品，只不过购买哪一家需要根据效果和品牌进行决策，为了争夺用户，头部在线教育公司开始采用体验式营销策略，低价课就是这一策略的直接体现。

用户通过购买低价课能够初步体验到内容质量和服务水平，从而对在线教育品牌选择进行决策。而低价课作为一种天然的引流产品，会被投放于各大渠道，尤其是新兴渠道如信息流、短视频、自媒体等，这其实促进了在线教育营销质量的提升，当然也因为竞争激烈造成低价课的获客成本水涨船高。

低价课的运营以微信私域生态为主，即"个人号+社群"的组合。当用户在引流渠道购完课后会引导添加微信号，添加好友后在被拉进兼具服务和转化双重属性的微信群，通过精细化运营一步步打消用户疑虑并引导付费。

2. 短视频引流+变现

随着抖音和快手这两大短视频平台的崛起，短视频成为近年来最大的渠道红利。抖音和快手坐拥着几个亿的活跃用户，尤其是抖音，让"双微一抖"成为企业新媒体营销的标配，也让短视频运营成为新媒体人员必须掌握的新技能点。

对于在线教育2019年的投放大战来说，短视频渠道尤其是抖音的投放是重点，如少儿英语、少儿编程、数学思维、大语文等热门学科上的在线教育机构非常重视抖音渠道的运营，无论是内容推送还是付费投放，都表明短视频已经成为在线教育获取流量的必争之地。

另外，快手在2019年宣布投入几十亿扶持教育类短视频，打造教育领域"新基建"，已经有很多在线教育企业入驻快手，并希望像当初把握抖音红利一样获取快手上的流量。不过，随着短视频形式的逐渐普及，高质量内容和矩阵式运营越来越成为短视频运营的核心。

在规模增长的压力驱动下，教培行业开始寻找流量增长的新风口。

短视频是当下最流行的互联网产物，其中以抖音的用户量最为庞大。为了搭乘短视频东风、分享平台的流量红利，不少在线教育企业纷纷将营销触角伸向抖音。

相关数据显示，从2018年底到2019年上半年，包括数十家头部公司在内的1500多家在线教育公司，开始在抖音集中投放信息流广告。新榜学院统计的数据，抖音的教育广告主数量月均增长达到325%，信息流广告消耗月均增长达到762%。

为了获客，教育企业砸重金做广告。据介绍，抖音上的教育广告大户以K12学科辅导、英语语言培训和成人职业教育为主要阵营，投放量级从单月数十万、数百万元，到数千万甚至数亿元不等。甚至，有内部人士表示，在暑假培训的高峰时期，仅学科辅导的"重点客户"一天的广告费用就可以达到两三千万元人民币。

资本热加速品牌争夺战，而在线教育比线下教育更重视营销。

3.公众号矩阵＋直播转化

任何在线教育公司旗下都有不只一个公众号，多个公众号同时运营已经成为基本的流量标配，也是非常有效的获取流量的手段。

公众号矩阵的运营一般有两种策略。第一个是分别定位，依靠垂直领域的特点通过内容、活动等手段吸引流量，与全网营销中垂直运营策略的逻辑相同。第二个是公众号之间的相互导流，导流的形式也有两种：一种是直接引流；另一种是通过在公众号发起活动。通过一些系列的运营再引导流量进入新的公众号，这是比较简单且有效的方式。

对于教育类公众号来说，对粉丝进行留存转化也存在很多种方式，公开课是相对比较有效的一种手段，因为公开课与低价课的作用类似，也能起到体验式营销的作用，比如很多在线教育公司是直播课的产品模式，这意味着公开课也会采用直播形式，这样可以提前体验到直播效果和老师水平，从而影响观众的行为决策。

4.转介绍裂变＋分销

如何想尽办法利用已有用户进行新流量获取，是每个在线教育企业都在思考的问题。对于教育培训产品来说，用户购买需要进行非常高的决策，如果能借助用户进行口碑传播，将极大降低获客成本。所以，社群裂变、推荐有奖、个性海报等传播性强的社交营销手段能被多数在线教育企业所使用，也就不足为奇了。

不过，单纯的社交裂变营销效果已经开始式微，并且基于社群、公众号、小程序等载体的裂变手段逐渐被微信管控甚至杜绝。但是，把老用户作为核心邀新力量的方式依旧存在，并且将助力、解锁、拼团等手段进行产品化升级和体系化重组已成为趋势，这让分享方式逐渐拥有良好的用户体验。

除了转介绍裂变，分销也逐渐被在线教育企业所应用，基本逻辑是从已有用户中招募推广人员进行分销获客，本质也是借助已有用户的渠道进行拉新，只不过需要付出一定的利益成本，只要能控制得当，不失为一种良好手段。当然，无论是转介绍还是分销，都需要把产品打磨的足够好，这是保证老带新运转的前提，不然会损失口碑。

> **相关链接**
>
> ## 如何降低在线教育类App的获客成本
>
> ● **策略一：精准的投放**
>
> 要在几亿互联网用户中精准触达目标用户，如同大海捞针一样，所以很多在线教育App都会采用"广撒网"的策略来获取用户，但是这样也在一定程度上提高了用户的获取成本。我们根据教育行业所面向用户维度，可以将在线教育分为学前教育、K12、高等学历教育以及职业教育等领域。不同的细分市场，投放的方式也不尽相同，只有足够了解细分市场的特点，才能因材施教，精准投放，降低获客成本。
>
> （1）学前教育。在教育培训细分领域中，K12已初具规模，学前教育同样快速发展。随着国家二孩政策的开放，消费升级的大环境下，再加上"80后、90后"逐渐当上父母，他们对在线教育的接受程度高，付费意愿强，促进K12、学前教育等行业的发展。
>
> 学前在线教育的用户群体比较特殊，这种产品的用户主要是低龄用户群体，自主能力弱，决策者均为家长，所以这类产品投放的广告建议以面向家长为主，面向低龄用户为辅的投放策略。
>
> （2）K12课外辅导教育。K12课外辅导领域，近几年可谓流行大势。各类教育机构，以及衍生的各类教育产品层出不穷。各种产品标榜的新概念和炫酷的新技术等，让各位家长看得目不暇接。这类产品的设计理念核心就是要通过改变孩子的学习状态和培养学习能力，实现孩子的自我成长。这类产品的用户群体有一定的自主选择的能力，当然家长的建议也占部分；针对这类产品的广告投放建议：选择切入学校内部的媒体进行合作、获取用户资源及用户信任。
>
> （3）高等学历教育。高等学历教育发展时间较长，也相对成熟。该领域人群对于课程价格的敏感度较高，更多关注与资质证书、考试挂钩的相关课程。这种产品的用户群体的求学目标明确，所以针对这类产品的广告投放建议是广告中价格及教学成果展示，相信这是该产品目标人群比较关注的点。
>
> （4）职业教育。职业教育与用户的职业生涯息息相关，所以用户付费意愿会相对比较强一些。这类产品的用户群体的求学时间非常碎片化，所以这类产品的广告投放建议：投放的时间、地域都要具有标准性，并且在选择教育机构时这类用户更加关注品牌知名度和教育机构的后续服务能力，如工作推荐等。
>
> ● **策略二：裂变活动**
>
> 裂变活动是大多数App产品都会采用的一种方法，通过利益驱动的方式，驱动用

户进行裂变式传播，这样做，覆盖面更广，用户更加精准。这个简单有效的获客方式是大多数教育类App都爱用的，如果能让老用户帮忙传播，不断地为App产品获取新用户，那么在获客成本和效率上能够达到事半功倍的效果。

很多教育类App会在页面长期设有"邀请有礼"的入口，方便用户参加邀请裂变活动。活动流程很简单：

用户在App内找到活动入口→然后将活动分享给好友→好友点击参加活动→App就会奖励送给邀请用户或者双方一起奖励→然后新用户又将活动分享给好友，如此循环，为App源源不断地获取流量。

● **策略三：自建流量池**

经过推广引流之后，将用户引流到自己的流量池里，流量积蓄起来后，就需要进行运营，这里主要指社群运营，因为大多数的运营人员都会把用户沉淀到群里，方便集中运营。

运营可以说是整个自建流量池运营工作中比较关键的环节，因为它事关后续流程节奏，用户反映及转化效果。

运营时，一定尽一切可能给用户解决问题，按照运营规划一步一步控制社群节奏，这一点可以学习训练营的社群模式。比如，圈外同学的深度阅读训练营，有清晰明确的规则和进度，比如会在正式开课前一天进行开营仪式及自我介绍，组织群内成员相互进行交流，邀请优秀学员分享等。

其实，运营社群的过程是可以转化用户的，尤其对于在线教育来说，最能让用户有参与感和价值感的方式，就是提供内容，而具体的内容形式有基于群展开直播讲座、资料活动、话题讨论等，这些方法可以进一步增加用户活跃性，是很好的手段，这样流量才能在你的私域流量池盘活起来。

第二部分
应用篇

2020年初,大中小学延期开学,线下教育培训停课,在线教育迎来快速增长,各类新模式、新技术、新业态纷纷涌现,刷新用户学习体验。

08

第八章
在线K12教育

> **导言**
>
> 在教育领域，大家都信奉一句话，"得K12者得天下"。借助于在线教育在新技术下的种种优势，K12在线教育正在大放异彩。在政策鼓励、科技进步的环境下，K12在线教育的市场规模正在进一步扩大。

一、K12教育的概念和优势

K12教育中的K代表幼儿园（Kindergarten），12代表从小学到高中12年的中小学教育，K12是国际上对国家基础教育的统称。中国K12教育特指小学、初中、高中阶段的教育，K12课外培训主要为中小学阶段学生提供全学科一体式的课外辅导教学服务，它作为课内教育的有效补充，是弥补课内教育不足、实现个性化教育的主要手段。

目前，K12教育是国内在线教育发展的主力领域，根据相关调查，K12在线教育优势主要有图8-1所示的三个方面。

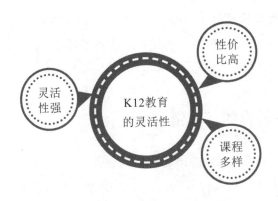

图8-1　K12教育的灵活性

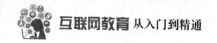

1. 灵活性强

大多数用户认为课程可重复播放，能自己掌控学习时间，充分利用碎片化时间进行学习是在线教育最核心的优势，充分体现了主动学习的特点。K12学生往往课业负担比较重，如果再增加课外面授辅导课程将会进一步加重学生的学习压力，而在线教育则可以利用学生的碎片化时间，帮助学生在合适的时间进行学习。

2. 性价比高

大多数的用户认为在线教育学习成本低，性价比更高。与传统校园学习和培训机构相比，在线课程更便宜，甚至有许多在线课程是完全免费的。如雅思面授课程在北上广等一线城市收费达到万元以上，而在线课程往往只要几百到两三千元就能获得较完整课程以及相关学习资料。

3. 课程多样

多数用户认为在线教育形式灵活便捷，课程更加多样。如果你想要强化出国语言能力，你只要在搜索引擎上搜索雅思、托福这类在线课程，你就能轻松找到世界各地最著名的大学、培训机构提供的在线课程。在线课程和课程的多样性是这类教育的巨大优势。不管你在哪里，想学什么，总能找到一门合适的课程。

二、在线K12教育的市场规模

校内教育仍然是K12阶段学生的主要学习场景，围绕语数外、物化生、政史地、体育、音乐、信息科学等学科开展的日常校本课程是学生的主要学习内容。目前，K12阶段的升学考试主要还是围绕语数外+其他课程的组合式，特别是新高考改革之后，"3+X"的组合又更加多样化。

2018年，K12市场规模超过4000亿人民币，在线K12市场规模达到302亿人民币，渗透率为10%左右，预计到2020年，在线K12渗透率将达到23%，市场规模将超千亿。在线K12未来市场空间可期。

三、在线K12教育的产业链

K12教育已经形成了比较成熟的市场和较为完善的产业链，上、中、下游各司其职。上游开始逐渐涌现更多的师资及内容支持、平台搭建与工具开发商等，使得在线化更加容易，也使得中游的课程服务商和内容分发商可以花更多精力做教研和教学。中游线上和线下分发推广体系和课程服务商已经成为行业的主流，也是这两年在线教育发声最热的地方。双师系统和在线平台的易获得性和便捷又使得下游C端的用户可以更自由选择在线教育模式。如图8-2所示。

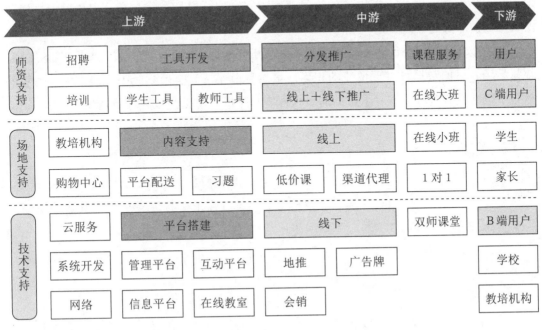

图8-2　在线K12的产业链

1. 上游

在线K12产业链的上游，具备较为完备的师资、内容及技术支持，以及相对成熟的在线授课技术。在线教育已经开始完善基础设施搭建。专业产业SaaS[①]提供商的出现是行业逐渐走向成熟的标志之一。伴随互联网的发展，上游供应商在近5年内为在线教育行业提供了全方位的支持，特别是各种开发工具和技术平台使得在线化教与学的实现难度不断降低。

以平台搭建为例，在线互动教室供应商的出现使得传统线下机构可以便利地开展在线教学。

比如，以ClassIn为代表的在线互动教室，虽然不直接提供教师和课程服务，但是通过在线教室以直播的方式把教育机构、教师、学员和教学管理者联系在一起，使得教与学的场景发生时空的改变，但又不失去教学的本质。

---

① SaaS，是Software-as-a-Service的缩写，意思为软件服务，即通过网络提供软件服务。

2. 中游

在线K12产业链中游的营销渠道多点开花，授课形式更加丰富。上游专业支持供给增加，中游课程服务商和内容分发商可以专注教研和教学，并通过专业的分发推广团队来提高运营效率，触达下游用户的途径变得更丰富，这也是在线教育公司单独设立运营增长部门的原因之一。

在线教育的另一个优势在于数据积累与分析开发。得益于上游开发工具和SaaS服务，教与学场景下的数据可以更便捷的积累，虽然目前无法完全做到线上、线下所有时段的教与学数据无缝链接，但对于数据的重视程度和分析应用已经成为行业共识。

> **微视角**
>
> 随着其他互联网技术和AI技术与教育行业更深入的融合，在教、学、练、评、测、管、营等环节的数据收集与应用必将使得中游机构拥有更高效的服务能力。

3. 下游

（1）用户可自由选择教育模式。在线K12教育产业链中的双师系统和在线平台的普及，使得下游用户端可以更自由选择在线教育模式。

对于下游用户而言，在线教育优势如图8-3所示。

图8-3 在线教育对下游用户的优势

互联网技术使得在线K12教育行业的上游和中游服务商分工趋向细化、服务流程日益标准化，突破时空场景的限制后，教与学的交互变得更加频繁，使得交付结果（提分或者达标认证）更有效率。

（2）学科教育素质化，素质教育学科化。一方面，学科教育与素质教育边界开始模糊。由于中高考政策改革，综合素质评价正式进入基础教育体系，通过引入以往游离在升学考核评价之外的素质教育元素，在大方向上使得纯靠成绩以提分为主的应试教育逐渐转型。

另一方面，基于国内外升学目的背景提升竞争，也促使家长把孩子打造成全才的"别人家孩子"。近两年在学科教育方面出现了素质教育化的倾向，比如"大语文"升温、数理思维火爆、英语口语产品层出不穷；并且素质教育学科化逐渐渗透，比如艺术高考人群的增长、少儿编程及机器人教育进入基础教育校内课堂等。

相关链接

在线K12的主要机构

切入在线K12教育的机构主要包括线下机构、纯线上机构和互联网巨头三种类型。如下图所示。

线下拓线上	纯线上起家	互联网巨头
• 学而思网校 • 高思教育 • 新东方在线 • 海风教育 • 精锐教育 • 学大教育 • 巨人网校 • 昂立新课程 • 卓越果肉网校	• 学霸君 • 猿辅导 • 跟谁学 • 作业帮 • 掌门1对1 • 三好网 • 轻轻家教	• 腾讯企鹅辅导 • 清北网校 • 有道精品课

在线K12主要机构

1. 线下机构拓展线上

传统线下机构如新东方、昂立等积极开拓线上教育板块，逐渐形成成熟市场，在线教育产业链分工日益细化之后，敏感地方龙头机构迅速跟进。传统线下教培机构拓展线上教育主要有以下几个方面。

（1）防御型措施的需要，在线教育本身的发展速度和规模已经让传统线下机构不敢忽视，从近年的线上K12招生大战中得以窥见。

（2）原有业务的拓展，即服务存量市场、拓展增量市场，以谋求机构创新发展。

这类线下教培机构的优势在于教学和教研能力较强，一定程度上可以保证师资持续供给能力，并且在局部区域建立了市场口碑。因此，在教学产能上有一定优势。但缺点是起步阶段不懂互联网思维，技术方面储备不足，线上流量运营玩不转。

2. 纯线上教育起家

纯线上机构有掌门教育、作业帮、猿辅导等，一直是在线教育的主要代表，非常看好在线化趋势，可能是从题库、工具等产品起家，并且喜欢做平台。核心团队擅长互联网思维，融资能力强。弱点是起步阶段缺少教学沉淀、品牌口碑较弱，需要不断教育市场，培养用户在线学习习惯，目前已经成为行业不可忽视的主流力量。

3. 互联网公司的教育布局

开展教育布局的互联网公司包括腾讯、字节跳动、网易等，除了做教育行业流量渠道生意之外，还直接下场布局K12课程服务和内容服务市场。优点是拥有自有流量平台，擅长互联网打法，但自身比较缺少教育基因，通常以外部收购+内部孵化的方式布局，利用资金和人才优势打磨产品。整体来看，离真正成功都仍然有距离，但也非常有可能从激烈的市场竞争中走出来。

四、在线K12教育的授课方式

1. 授课方式的变化

在线K12教育的授课方式经历了图8-4所示的三个时期。

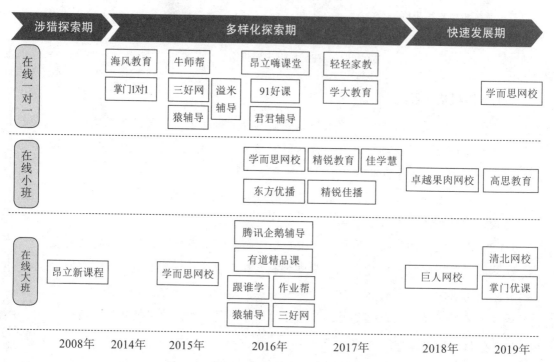

图8-4 在线K12教育授课方式的发展历程

图示说明如下。

（1）涉猎探索期。2014年之前就有机构尝试在PC端售卖K12录播课程，但整体学生数量和营收规模没有出现爆发性增长，同时技术上也无法完美支持在线直播授课方式。

（2）多样化探索期。2014～2017年，随着云服务的发展、带宽扩容、智能终端的普及，各种在线教育全面开花，录播、直播、双师等模式同时出现在舞台上，同时1对1、小班和大班的尝试也开始分流。

（3）快速发展期。2018年至今，在线教育行业开始出现相对可观的盈利模型，线上K12头部机构体量整体上升量级，线下头部机构迅速跟进增加在线投入，混合授课和OMO模式逐渐成为新趋势。

2.授课方式对比

在线K12教育的三大主流授课方式包括在线1对1、在线小班和在线大班，三种方式各有优缺点，具体如图8-5所示。

	在线1对1 1V1	在线小班 10～50人	在线大班 ＞50人
排班难度	★☆☆☆ 承受时预约老师上课	★★★★ 组班、排课复杂度高	★★☆☆ 排班难度低
成本结构	★★★★ 营销、师资、获客成本高	★★☆☆ 成本结构更优化	★★☆☆ 主讲教师边际成本低
口碑宣传	★☆☆☆ 老师口碑宣传辐射范围小，口碑品牌优势弱	★★☆☆ 口碑宣传辐射范围大于1对1	★★★★ 明星老师的高质量大班课可以辐射巨量用户
教学体验	★★★★ 个性化教学体验	★★★☆ 师生互动性优于大班	★★☆☆ 师生互动不足，跨区域授课课程针对性较弱

图8-5 在线K12教育的三大主流授课方式优劣势对比

（1）大班模式。大班热最先流行开来，每班学生人数约在50人以上。大班直播课程打破了时间和空间的限制，解决了优质教育资源分布不均的问题，也提高了单个老师的创收水平。但大班课相对来说师生互动性较低，且早期网络宽带技术问题不稳定导致出现教学体验差等问题。目前提供大班课程的平台有新东方在线、学而思网校、猿辅导等。

大班模式的核心是教培机构课程研发能力和对明星老师的影响能力，可以看成是优质教辅内容产品的极致在线化。大班模式最大的特点是名师效应，优秀教师是流量主要来源，同时变现能力超强。而且课程灵活，老师带有很强个人风格，比较适合激发学生兴趣，树立机构品牌形象。但名师的培养本身具有不可复制性，且课程仍然受至于地域限制，无法做到完全的适配性和个性化。

（2）1对1模式。1对1模式是针对市场个性化学习需求开发出来的，师生互动体验好，课时单价平均高于大班模式。但也存在规模不可控、师资水平不稳定等问题，造成商务盈利困难。目前提供1对1模式的平台有掌门1对1、vipJr、51talk等。

1对1模式的优劣势如图8-6所示。

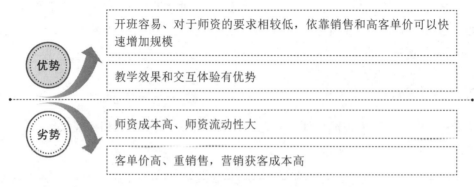

图8-6　1对1模式的优劣势

目前来看，投资人和创业者暂时没有找到良好的1对1财务模型，但是并不代表在线1对1无法产生利润。

比如，地方品牌机构的在线化，其区域获客成本就相对较低，主要服务存量用户，可以通过周一到周五的在线授课模式，提高消课率，反而比线下1对1的整体成本更低。

（3）小班模式。小班模式实现了商业模型和教学效果之间的良好平衡，学生人数一般在20人以下，课时单价介于大班模式和1对1模式之间，使得更多家长承担得起。同时，利润空间大、师资利用率高、教学过程标准化等优点也使得小班逐渐成为目前K12在线教育的主流模式。目前，市场上以小班为主的线上平台仍在发展，新东方在线积极布局东方优播有望获得先发优势。

小班模式能够更好地平衡教学产能、教学效率和课堂效果，且管理难度适中和财务模型比较好。优质小班可以保证在学习效果和用户体验上不输于线下，但对师资水平和机构教研能力的要求高。在线小班目前的真实满班率较难达到线下水平，且毛利不会高于1对1模式太多，在流量费用居高不下的情况下，需要60%以上毛利率才能覆盖单笔获客成本。

> **微视角**　教研要求高、备课难度高，对老师的综合素质要求高，考验机构的师资持续供给能力。本质上，1对1和大班可以根据机构的销售能力来灵活开班，而小班课是根据机构的老师产能来开班。

五、在线K12教育的OMO模式

在新技术的驱动之下,K12教培行业不断创新产业模式。从早期的线下班课、1对1模式,到线上录播、直播模式,再到O2O的跨越——在线1对1、双师课堂等模式,线上线下的融合进入1.0时代。然而,新的竞争环境,又迫使线下教育机构积极拥抱"线上",于是,能同时汲取线上线下流量的OMO模式无疑是获取新增量最为有力的载体。

1. OMO模式的概念

创新工场创始人兼首席执行官李开复曾提到,中国将最先迎来OMO(即Online Merge Offline,线上与线下融合)时代。OMO模式最初出现在新零售行业,后来逐渐向其他行业渗透。有趣的是,自2019年初起,先后有4家校外培训头部企业提及"探索发展OMO模式"。OMO模式也成为各家教育机构的关注点。

OMO模式是继O2O之后,利用科技发展带来线上线下快速融合,从而大幅提升市场效率的商业模式。它不是简单的线下叠加线上,而是通过人工智能技术提升用户的学习体验。从某种意义上也可以说,OMO模式是教育O2O的2.0版,和教育O2O单纯将交易过程放在线上不同,OMO模式试图在交易到服务的全链条上实现线上和线下的融合,线上通过数据驱动、极度反馈,以便实现指数增长;线下通过业务融合来提升线上教育的服务,让教育变得更有温度。这一方式解决了教育O2O发展受阻时所遇到的诸如由于缺乏教学过程和教学数据导致的教师与学生无法长期留在平台上、在线教育的观念尚未被大部分家长接受、市场教育尚处于初期等问题。

> **微视角**
> 近年来,在AI、5G、大数据、云计算等高新技术的加持下,线上线下联动的OMO模式已成为教育机构寻找新获客方式和开拓增量市场的新渠道。

2. 传统教育机构的OMO转型

OMO模式由O2O演变而来,但又脱胎于O2O。教育行业的OMO既不是单纯地把线下的东西搬到线上,也不是单纯地将线上线下两套业务线进行平行并列,而是将线上和线下的产品和数据进行深度融合,根据自身特点合理分配线上学习和线下学习的时间和空间,起到1+1>2的效果。

教育OMO模式可以形成线上线下的联动，在教、学、练、测、评等环节分别发挥作用。

对于学生和家长来说，线上的技术手段为纯线下模式辅助提升效率，除了线下学习外，还可以通过线上满足自己的多样化、个性化需求，加深学习效果；同时学习过程的可视化也让家长随时体验监督，这些都提升了整体的用户体验。

对于教育机构而言，在现在激烈的市场竞争下，单纯的线下模式已经无法满足用户的多样化需求。据创新工场研究报告，三线城市参培率也已经超过50%。教育机构要想获得持续的增长，必须寻找新的增量市场。

另外，2019年K12网校大战，极大分流了线下教育机构的流量。新的竞争环境，迫使线下教育机构积极开拓"线上"板块。

资讯平台

2020年初新冠肺炎疫情期间，新东方、好未来两位头部选手暂停线下班课，承诺按照"原班型、原老师、原课程"的原则，将线下业务同步平移至线上，降低了学员退费风险。事实上，早在疫情之前，两大巨头就悄然开始了OMO模式的战略布局。

2020年1月20日，新东方2020财年Q2财报会上，CFO杨志辉表示，三四年前新东方开始对OMO进行投资并已于去年开始取得成果。2020年第一季度新东方在OMO生态系统上投资了4400万美元，未来将继续升级OMO标准教室教学系统。

2020年1月21日，好未来2020财年Q3财报电话会上，CFO罗戎表示，好未来正在进行线上线下融合OMO模式，整合旗下学而思在线和地面的学而思培优，将线上技术应用在线下教学，实现优质师资的远程教学。

除了两大巨头外，从2019年开始，包括爱学习教育集团、精锐教育、朴新教育、学大教育、京翰教育在内的多家教育公司也已经开始探索OMO模式转型了。

2019年4月，在获得D轮融资后，爱学习教育集团创始人、董事长兼CEO须佶成宣布未来5年的战略路线，坚持S2b2c战略路线，聚焦OMO新教育场景，形成线上线下联动，提供高品质、全场景、个性化的学习体验。

2019年4月26日，精锐教育召开战略发布会，精锐教育CEO张熙说，"我们会投入30亿元，做好线上线下技术深度融合。这30亿元中有20亿元用于技术升级，大力推动精锐大生态链OMO的形成"。

2019年5月，朴新教育发布最新一季财报时，朴新教育创始人沙云龙表示，"期待进一步探索线上线下OMO模式的发展前景"。

2019年5月末，学大教育在京召开发布会，推出了"双螺旋"教学模式，将线上与线下产品深度融合，虽叫法上有所不同，但本质还是OMO模式。

2019年11月，京翰教育宣布创新未来校区，通过一个全新的学校组织，首次落地OMO模式。利用京翰AI一体机，将线下教育、线上课程、双师课堂、App等在内的所有数据全打通，实现OMO线上线下教学全场景的融合。

目前行业对OMO模式有多种理解。有业内人士表示，是用线下的服务去拓展线上疆域，线下不可能完全搬到线上，线上应该做的是增量，体现出机构线上业务的特色优势。也有观点表示，是用线上的服务去拓展线下，以及通过技术手段，给老师赋能，给客户赋能。

3. 在线教育机构"重启"线下

这几年在线教育竞争愈发激烈，想获得高速发展，就需要去下沉二三线市场，做更重要的服务，教学内容本地化等。在增量市场逐渐饱和及竞争加剧影响下，在线教育也在经历从纯线上到OMO模式的探索。

资讯平台

早在2016年5月，选师无忧获得A轮6000万元人民币投资后，就开始建立线下体验中心，走上探索OMO模式的道路。尽管模式还不够成熟，但成效显著。2019年1月初，选师无忧的CEO透露，其线下体验中心已经实现全面盈利，公司业绩实现了连续三年三倍的增长，每月环比增长20%，2018年平台交易额已过亿，模式验证成功。

2019年6月，满身互联网基因的编程猫推出"M+战略"，未来三年想完成"百城千店"的目标，即在线下打造1000家少儿编程学习中心。

智适应教育松鼠AI也在猛推线下教学中心，松鼠AI有自己的人工智能自适应学习引擎，系统基于线上，但目前在全国也有了2300家线下学习中心，覆盖到一线到六线城市。

东方优播（新东方在线旗下的K12在线单师小班）也花了很大的精力发展线下门店，其线下体验店不承担教学功能，主要作用是宣传引导和体验，而教学、课后服务、教务管理、购买课程等其他环节全部在线上完成，东方优播的招生入口仅有一个——线下体验店的低价入口班。

掌门1对1的线下体验店同样不承担教学任务，但学生和家长都可以在店里进行课程的试听体验和课程规划咨询等，用户能去线下体验店上在线课体验，熟悉之后就可以在家上课。

纯线上模式获客成本过高是在线教育发展线下的原因之一。线上的获客成本一般每

客6000～8000元，线下是500～2000元。除了获客成本之外，线下具有天然的参与感，能增加信任度。当下用户对于教育方式的选择趋向于多元化，有用户偏爱线上，认为可以省去很多接送的时间，还能实时监督孩子的学习情况；也有用户偏爱线下教育，认为在学习过程中有和老师及其他同学的互动，学习效果更好。

地理位置、碎片化的时间、符合新中产消费预期的服务体验，以及不同类型产品不同的细分目的都会导致用户使用混合服务。OMO模式加持下的在线教育提供的用户体验有了更大的提升，由线下的体验中心往线上导流，线下体验中心解决重体验的问题。

同时，并不是所有的在线教育企业都要转型OMO模式，各个企业的目标定位是不一样的，需要解决的教育需求是千差万别。对于在线教育来说，更需要不断创新，满足学习者个性化的学习需求，不断改进教育质量，促进教育公平并创新教育模式。

OMO模式归根结底是要实现线上与线下彼此交织，相互导流。未来的教育机构没有单纯的线下教育，教育机构可以提供线下学习场景，但是很多服务流程都要放在线上，也只有在线上，教育机构才能更全面地收集数据，更有针对性地提供教学服务。

不过，在没有既往经验的情况下，还没人能确切的定义OMO在教育行业的"正确打开方式"是什么，各家机构都在以自己的理解摸索。而人工智能、虚拟现实等技术的应用，如何构建弹性的终身学习体系等问题，都值得思考和实践。

 相关链接

OMO模式蓄势待发

精锐教育首席增长官洪菊认为，OMO模式有三个支点，第一是增长策略，即教育机构要明确自己在线上和线下、一线城市和下沉市场等不同交付场景的打法，是延续性的完善还是垂直的突破；第二是信息工程，要用AI、大数据等技术帮助自己更懂用户，从而提供个性化智能化的服务；第三是组织再生，即OMO不是简单的线上线下平台的切换，而是整个组织架构和组织流程的配合与打造。

蓝象资本投资副总裁邱彦峰则认为，对线下教培机构来说，当下，最重要的事情是针对现有用户把能做的业务先做好，转型线上是目前唯一的路径，依托线下课程和服务设计出一套完整的线上产品，而不是独立于线下，重新创造一个新产品。同时，要以"为用户服务"的心态，进行客户价值创造的思考和探索，先满足客户需求，再考虑利润模型。

据统计，目前各家对OMO模式的定位和转型方式不尽相同。一方面，大部分线下机构表示，疫情结束后，核心的教学场景还是会回归到线下，但是可能会保留一部分在线业务，推出在线班课和线下班课相结合的模式。同时，还有部分教培机构在运营层面探索OMO模式，比如通过社群运营、社交媒体裂变等方式来做前端获客，或者做一些在线导流课来提高品牌转化率。另一方面，部分在线教育公司也正经历从纯线上到OMO模式的探索，通过AI课、双师课等多种技术手段，吸引线下用户，或增加线下服务的频率和场景，打开下沉市场。

新东方创始人俞敏洪认为，疫情结束以后，OMO就会变成很多以地面为主的教育培训机构的一个常用的教学模式。他认为OMO有两种方式：第一种是教学场景还是线下的教室，通过在线布置和批改课程作业的方式来实现OMO；第二种是未来的OMO2.0则是将地面课程的一部分搬到线上，把在线授课、地面授课以及课前预习、课后作业等环节全部连接到一起，实现线上线下无障碍打通。

无论是线下往线上转移，还是线上往线下转移，都是OMO模式的不同表现形态，至于哪种方式更优，更顺应教育行业的发展趋势，现在尚无定论。有业内人士表示，无论是利用线下面对面沟通优势引流至线上，还是利用线上多种技术手段将用户拓展到线下，都不能一概而论，反而是齐头并进的多种学习选择，更能满足学生、家长及市场的广大需求。

疫情的到来，助推教育行业OMO加速驶入快车道，OMO模式蓄势待发。但OMO不是一个口号，教育的核心拼的是优质的内容和完善的服务体系。教育机构OMO转型的关键点在于找准自己的定位，如何在适合自己的教学场景中，打通数据和技术能力，将线上和线下真正融合成为一个浑然的整体，在发挥各自效能的前提下，实现内容和服务的双赢，才是OMO模式的"内核"所在。

六、在线K12的发展趋势

目前，技术对在线K12的渗透还是早期阶段，这个过程会持续深化，K12教育的在线化渗透率还有很大提升空间。这也就意味着，在线K12的市场规模仍旧会保持一个可观的增速。市场规模持续扩容的同时，在政策和技术的双重作用下，在线K12教育的集中度也将提高，并且带来了很多打破边界的融合。具体来说，在线K12的发展趋势如图8-7所示。

趋势一	政策资本多方加持，K12在线教育市场发展空间巨大
趋势二	行业下沉式发展趋势明显，三、四线城市成新角逐场
趋势三	K12在线教育配合传统教育发展，线上线下教育走向融合
趋势四	行业发展更多融合新兴技术，AI+教育渗透趋深
趋势五	K12在线教育发展压力来自监管，补习减负呼声下平台应更注重形式
趋势六	K12在线教育细分市场发展加快，素质教育的需求增大
趋势七	行业发展更多聚靠头部平台，服务导向企业优势愈加明显
趋势八	K12在线英语市场竞争激烈，在线教育平台业务开始多元化发展
趋势九	K12在线教育融合其他行业趋势显现，教育产业无界化发展加速

图8-7　在线K12的发展趋势

1.政策资本多方加持，K12在线教育市场发展空间巨大

一方面，教育属于基础民生行业，融合互联网有利于教育资源普惠发展，而K12在线教育针对青少年学生开展其意义更加重大，因此行业发展受到政策鼓励和资本重视。

另一方面，社会竞争加剧，使更多家长重视对孩子的教育培养，对K12在线教育需求强烈。在各方鼓励加持下，K12在线教育市场发展空间巨大，发展潜力值得期待。

2.行业下沉式发展趋势明显，三、四线城市成新角逐场

现阶段K12在线教育主要集中在一、二线城市，下沉城市市场的开发仍有较大发展空间。下沉城市教育资源较为薄弱，但该类城市学生家长对于优质教育的需求同样强烈，在线教育能够突破时空局限、师资局限的特点，决定了它在下沉城市市场发展将成为趋势，未来三、四线城市将成为各K12在线教育平台新的竞争赛场。

3.K12在线教育配合传统教育发展，线上线下教育走向融合

相较于传统的K12教育，在线教育具备跨时空授课、匹配优质师源等优势，但也存在学生教学进度难跟进、课堂氛围缺乏的缺点。K12在线教育需要更好地匹配线下传统教育形式，提高学生学习效率，目前越来越多线下K12教育机构开始与互联网相结合，

而线上平台也注重线下机构合作的开展，线上线下融合发展的趋势明显。

4. 行业发展更多融合新兴技术，AI+教育渗透趋深

面对K12学生，在线教育平台课程开展需要更多结合新兴技术以提高课堂互动性，同时利用大数据为学生匹配更合适的教育计划和教师资源。目前，K12在线教育平台愈加倾向于利用AI技术优化产品服务，随着家长、学生观念转变以及技术成熟，未来AI+教育的形式将成为K12在线教育平台标配，AI技术的应用将更加频繁。

5. K12在线教育发展压力来自监管，补习减负呼声下平台应更注重形式

虽然政府积极鼓励K12在线教育的开展，但行业高速发展过程中产生的各种问题也亟待解决，因此各类监管政策不断出台。K12在线教育目前集中于应试科目的辅导，面对各界对学生补习减负的呼声，K12在线教育平台应更加注重授课形式。

6. K12在线教育细分市场发展加快，素质教育的需求增大

K12在线教育以应试教育辅导为主，但目前社会不断提倡素质教育的开展，家庭消费水平的提升也使素质教育得以进一步推广。未来K12在线教育将更多关注素质教育领域，如少儿编程、声乐棋艺、体育等细分领域的在线教育市场发展将有望得到提速。

7. 行业发展更多聚靠头部平台，服务导向企业优势愈加明显

资本市场对K12在线教育行业关注度高，也吸引众多创业平台进入该市场。但随着市场发展愈加成熟，资本投入未来将更加集中于行业头部平台。随着K12在线教育行业发展回归理性，盈利模式更清晰，以内容和服务为导向的企业将更受资本青睐。

8. K12在线英语市场竞争激烈，在线教育平台业务开始多元化发展

英语是K12在线教育竞争的热点领域，大量优秀平台均开展K12在线英语业务，该市场的竞争也呈现激烈化的特点。各K12在线教育平台也开始积极探索平台业务的多元发展，在K12在线英语教育的基础上，推出如素质教育、小语种教学等服务，以扩大用户基础。

9. K12在线教育融合其他行业趋势显现，教育产业无界化发展加速

未来K12在线教育会加强与其他行业的融合发展，K12教育针对青少年用户的特点，能较好与如旅游等行业结合，通过行业协作为用户提供更多元化的服务。未来K12在线教育与其他行业的边界将更趋模糊，针对学生用户多产业融合发展的趋势将逐渐展现。

【案例一】

新东方依托东方优播平台主打"小班模式"

新东方在线是新东方集团旗下专业的在线教育网站，于2005年创立。新东方在线的主营业务由大学、K12、学前在线教育及机构业务组成，教学平台有新东方在线、东方优播、多纳及酷学英语。其中K12业务起始于2015年，主要包括国内小学至高中校外辅导课程及高考备考课程，学习平台为东方优播。

东方优播是新东方在线子公司，为新东方集团增长最快业务。东方优播成立于2016年6月，于2017年3月推出K12互动小班课，针对教育资源缺乏的三、四线及以下城市。2019年东方优播付费学生人次达23万人，同比增长316%；营业收入5690万元，同比增长251%，是集团增长最快的业务。2019年8月16日，新东方在线发布公告，拟以9400万元收购东方优播剩余49%的股权，东方优播将成为全资子公司。

东方优播具有四大竞争优势。

1. 聚焦三、四线及以下城市，实现教育下沉

教育培训行业地域性特征强，线下资源集中靠拢一、二线城市，导致三、四线及以下城市教育水平落后于大城市。互联网技术的发展带来了打破这一僵局的契机，掀起了三、四线及以下城市第一次教育培训消费升级的浪潮。东方优播聚焦三、四、五线城市，通过互联网授课将优质资源和先进的教育理念输送进县城和农村，采取20人以下小班教学，正价课价格达到60元/小时，远超一般三、四线及以下城市35~45元/小时的定价水平。未来五年，东方优播拟保持每年进军50个城市的扩张速度，加速布局三、四线及以下城市。

2.地推模式打造低获客成本

东方优播没有选择一般K12在线课程推广时大量投入广告费用的方式，而是采取线下招生模式，以线下小门店作为体验中心，主要作用是宣传和体验，教学、课后服务、教务管理、购买课程等其他环节全部在线上完成。线下的招生推广成本远远低于线上，线下体验中心不需要教务、财务、收银、出纳等，人员配置上只需要一个店长加3～4个店员。一年的投入，装修、房租、人员费用加上推广费用，约在40万～60万。门店员工主要招收当地人，能够有效加强信任感；同时，线下门店能够带来强链式反应，通过口碑带来宣传效果。

3.教育本地化

课程设计方面，主流网课一般以教材版本作为区分，东方优播则以城市作为区分，每班仅招收同地区学生；如果城市内仍有区别，东方优播会再去细分直到符合学校标准。做到课程真正落地、适应当地实情，与公立学校教学互为补充，结合地区教育资源、教材版本和教学内容设计课程，规划进度。

4.教学个性化，高互动直播

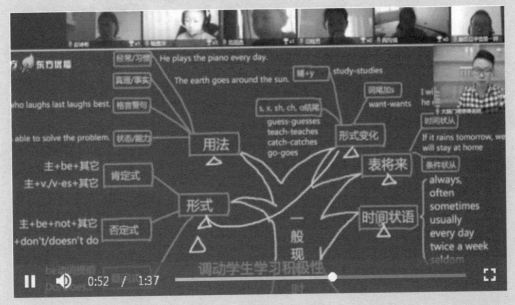

东方优播通过ClassIn平台进行直播授课，15～25人的班中，1位教师会和6～8个学生面对面沟通，其他学生可以上台或者不上台，学生和教师随时可以进行无障碍沟通。学生即使在台下也会被随时提上台，所以要保持高度的紧迫感和集中度，从而保证学习质量，真正做到关注每位学生。

【案例二】

字节跳动布局 K12 领域，推出"大力小班"

2019年12月31日，继今年5月推出在线大班课清北网校（大力课堂）后，字节跳动在K12领域的在线小班品牌"大力小班"也已上线运营。

大力小班官网信息显示，大力小班是由北京大力优学教育科技有限公司投资设立的在线教育品牌，专注于中小学网络互动小班教学。天眼查信息显示，北京大力优学教育科技有限公司是字节跳动全资控股子公司。

1. 数学、语文也要抓

据大力小班官网介绍，大力小班的师资中包括"数学奥赛一级教练、原北京四中数学老师"等，将北京地区的优质教学资源提供给新兴城市的中小学生。目前大力小班已上线数学、语文小班课。

近年来，国家陆续出台政策，对以"应试"为导向的课外培训开展整治和监督，素质教育迎来发展机遇，因而以培养孩子学科素养和能力的数理思维、大语文等成为市场的"宠儿"。

所以，大力小班聚焦于数学和语文两大学科就不足为怪。这也是字节跳动一贯以来选择加入教育领域的方法。

据官网介绍，大力小班主打名师辅导、小班互动学习和一站式教学服务。在数学和语文课程内容上，主要培养学生十大数学能力和四大语文素养。

在课堂教学方法上，大力小班通过例题强化、情景关联、课后交叉练习不断强化学习效果，采取鼓励式教学，拓宽学生视野。

2. 不断布局在线教育

近年来，字节跳动通过孵化、投资并购等方式，已经推出了四款教育产品。

2018年5月，字节跳动推出GoGokid，对标VIPKID，主要是面向4~12岁孩子的在线英语1对1学习平台。

2018年12月，字节跳动推出aiKID。aiKID同样聚焦在线英语，与GoGokid不同，aiKID面向1~4年级学生，主打AI互动课堂，强调利用AI自适应等技术辅助孩子学习。

2019年5月，字节跳动通过收购清北网校推出K12网校产品"大力课堂"，后又改回"清北网校"，主打在线大班直播课。

2019年12月，字节跳动推出"大力小班"，主打小班直播课。

作为最早孵化的一款教育产品，上线刚不久，GoGokid就获得了集团的大力支持，先是邀请明星成为品牌代言人，然后是冠名知名电视综艺节目，同时还覆盖地铁等线下广告渠道，在推广方面可谓不遗余力。

自2018年正式入局，从孵化到投资并购，从1对1到大班课、小班课，从英语到数学、语文，字节跳动在教育领域探索的脚步始终没有停止。

【案例三】▸▸▸

掌门教育用高科技打造1对1教学模式

出于疫情防控需要，2020年春季第一堂课，全国的中小学生都是通过一块屏幕完成的。掌门教育在疫情之初极速响应，稳定输出高质量的教学服务，以核心科技保证每一堂课的平稳运行。

深耕线上教育近六年的掌门教育，已累计拥有3600万注册用户。据艾媒咨询相关报告数据，2019年在线1对1全科辅导类用户份额占比调查中，掌门教育旗下品牌掌门1对1以近八成的用户份额，实现K12在线1对1全科辅导领域的领跑。

疫情之初，掌门教育迅速反应，面对大量涌入的教学需求，保证稳定运营，平台教师火速投入教学，输出高质量教学内容；旗下两大品牌掌门1对1和掌门少儿分别向湖北疫区捐赠价值2000万的直播课程；同时携手新华社、新华网、学习强国等平台向全国中小学生推出免费直播课程，在此次疫情中坚守课程质量，充分保证供需平衡，受到了众多用户的认可和青睐。

● **家长倾向选择个性化、互动性强的教学模式，在线1对1受热捧**

面对数量众多的教学产品，用户除了偏好口碑更好的头部企业外，对教学模式的选择也愈加严苛。随着疫情防控工作的进行，全国各地都在陆续复工，但对很多家长来说喜忧参半，孩子返校复课遥遥无期。我国拥有全世界比例非常高的双职工家庭，据相关数据统计，这一数字高达2700万，很多家长在复工后最担心的事就是，没办法监督孩子上网课时，能不能做到自觉自律。

有位家长表示了自己的担忧，"给孩子选的在线班课，但孩子自从知道老师看不到他之后，就开始自我放松，这还是在家长监督下的情况，真的不敢想家长上班后孩子自己怎么上课。"

面对这些问题，许多家长在经历最初线下转线上的慌乱后，关注到教学效率更高、可监控性更强的在线1对1模式。和老师实时交流，针对性定制学习路径，在个性化和互动性上在线1对1模式表现出众，是所有在线教学模式中最接近线下场景教学的。对于学习力、自驱力、自制力普遍性有限的中小学生而言，显然在线1对1模式更让家长放心。

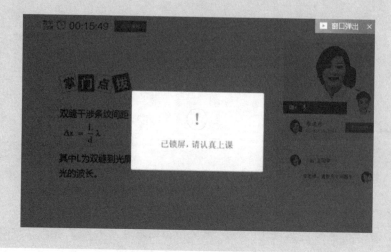

通过面部表情识别、语音识别技术,掌门教师通过摄像头清晰、直观地看到孩子的课堂学习状态,随时调整孩子的学习节奏,保持孩子的注意力高度集中。另外,掌门还专门设置了"霸屏"功能,一旦孩子开始上课,桌面就会自动锁定直播间,无法进行其他操作,帮助孩子专注于课堂。

与此同时,家长可以通过"掌门好家长"App,对孩子的课表进行课时管理,也可对孩子进行远程实时监课,孩子的学习情况一目了然。

● 回归课程质量,持续优化1对1教学全链条

面对数量众多的教学产品,用户选择愈加"严苛",只会为有效的教育服务买单。因此,对各大在线教育企业来说,疫情不是风口,而是检验品质的"试金石"。留存转化的关键在于教学质量和服务,而师资、教研、技术、运营等环节的深耕仍是企业竞争的根本。特别是注重高互动、个性化的在线1对1模式,与线下辅导最为相似,体验直接,反馈路径短,造成了用户尤为关注课程质量。

"传统的课堂里面个性化是非常奢侈的,而1对1模式又是实现教学高效的有效的方式,"掌门教育创始人表示,"掌门1对1坚持在课堂上将每个环节做到极致,充分照顾每个孩子的成长空间。"

为了满足更多用户对于个性化、高品质教学服务的需求,掌门教育以教研为基础,成立四大教研院,打造一支超万人的教研团队,自主研发120万套课件和1200万题库资源,全面支撑掌门前端教学,在丰富课堂教学素材的同时让孩子们有了更多个性化学习的可能。

掌门教育还建立了一套完善的教师培训体系,严把筛选门槛,严格培训提升教师的能力,长效监督机制贯穿教师的整个教学过程。2020年3月,掌门教育首次公开了自身教师队伍建设的科学方法论——《在线教师行为规范标准及教学技巧指南》,基

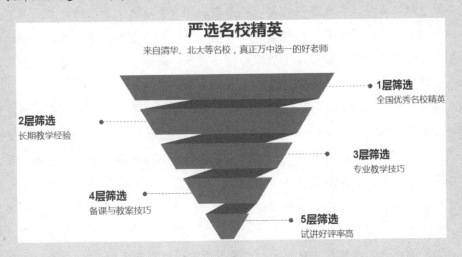

于掌门智能学习平台的海量教师教学数据和学生学习数据,解构课前、课中、课后的诸多环节,涵盖了在线教师提升自我的方方面面。从这份事无巨细的教学指南中,可以窥见掌门打磨教学队伍的严苛和坚决。

在科技方面,掌门教育打造极致高效、个性化的课堂体验。掌门教育已搭建起完整的在线教育智能化体系路径,实现了"AIinall"的互动教学方式,运用科技力量重构新的高效学习方式,升级教学体验,以技术串联起智能化管控全流程。数据追踪,学情分析,精准匹配,优化校准,层层智能技术的叠加,掌门教育为孩子的高效学习打造正向循环。

疫情期间,掌门结合自身发展特点,建立起培、磨、研、学、联、监六维联动的线上教学全链协同机制,对教师培训、磨课实践、教研开发、日常教学、高效沟通和品控监督六大环节进行优化升级,从而输出更优质、更高效的教学服务,惠及全国更多学子。

据爱分析《中国在线K12辅导行业报告》,目前在线一对一行业竞争格局稳定,掌门教育处于绝对领先的地位,获客成本变为日常投入,更多资源投入到精细化运营之中。掌门教育表示,未来也将继续优化教学全链条,对每一个服务环节进行精细打磨,提高自身运营效率,不断完善用户体验,持续输出更高质量的教学服务。

【案例四】▶▶

跟谁学推出"主讲+辅导"双师模式

不同于线下教学,在线课程对师资水平和教学服务提出了更高的要求。一堂网络课程所连接的,不仅是屏幕两端的老师和学生,而是需要老师的主讲能力、整体服务体验等多个过程的协作。除了课堂教学外,还要有完善的答疑体系、练习体系、测评体系来帮助学生更好地掌握知识内容。

跟谁学根据"主讲+辅导"的双师模式,分为主讲老师和辅导老师两个角色。最大化地发挥各自价值,既有分工又有合作,分工后更加专注,而专注则更加提升品质。线上与线下相结合的双师模式,通过大班教学、小班服务、个性体验的方式,关注学生从预习、知识新授到复习多个等环节,使整个学习流程的每个环节都有老师陪伴、反馈、激励,让每个孩子都获得关注。主讲老师负责课堂教学,为学生讲解知识内容,专注于教研和课程打磨;辅导老师负责答疑辅导,带领学生进行课前预习及课后作业批改辅导等,确保学生对所学知识有更透彻的理解和掌握。

● 优质直播课提升课堂学习效率

在线直播的上课形式，有利于通过技术的手段，将优质教育资源放大。直播课程增加了老师与学生之间的实时互动，有助于提升学生上课的专注度，提高学习效率。课堂是学习的中心环节，而老师的在课堂的教学水平，则会对学生的学习效果产生直接影响。

在主讲老师的选择上，跟谁学有着严格的筛选标准。跟谁学的主讲老师的平均教龄是11年，来自线下头部的5%，面试的平均通过率为1.87%。从多个维度来筛选好老师，不仅要求老师具有深厚的学科功底，对老师的亲和力、语言风格以及课堂感染力等方面，也有较高的要求。

此外，跟谁学通过组建专业的教研团队，对主讲老师进行全程培训指导，反复打磨课程，打造擅长在线直播教学的优秀老师。确保课程质量上乘、课堂气氛活跃、知识点容易吸收消化。同时对符合标准的老师定期进行考核，反复培训，甄选学生喜欢、能让学生切实学习到东西的老师。

● 课后辅导助力学生高效学习

学习效果是多个学习环节协同作用的结果，在学习环节中除了课堂学习外，还包括课前预习、课后复习、学习测试、阶段性总结等，这些都是学习中的重要组成部分。在学习的过程中，要重视课堂学习，同时也不能忽略学习的其他环节。在课堂外，跟谁学组建专业的辅导老师团队，关注学习的整个过程，助力学生高效学习。

从课前的预习环节，到课后的练习、复习巩固阶段，都有辅导老师的全程陪伴。在上课前阶段，辅导老师与学生进行互动，带领学生复习巩固或预习新知识，让学生提前进入学习状态。在课后阶段，辅导老师为学生批改作业，进行一对一的辅导答疑,及时解决学生在学习过程中的疑问,并针对具体学习情况,定期与学生和家长进行电话沟通交流,制定个性化的学习方案。

【案例五】▶▶▶

猿辅导推出智能批改产品——小猿口算 App

由猿题库内部孵化的针对小学生家长、老师用于批改作业的工具类产品小猿口算宣布自2018年1月上线以来,用户数据超过3000万,每日拍照批改题目数量超过2亿道,识别题目类别超过25种,其中横式题目的批改准确率达到99.9%,超过人类批改的平均水平。

截至2019年底,小猿口算App内注册在线老师数超过100万人,每天平均为每位使用的老师节约的批改时间约90分钟;小猿口算App内注册用户覆盖小学超过12万所,占全国小学数量的75%。

小猿口算App通过AI拍照批改作业,AI拍照批改一共有三个步骤,即检测、识别、批改。系统接收用户上传的图片后,首先会定位图片中的普通算式、分数计算、单位换算、竖式、脱式、解方程等常见题型，同时系统还会检测表格、填空题、选择题、判断题、应用题等口算衍生题目。然后，针对不同题型，系统采用专业的深度学习识别算法与批改策略，识别并批改用户作答内容。

除了拍照修改作业之外，小猿口算中还有口算手写练习、听算练习等功能。其中口算手写练习、听算练习均是全国首家自助研发的针对儿童手写、语音的识别技术，目前App内每天手写练习超过2000万道题。

小猿口算使用的核心AI技术是由猿辅导公司AI研究院自主研发，研究方向涵盖了计算机视觉、自然语言理解、语音识别等AI领域。2018年，猿辅导AI研究院的MARS数据模式先后获得"MSMARCO机器阅读理解水平策划"和"斯坦福问答数据集"两项AI顶级赛事世界第一。

作为一家教育科技公司，小猿口算一直致力于推动中国基础数学教育的发展。截至2019年11月，由小猿口算联合沈阳出版社出版的《5分钟口算题卡》，汇集数千万学生的易错题题目，已在全国包括四川凉山、云南彝族、甘肃甘南等扶贫助学地累计送出340万册。

小猿口算负责人表示："小猿口算在当前的用户心中已经不只是一个可以帮助其提升批改作业效率的工具，更像是一位可以随时给孩子纠错、鼓励的AI老师，真正帮助孩子提高学习数学的兴趣。每一次技术迭代都将带来颠覆性的变化，以小猿口算为代表的智能批改软件也将引发一次教育生产力的革命。"

第九章
在线早期教育

> **导言**
>
> 近年来,随着早教市场规模的逐步扩大和新兴技术的不断发展,为适应消费者需求的变化,早教界升起了一颗闪亮的新星——在线早期教育。这种新兴早期教育模式不仅弥补了传统模式在互联网上的空白,也为消费者提供了一种不同以往的早教形式。

一、早期教育的概念

早期教育,又称早教,指由成人对婴幼儿实施的教育。有的人认为早期教育就是指入学前的教育,然而这个解释并不全面。事实上它是指在孩子进入小学学习知识之前,根据孩子所处的敏感期,结合儿童成长心理需求,以及各方面特点,对孩子进行的潜能开发,以便提升孩子在专注力、想象力、记忆力、语言表达能力等综合能力,以及进行心灵教育和道德品格培养。

1.早教的重要性

科学研究表明,人一出生的脑重约为400克,智力是成人智力的25%,6个月时变为50%,12个月时达66%,3岁就会达到成人智力80%。幼儿期是智力发展的重要时期。早期教育不但能激发婴幼儿早期的智力潜能,还能够促进婴幼儿身心健康的全方位进步。具体来说,早教的重要性体现在图9-1所示的几个方面。

2.早教的特点

早期教育具有图9-2所示的特点。

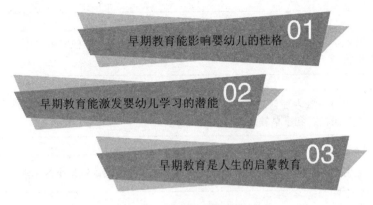

图 9-1　早期教育的重要性

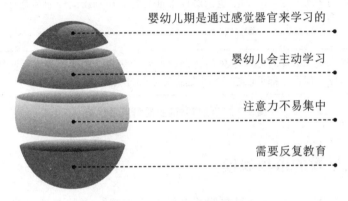

图 9-2　早期教育的特点

二、在线早教的概念

在线早教指的是以互联网为核心载体，多元科技驱动，可随时随地进行的新型远程早期教育。在线早教突破了传统早教在时空方面的局限性，在提升效率的基础上让在家进行早教成为了一种新的可能。

早期教育最重要的交互方式是亲子陪伴，而家庭是最重要的亲子陪伴场所，客观来说，在家早教，父母和孩子可以实现每周 7×24 小时的亲子陪伴，这对于孩子的早期成长非常重要。

在线早教的主要特点及优势如图 9-3 所示。

| 1 | 家长中心化，儿童需在家长陪伴下使用产品 |

| 2 | 教师成为过程的协调员，打破空间对师资的限制，降低师资成本，扩大师资收益 |

| 3 | 学习对象成为任何想要学习的学习者，可以同时实现职业教育和终身学习的效果，有利于早教知识与方法论普及 |

| 4 | 运用AI在内的前沿技术、数据分析与丰富线上资源，满足个性化学习需求 |

| 5 | 提升学习与创新效率，延伸学习过程的边界，突破了传统线下早教的种种限制和约束，扩大了信息及时性和知识传播的区域，增加了信息与知识呈现的种类和手段，为学员创造性思维的发展和创新能力的孕育提供了肥沃土壤 |

| 6 | 提升运营效率，远程学生的咨询、报名、交费、选课、查询、学籍管理、作业管理等，都可以通过网络远程交互的方式完成 |

图9-3　在线早教的主要特点及优势

三、在线早教的市场规模

互联网技术的成熟与普及使得在线服务被社会接受，在线教育市场被打开，传统线下早教由于价格相对较高、地理位置的局限性等使其受众群体范围相对受限，而在线早教凭借技术的快速发展不仅能够提升效率还能加速自身产品迭代，此外在线早教让在家育儿成为可能，有效地缓解了年轻父母的负担。

艾媒咨询发布的《2019中国婴幼早教市场现状与投资趋势价值分析报告》指出，在众多在线教育领域中，儿童早教行业备受资本青睐。从融资企业类型来看，在2018年中，儿童早教类型企业获投数量最高，占比达20.9%；其次是K12类型企业，占比达到15.4%，教育信息化类型企业排第三，比重为13.6%。由此可见，各大投资机构目前比较看好儿童早教市场的发展前景，从侧面也表明儿童早教市场的竞争会越来越激烈。如图9-4所示。

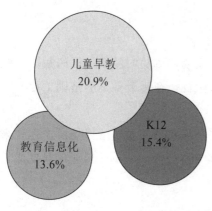

图9-4　2018年中国教育行业融资事项领域分布情况

目前，新生代父母主要为80后和90后，这一群体是伴随着互联网的发展而成长的，并且具有高学历、追求高品质等普遍特点，因此也会更加注重孩子的教育问题。此外，国家的二孩政策，使得国内新增人口数增加，再加上国内早教机构国家优惠政策，诸多因素的推动使得国内早教市场逐步步入黄金时代。

有机构统计，2019年我国早教市场规模约870亿元，基于当前的渗透率，保守估计到2022年，我国早教市场规模将突破1000亿元，CAGR约为7%。若渗透率进一步提升，我国早教市场的增长将更为迅猛。

伴随着互联网的发展，早教、互联网这一看似没有交集的两个名词，却也擦出了火花，早教在在线教育市场中也占了很大的比例。

 相关链接

在线教育在学前教育中的优势

第一，随着年龄的逐步增长，孩子的智力发育和对外界的认识能力也越来越强，在这个阶段，孩子本身所具有的强烈好奇心对其今后的发展是有突出影响的。随着网络化时代的到来，培养孩子形成乐观、积极的态度面对外界事物是非常重要的，在线教育能够使孩子比较直接地获取知识，也能够满足孩子的好奇心，通过VR技术，给孩子展现3D全方位的课件，可以将文字、语言、图像等事物以最直接的方式展示给孩子，这种直观式教学方式更符合幼儿阶段孩子的年龄特征和智力发育特点，这是传统线下学前教育很难做到的。

第二，将在线教育融入到学前教育中去，能够使学前教育的教育环境更加丰富。通过使用计算机技术使得学前教育的教学设计形式更加多样化，能够有效调动孩子的学习热情和积极性，也更加增强小朋友和教师的互动性，为以后孩子进入小学阶段，打下一个良好的基础。

第三，在线教育可以让教师在建立一个课程项目的基础上，再利用互联网技术、多媒体技术以及电子通讯技术等来有效组织教学内容，进而达到整合学前教育体系的目的，节约了教师整理课件的时间。

因为存在以上优势和特点，网络学习受到了很多家长的认可，各种各样的在线学前教育机构和相关网站不断出现。中国的在线学前教育市场整体份额在2019年接近900亿元，并且用户规模在不断地扩大。

四、在线早教与传统早教的区别

在线早教与传统早教两者间最大的不同,就在于前者突破了后者在时空方面的局限性。传统早教模式下,家长需要根据实际选择上课频率。通常在上课前,家长要提前与早教机构预约上课时间,并准时带孩子去早教机构上课。

而据公开报道,在某些早教机构,家长如果临时有事不能带孩子去上课,缺的这一节课早教机构不会补也不会给家长退款。于是在这种情况下,家长为了不浪费每一节课,就必须排除意外情况,每周提前将早教时间确定好,这就相当于将家长和孩子的时间完全固化了。

在线早教在家就能上,强调利用碎片化的时间通过网络课程随时随地指导家长对孩子进行早教。在线早教由真人直播授课,可就地取材打造家庭式早教课堂。时间上可根据家长和孩子时间安排开课,家长不用再为与上课时间冲突而烦恼。更重要的是,父母可以与孩子共同参与早教课程,让家长成为孩子最好的早教老师。另外,精炼的课程设置对专注力不强的孩子而言也更加有效,且与线下课程相比更加便宜的价格也成为其吸引家长的主要因素。

某在线早教全新推出了一款0～3岁亲子互动直播早教平台。聚集来自北京、广州、武汉等地的优秀导师团队。课程以感觉统合理论和多元智能理论为基础,涵盖8大智能:人际交往智能、自我认识智能、身体动觉智能、空间智能、音乐智能、逻辑数理智能、语言智能和自然观察智能。内容涵盖了baby启智课、日常探索课、艺术创想课、灵动音乐课和科学探索课。

互动直播课不采用传统的线上课程录播形式,而是通过互联网平台与技术实现,教师真人在线授课和跟踪指导教师与孩子家长线上面对面交流,高效指导与互动,不仅极大程度地实现了同比与线下课堂的互动教学效果,还能给予孩子和家庭意想不到的全新早教体验。课程配套教具包,轻松实现在家想玩就玩,课后随时巩固练习,给予孩子高质量的陪伴。伴随着互联网技术的发展与成熟,使得在线服务更为社会所接受,加之年轻一代家长们的消费升级和早教意识的普及,在线早教产品需求显现,在线早教市场迎来了新的发展契机。

五、在线早教细分领域

在线早教总体特征为:C端专业化低、B端尚未形成规模。企业自研自产自销情况在业内普遍存在，行业整体缺少产业链模块化合作与整合B端服务在质和量上均未满足C端企业需求，造成toC企业起步发展成本高昂。

目前，在线早教产品主要分为如表9-1所示的两类。

表9-1 在线早教产品类型

产品类型		具体说明
toB	面向幼儿园等教育机构	家校互动产品，如慧沃网、环宇万维等
	配套设施、产品研发	早教机、AR/VR等点读设备、智能玩具等
	平台技术支持	教师在线培训、备课、管理平台等
toC	内容类	阅读App
		语言启蒙App
		思维训练App
	平台类	母婴育儿互动社区
		O2O平台
		早教资讯网站

1. 阅读类

在线早教内容包括PGC（Professional Generated Content，互联网术语，指专业生产内容，用来泛指内容个性化、视角多元化、传播民主化、社会关系虚拟化）内容、IP（Intellectual Property，直译是知识产权，表现形式繁多，可以是文学、动漫、形象、艺术品、影视剧、游戏、音乐、话剧、主题公园，也可以是一种流行文化或者周边衍生品）引进内容，围绕"听""看""玩"三维度进行，主要的内容产品有针对0～3年龄段的幼儿故事、儿歌、儿童绘本、儿童动画、儿童游戏等。

阅读是在线早教内容的重要部分，阅读内容来自于故事、绘本等。据中国出版传媒网发布的《中国城市儿童阅读调查报告》，74.8%的孩子从2岁前开始阅读，喜欢数字化阅读和有声读物的孩子占比65.7%，喜欢纸质书阅读的孩子占比34.3%。

儿童数字内容平台"KaDa故事"分析其平台数据后发现，儿童数字阅读用户低龄化趋势明显，0～3岁儿童占比31%，4～6岁幼儿占比47%，7～9岁占比22%。值得注意的是，儿童数字阅读用户快速从一、二线城市向三、四线城市扩展，后者用户占比从2016年的26%增长为2017年的34%，再增长为2018年的53%。

2. 启蒙英语

幼儿启蒙英语主要针对0～6岁学龄前幼儿，通过"儿歌""绘本""动画"等形式创建英语环境，模仿英语母语学习方法，让孩子自然习得英语"听""说"直至"读写"能力，已成为早教产业中的重要部分之一。

在线英语启蒙教育品牌叽里呱啦和界面教育共同发布的国内首个《中国英语启蒙市场用户行为调查报告》显示，近九成家长认为启蒙阶段学英语会对孩子形成帮助，普遍能接受的课程价格为平均每年2750元；经测算，按照家长85%的参与意愿作为渗透率，整个市场规模将达到1918亿元，其中在线互动英语的使用达到60%渗透率。

2018年6月，DaDa、VIPKID、新东方三家头部英语培训机构先后进军0～6岁英语启蒙，DaDa率先推出"DaDaBaby"，VIPKID紧随上线"自由星球"，新东方旗下满天星品牌面向0～4岁幼儿的低幼英语产品"First Touch"也后续问世。目前行业内既有以英语小神童、宝贝英语说、叽里呱啦等为代表的较早入局者，也有贝壳亲子英语、唱唱启蒙英语、宝宝玩英语等行业新秀。

海外英语教育机构也纷纷将中国作为其产品的重点投放市场。比如，曾融资1.5亿美元的美国教育创新公司Age of Learning将中国视为其主打产品（为2～7岁儿童提供游戏化内容的英语学习应用ABCmouse）的主战场。

3. 智能硬件

随着科技的快速发展和互联网的广泛应用，附着早教内容的智慧家庭终端"大屏教育"、IP衍生型或独立品牌型陪伴机器人等成为了在线早教的载体逐渐涌入市场。

智能硬件及IP周边成为在线早教内容的重要输出端口，大幅度覆盖家庭生活场景及攫取碎片化沉浸时间，正在逐步取代点读机、故事机、少儿平板电脑等传统产品。母婴亲子类智能家居产品不仅能提供母婴知识，还能帮助宝宝学习知识，进行简单早教，各类产品中最受追捧的智能家居产品是智能电视，家庭拥有比例为51%。

腾讯、乐高、小米、奥飞动漫等在内的许多巨头企业纷纷入局智能玩具领域，小米、360等相继推出自家儿童陪伴机器人（图9-5）。

图9-5　儿童陪伴机器人——小忆机器人

> **相关链接**
>
> ### 丰富多样的早教App
>
> 在线儿童教育市场作为在中小学领域之外含金量极高的另一个教育板块，被资本及创业者看好，但在线早教也正在遭遇困境，即产品变现难。当下，早教App产品类别繁多，从儿童故事、生活习惯、百科知识到家园共育。
>
> **1. 受欢迎的早教App类型**
>
> 随着消费升级和二孩政策的全面开放，早教市场的内容需求日益增多并追求多样。大量儿童教育平台集中涌现，产品类别从儿童故事、生活习惯、百科知识到家园共育等。据Analysys易观数据，2019年10月儿童教育类应用排名靠前的小伴龙以超过870万的月活跃用户数排在第1位。儿歌是婴幼儿启蒙的常用选择，其中儿童教育类排名前10的小伴龙、儿歌多多、贝瓦儿歌、宝宝巴士儿歌、儿童点点均是儿歌类应用。除儿歌外，以掌通家园、智慧树为代表的工具类产品排名也较靠前。值得注意的是，在下图儿童教育App排名中宝宝巴士旗下的日常认知、思维逻辑类应用占据4个。
>
>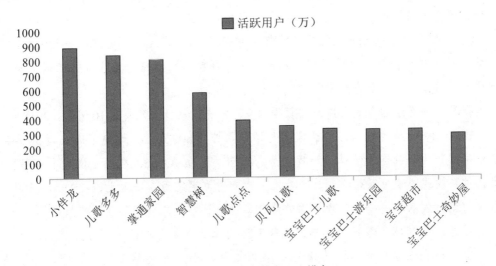
>
> **2019年10月儿童教育App排名**
>
> 每年的寒假和暑假是儿歌类、动画视频类产品的爆发点，在活跃用户渗透率上，7月属于暑假开端，年轻父母将会在儿童教育上投入更大精力。儿童教育类应用增幅明显，尤其是儿歌、动画视频、游戏等领域，比如2019年7月小伴龙活跃用户达15%，儿歌多多活跃用户达12%。另外，家校沟通型的应用类产品环比下跌明显，在2019年8月，掌通家园、智慧树活跃用户下降至最低7.9%、6.8%。除此之外，在男

女用户占比属性上，排在前五的小伴龙、儿歌多多、掌通家园、智慧树、儿童幼儿早教App女性用户占比均高于男性。

2. 早教类App如何变现

对于许多儿童内容平台来讲，内容收费是其商业变现的主要途径。据不完全统计，目前国内应用市场，早教类App已超过5000款，分别专注于儿歌、故事、识字、英语、益智游戏等领域，同时还有家园共育系工具类App。

（1）早教启蒙系App。宝宝巴士作为一款早教App，初期靠收费下载、广告、付费盈利。培育品牌后，宝宝巴士进入母婴市场并通过内容授权推出衍生品。宝宝巴士于2013年1月完成数百万美元的A轮融资，2015年11月完成4000万人民币的B轮融资。

小伴龙则是从塑造IP到早教内容，打造成为陪宝宝探险、唱歌、跳舞、学知识的虚拟伙伴。在内容上，小伴龙90%以上内容都为原创，涉及版权费用的业务主要是儿歌，目前每年的版权开销大约为十几万元。2016年7月底上线的"学堂"板块开始首次尝试内容付费模式，10月开始实现月度盈利。2018年小伴龙用户超过6000万，在此之前，小伴龙曾经尝试依靠周边衍生品盈利，但探索之后发现周边衍生品毛利率较低。对于内容变现上，有伴科技虽然积累了庞大用户数，但要想把小伴龙打造成为爆款IP，还需要通过动画、影视等传统渠道扩大曝光量。

（2）家园共育系App。在早、幼教领域还有工具类App，在2013～2014年间，大量家园共育平台集中涌现，其中就包括以掌通家园、智慧树为代表的工具类产品。掌通家园可谓其中体量与融资均增速迅猛的代表之一。

据悉，掌通家园自成立以来共获得过9轮融资，累计金额超过10亿元。2018年10月，据Analysys易观数据，掌通家园月活跃用户为800万，日均使用时长近30分钟。掌通家园作为一款连接父母、幼教老师的家园共育互动App，在商业模式上采用视频直播付费模式。家长以购买会员账号的形式支付固定费用，费用大概在150～300元。这种向流量收取单次"门票费"的做法让掌通家园在初期就实现了稳定营收与一定盈利。据悉，在2018年第一季度里，掌通家园的单日会员收入曾突破1100万元。

智慧树也在借助资本的力量将战略重心从扩大规模转移至提升内容与服务上。2018年2月，智慧树宣布获得和晶科技超7亿元增资，其中部分资金将用于研发并引入幼教内容，并为教师教学和家庭教育提供相关内容。和晶科技2019年上半年财报显示，智慧树首次出现单月盈利，10月，Analysys易观数据显示，智慧树月活跃用户超500万，日均使用时长近23分钟。

从市场结果来看，家长有意愿付费的，最终还是回归教育产品。随着AI的技术发展和趋势，以传统模式的启蒙教育加以创新，可以更好提升儿童教育产品交互的体验和效率，儿童教育产品也会有更多市场空间和持续性。从早期的发展看到，早教App凭借天然的用户连接属性，迅速打响流量抢夺战，如何在拥有用户规模之后，突破变现瓶颈才是早教App未来生存下去的关键所在。

六、在线早教的发展机遇

1.线下品牌涌入线上

2020年1月28日，国家卫生健康委办公厅发布了《国家卫生健康委关于做好托育机构相关工作的通知》，该《通知》指出，各类托育机构可依法暂停开展收托、保育服务，还提出鼓励3岁以下婴幼儿早教机构、亲子园利用互联网等信息化手段提供服务，这无疑更加促使了早教市场的线上化，使得在线早教在众多行业领域中脱颖而出。

于是，在线下业务几乎停摆的情况下，众多早教品牌纷纷行动起来。无论是金宝贝推出的《金宝贝线上精品课》、NYC纽约国际儿童俱乐部推出的《NYCKID在线早教》，还是由小马快跑推出的0～3岁亲子互动直播早教课《小马在线》，以及爱乐祺推出的线上录播课堂《小爱课堂》等以线下教育为主的早教品牌，都开始全力推出线上早教课程，利用可持续性的线上产品，不断扩充线上课程产品的种类，以满足家长与孩子"居家不停学"的早教需求。

> **资讯平台**
>
> 小步亲子2017年上线后，仅6个月时间，用户数就达到近百万，2018年用户数达到300万，2019年用户数直逼600万。其在2017年获得了数百万美元的天使轮融资，由金沙江创投领投，贝塔斯曼亚洲投资基金（BAI）跟投；于2018年3月获得数百万美元的Pre-A轮融资，由贝塔斯曼亚洲投资基金（BAI）领投，金沙江创投、真格基金、GGV纪源资本跟投，并发布首款家长系统性学习产品——小步家长大学。
>
> 2019年4月，金宝贝与前流利说首席产品官翁翔坚共同创立的金宝贝科技正式上线，以"金宝贝启蒙"App作为线上早教产品的汇集平台，主打家庭端儿童启蒙教育。金宝贝科技刚推出的在线古典乐启蒙课程，首发当日即破千万元销售额。
>
> 运动宝贝在2019年7月正式对外推出"在线App+玩教具盒子"形式的家庭早教产品，将以旗下近500家加盟商作为首发渠道推向市场。

携程联合创始人梁建章联手大鱼自助游创始人姚娜，创立摩尔妈妈，主打社区共享育儿平台，重点在于通过社区家庭的互帮互助，分担家庭托育早教的困难。

2020年1月底，美吉姆推出"美吉姆在线"付费项目，此产品面向其全国40万会员免费开放。据美吉姆互动平台介绍，上线24小时，总注册用户已经超过20万人。

可以看出，家庭早教领域下各大机构纷纷强势入局，行业竞争早已开始。

2.在线早教的短板渐显

2020年突发的新冠肺炎疫情使得线下早教机构纷纷转战线上，但这并不意味着所有的早教品牌都适合发展线上早教课程。目前，市面上可供选择的线上早教课程种类繁多，有的是免费的，有的则通过美拍、抖音等视频平台直接拍摄，课程的专业性、课堂中的氛围以及体验感等都是影响家长为孩子选择早教品牌的关键因素。

随着国民消费水平的升级，许多家长愈加重视早教产品的性价比，强调教学的服务品质，更加渴望享受个性化的会员服务。可见，缺乏稳定且专业的互联网技术支持及优质的教学服务，并不能完全满足家长与孩子们日益多样化与个性化的早教需求，线上早教课程的设备、平台及教师的适应程度等，都是早教品牌推出线上早教产品必须考虑的重要因素。

3.提升在线早教的竞争力

在这个飞速发展的互联网时代，随着年轻一代家长的消费升级及早教意识的普及，居家早教的产品需求显现。疫情突发的情况，整个在线教育市场迎来了新的发展良机，加之互联网技术的日益发展与成熟，教育变得越来越可视化，同时，在线早教也突破了线下教育在时间与空间等方面的局限性，使得家长与孩子们足不出户就能享受优质早教。

因此，在众多在线早教不断涌现的形势下，早教品牌唯有抓住新的发展机遇，不断探索产品形态和课程服务，提升品牌形象和口碑，将线上教育的灵活性、便捷性与线下教育的体验和服务互相联动，才能满足家长与孩子日益多样化与个性化的早教需求，才能真正助力早教行业的持续发展，才能在激烈的教育竞争中脱颖而出。

》相关链接《

在线早教的"另类"春天

2020年初，一场突发的疫情，让刚刚兴起的在线早教意外面临新挑战。此前在线早教因为商业模式及场景问题没有引发资本和市场的足够关注,但这一局势正在渐渐扭转。

1. 意外迎春

受疫情影响,国家卫健委于2020年1月8日发文,全面暂停3岁以下婴幼儿早教、托育机构等线下培训,恢复时间另行通知,鼓励利用互联网等信息化手段提供服务。美吉姆、金宝贝、NYC纽约国际儿童俱乐部等线下早教机构均暂时歇业。在线下机构被迫停业的同时,在线早教意外获得关注。以年糕妈妈、常青藤爸爸、亲宝宝等为代表的企业因为拥有在线早教业务而产生了明显的业务增量。

2019年注册用户突破1亿的亲宝宝宣布进军在线早教市场,尽管只是在线早教新军,但其用户基数和精准的人群帮助亲宝宝大幅降低了获客和转化的成本。而因为特殊的疫情,也让它在2020年1月底到2月初的运营指标出现大幅增长。据亲宝宝移动应用业务部总监介绍,亲宝宝线上视频化"在家早教"业务的DAU(日活跃用户数量)已经同比上月增长了100%,"亲宝玩数学"的自然完课率提升了50%。

另一家聚焦0~9岁线上全学科启蒙教育的在线教育品牌常青藤爸爸也出现了业绩提升的迹象。在疫情期间,不管是从新增用户量、DAU,还是日均使用时长,都比平时呈直线上升趋势,公司大幅加大了线上监控力度来保证App的使用流程及课程社群里的及时响应度。同时,也第一时间向湖北及全国适龄儿童赠送了英语和大语文的课程。年糕妈妈方面也表示,公司早教业务2020年2月的DAU较1月出现了大幅增长。

疫情期间,大人孩子减少外出后,学习自然而然地转移到了线上,培养了用户线上使用习惯,推动了下沉市场的快速覆盖,可以说在线早教迎来了窗口期。在线早教机构谁能更迅速地做出反应,谁就能更高效地获取用户,同时这也是行业的头部效应开始显现的时刻,课程的口碑、用户积累、产品体验等,在这个时候都会成为拉开距离的关键因素。

2. 久待激活

其实,在线早教已发展多时。自全面二孩政策实施以来,我国迎来了新一轮婴儿潮。在消费升级和早教渗透率逐步提升的背景下,居家早教产品需求显现。加之互联网技术的成熟与普及,使得在线服务被社会所接受,在线早教市场渐渐起步。

但从资本市场来看,早教行业此前并未得到过多资本青睐。商业数据机构IT桔子统计数据显示,截至2019年12月16日,教育行业共有297笔融资,为近五年来最低值。其中儿童早教领域降温最快,2019年全年仅有39家儿童早教机构完成融资,较2018年下降57.6%。从融资轮次看,A轮以前的早期投资占绝大多数。其中2019年鲜有在线早教机构获得C轮及以后的投资,大部分都停留在B轮之前的状态,这也意味着还没有绝对的头部选手。而反观线下早教模式则早已获得资本的认可，早教龙头美吉姆更是登上A股市场。

早教是无法纯线上授课的，在线只能提供一部分知识性的内容，算是一个补充，也是一个特殊情况下的折中做法，线上不能取代线下，未来肯定是线上线下的融合模式。对于年龄偏小、偏实操类的，且对于场地和参与度要求高的项目，要实现在线化肯定比K12难度要高。不可否认，在线早教是一个方向，疫情倒逼早教在线化变成必须的选项，但由于在线早教资本化、创业难度和发展时间均滞后于学前和K12阶段，目前还相对处于"蓝海"市场，长期看好在线早教的创业机会。

年糕妈妈专注"在家早教"已经两年多，年糕妈妈创始人认为，在线早教不会因为此次疫情而立刻腾飞，因为教育是一个特别需要时间沉淀的行业，不是资金和人手进入就立刻能"飞起来"的。目前国内的在线早教行业处在比较早期的阶段，需要时间在打磨产品服务、提升营销模式上下功夫。

3. 考验仍在

2020年初突发的疫情给整个在线教育带来了爆发的机会，也为激活在线早教市场提供了催化剂。但是疫情结束之后，在线早教该如何持续地获客和留客，成为了各家企业需要面对的重要考验。

据亲宝宝COO介绍，亲宝宝围绕"孕、育、教"为家庭提供育儿服务。亲宝宝App的用户基数以及用户口碑为其早教业务（包括AI早教机"亲宝小伴"和启蒙课程"亲宝玩数学"）提供了流量支持。亲宝宝的早教产品上线后得到了用户的广泛认可和热烈推荐，进一步促进新用户的爆发增长及老用户的持续活跃。

亲子互动是早教的重要部分。无论线上课程还是线下活动，核心是如何让家长更好地和孩子互动。在线早教产品追求的核心诉求，是让家长在家庭中去陪着孩子感受这个世界，让孩子以最放松的形式实现各方面能力的增长，更重要的是，在这个过程中加强了和父母的情感联结。

线下教育机构和线上早教产品在最初的内容产品设计上就有所不同，线下机构更注重教师和孩子、孩子和孩子之间的互动和游戏；线上产品更注重亲子互动的培养和碎片化时间的利用。在这个背景下，线上线下产品的结合在未来会是大的趋势，内容、流量和IP加线上线下形态的互补将会成为制胜法宝。

针对资本关注的在线早教机构模式，一是创业者要在在线和早教两个领域均有好的团队基础，这是取得成功的基石；二是看能否把线下早教有质量的、在保证家长孩子参与度和互动教学效果的前提下，通过直播、录播或其他形式搬到线上，产品形态能否满足家长的诉求。

【案例一】▶▶

小马快跑推进"线上+线下",致力打造 OMO 早教新模式

大数据、云计算、人工智能等技术的逐渐成熟,使得许多家庭与孩子对于线上学习的接受度大幅度提升,但也极大地冲击了线下实体教育机构的用户流量,造成目前教育品牌结构单一的现状。可见,纯线上与纯线下的教育模式已经无法满足家庭与孩子的需求,线上与线下深度联动的OMO教学服务成为早教市场发展的下一个关键期。

OMO 联动教育,简单说,就是线上教育的灵活、便捷与线下教育的体验和服务互相联动,使线上+线下两个板块优势互补,为家庭和孩子提供更加系统、专业、一站式的全方位教学服务。

众所周知,不仅仅是因为疫情的关系,近年来互联网技术的发展,也推动着在线教育的迅速崛起。小马快跑国际教育作为知名的早期教育品牌,其所有课程融合东西方国际早教理念的精髓,遵循孩子生理心理发展规律,自第一家校区开设以来,小马快跑已全面覆盖早教+半托+全托,目前全国已有140余家校区。

2020年初,小马快跑全面启动在线早教新部署,在互联网+深入发展的时代背景下,致力构建线上线下联动生态,打造全新线上+线下早教模式自由切换,使更多的家庭和孩子不仅足不出户就能享受亲子互动早教,还能体验线下艺术烘焙、主题派对、家庭俱乐部、半日/全日托育等课程服务,实现线上线下早教OMO。

"线上+线下"结合的OMO早教模式,必然成为早教市场发展的新趋势。有业内相关人士表示,"教育一定是深度的线上线下相联动"。然而,不管是线上早教,还是线下教学,教学服务与师资力量依旧是早期教育品牌在激烈的行业竞争中的制胜关键。

以小马快跑线上线下早教OMO为例,为建立完善的教师素质保障体系,其引进了新加坡的早期教育指导师培训体系,聚集了来自新加坡、北京、上海、广州、深圳等一线指导师团队,从入职选拔、培训考核、教学管理等方面,为家庭和孩子提供生动直观的课程展现、趣味平等的教学模式,实现线上+线下高效指导与互动,从情感、智慧、实践三方面出发,培养孩子心、脑、手等各方面的和谐发展,开拓孩子的创新思维。

哈佛大学儿童发展研究中心研究显示,早期经历影响着孩子未来的学习、行为、健康等,接受早期教育的孩子各方面的发展可能事半功倍。

据了解,小马快跑此次全新推出的《小马在线》是一款0~3岁亲子互动直播早教平台,课程依据儿童心理生理发展规律和脑神经科学,覆盖0~3精细化分龄,根据孩子发展的不同阶段匹配课程,培养孩子的观察理解能力、实践操作能力、信息处

理能力及运用表达能力。游戏式的教学方法，在满足幼儿生理心理需求的同时，还能利用教具与家用物品，创造意想不到的早教互动体验，给予孩子高质量的家庭陪伴。

可见，随着互联网技术的日益发展，教育已经变得愈加可视化，在线早教突破了传统早教在时间与空间方面的局限性，使得居家早教成为了新的趋势。

小马快跑将持续借助科技的力量，全面践行"线上+线下"高度联动的OMO教学模式，不断研发新的教学产品，有效推进教学改革，提升管理服务举措，规避线上及线下的短缺，促使线上及线下的优势互补，为家庭和孩子提供一站式的教学服务，让更多的家庭和孩子受益。

【案例二】▶▶

小步在家早教在内容及形式上的创新

近年来，早教备受重视，逐渐成为家庭的一种"隐性"刚需，市场上各式早教机构如雨后春笋般迅速扩张。与此同时，我国早教的渗透率还处在较低的水平，线上早教作为一种新兴的模式，在时代浪潮中迎来了新的发展机遇。其中，2017年入局在线早教的"小步在家早教"，开启了低龄儿童教育产品的新篇章。

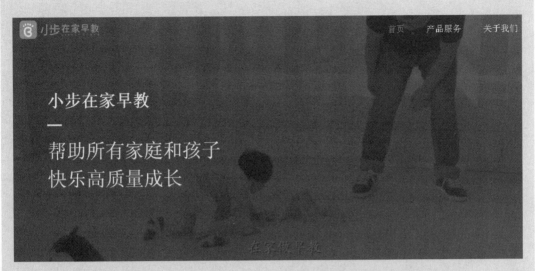

小步亲子于2017年成立,率先提出了"在家早教"概念,并在短短一年半的时间就实现了300万精准父母用户的积累。目前小步亲子核心产品服务体系,已经全面包含了在家早教核心课和亲子互动系列专项课等亲子互动课程,构建了全面成体系的在家早教解决方案,帮助新手父母轻松实现高质量陪伴。同时小步亲子还提供全部免费的家长大学,通过八大体系全方位知识学习课程,帮助更多学习型家长,构建新手家长对宝宝教育养育知识体系。

虽然我国线下早教机构已逐渐走向成熟,但由于线下早教机构价格昂贵、覆盖有限、频次不够、班级授课的特点决定了其无法全面满足国内所有家庭对早教的旺盛需求。对此,"小步在家早教"App可以很好地帮助父母解决这些难题。

为了将科学的儿童早期教育方法带给更多中国家庭,小步在家早教对早教知识进行了体系化重组,其中家长大学、家长微课、DEEP家庭早教课、专项课、兴趣馆都是基于科学理论产出的高质量内容。

家庭化并不意味着碎片化,在家早教也应当是系统性的。小步在家早教为家长打造的"家长大学",将儿童教育、心理等各个相关领域的知识进行了系统化、结构化、专业化的串联,并且结合平台已有的实践方法,开启了家长持证上岗的新时代。同时,为了解决线上家长可持续性学习的问题,小步在家早教成立专门的社群进行陪伴和指导,帮助家长更好地驾驭课程和游戏,让他们在实践中,感受孩子与日俱进带来的变化。

早教课程需要家长用户的认真对待,全身心地投入到亲子时光中。在这方面,小步在家早教DEEP家庭早教课从开场舞热身到音乐互动,可以让宝宝在足够的仪式感中体验完整的课程。同时,小步在家早教并不是简单地把线下早教课程搬到线上,并不依托于繁复的、庞大的教具,而是主张充分利用家庭空间,更大化地运用家庭的环境和教具为家长提供教学环境，帮助家长在快乐的陪伴相处中实现对于6个月至3岁不同月龄阶段宝宝的精准在家早教。

除此之外，在小步在家早教平台上，有中国较大的互联网智能亲子游戏馆，除了每天根据宝宝月龄推荐的3个定制游戏，家长还可以在游戏百宝箱中，使用身边常见的物品作为道具，在不同的亲子陪伴场景中，使用海量的高质量亲子游戏，随时随地可以跟孩子玩起来，让孩子实现在"玩中学"的目的。

"每一个家庭都应该要学会怎么带孩子"，小步CEO彭琳琳谈到小步想解决的主要问题时说到。一方面，小步在家早教对教学课程进行短视频化处理，帮助家长用直观的方式，在专业讲解的辅助下，在短时间内快速消化和实践。另一方面，小步在家早教通过首创互联网在家早教教学产品体系，打破了地域壁垒，将早教成果普惠更多家庭，致力于让每一个家庭都能享受互联网在家早教产品带来的革新和便捷。

【案例三】

百词斩推线上早教产品，采用"直播+小班"形式

百词斩母公司于2019年7月上线了针对0~3岁的家庭亲子互动课"柚子鸭"。据了解，该课程为直播形式，采用小班的形式，最多是1对6个家庭，每节课30分钟，家长可以自由预约。

柚子鸭家庭早教

帮你打破地域限制 在家轻松做早教

家庭早教课
1-3岁能力培养计划
我们帮你设计

专业早教老师
远程实时指导
教你高质量互动

全家陪伴
高质量互动

早教玩具盒
宝宝每阶段最爱的玩具
我们帮你挑选

育儿知识社群
干货定期分享
帮你解决育儿困惑

根据课程顾问介绍,"柚子鸭"是百词斩旗下的家庭亲子互动课,课程由美国哥伦比亚大学心理学专家、北师大育儿专家以及专业早教中心10年以上教龄的高级指导师等组成的团队研发,帮助家长抓住宝宝0～3岁敏感期,解决宝宝成长期中的各类问题。也就是说,百词斩公司的产品已经渗透到早教领域,并且采用直播互动的小班形式,试图将线下早教课程还原到线上。

1. 在课程体系方面

针对0～1岁的宝宝,通过大动作能力训练,制定宝宝的认知启蒙方案,让宝宝不仅能够走走跳跳,还能对颜色有初步区分。

针对1～2岁的宝宝,通过认知启蒙小游戏,帮助宝宝建立生活规则感,培养良好的生活习惯,比如刷牙、吃饭、分享等课程主题。

针对2～3岁的宝宝,通过教育情景模拟,培养宝宝的自理与适应力,让宝宝不仅能学会穿衣,也能减少分离焦虑,为入园做准备。

在课前,"柚子鸭"会寄送教具,根据每周一到周六的课程表预约上课时间,在课上,打开笔记本电脑或iPad即可进入课程,与老师进行视频互动,在课中,老师会进行实时指导。

"柚子鸭"的教师是中文教师,课程中会有英文歌等方面的内容,但是并不会整节课都教小朋友如何学英语,主要是以培养宝宝的认知能力、身体机能发育和亲子互动关系为主要目标。

2.在服务体系方面

在服务方面,"柚子鸭"给每位家长配备一名专属助教,帮助家长解决课程和带娃过程中遇到的各类问题。

【案例四】

学而思轻课联手京东探索线上早教消费模式

2019年10月,2019中国玩具展/中国婴童展在上海新国际博览中心举办。作为京东的重要合作伙伴,好未来旗下智能普惠自学平台学而思轻课受邀参展,智能家庭教育产品一经亮相,便吸引众多家长和孩子的驻足关注。随后,在京东母婴举办的2019婴童早幼教行业趋势论坛上,学而思轻课宣布正式入驻京东专营店,上线学而思轻课京东旗舰店,双方将联手引领新型家庭消费者进入智能家庭教育时代,共同探索线上早教消费模式。

针对早教市场信息不对称、线上模式不健全等消费痛点,京东超市深入洞察新消费环境下学习型妈妈育儿行为、消费行为,通过打造"产品+内容+服务"的产业链,加速打通线上线下渠道,帮助消费者聪明消费,为早教行业注入新的能量。

作为重要合作伙伴的学而思轻课,主要以轻难度、轻服务、轻游戏为特色,采用动画式趣味授课,以更贴近孩子的认知习惯,让孩子不到5分钟即可完成每个知识点的学习。课后,孩子还可以通过参与游戏答题闯关来获取"奖励"。卡通形象小精灵将陪伴孩子学习全程。孩子们还可以用获取的"奖励"建造专属自己的线上"家园",

提升学习成就感。

为了让孩子更方便地在家学习，学而思轻课将人工智能技术与教育深度融合，通过电视屏和手机、iPad等智能产品结合，将家庭客厅还原成"智慧教室场景"，并拓展了App（小屏）、智能硬件（中屏）及IPTV、OTT（大屏）等多重教育服务场景。

在本次合作中，学而思轻课联手京东为中国新家庭带来了"AI智能技术+丰富优质教育内容+家庭客厅学习"融合于一体的家庭学习解决方案，真正做到还原课堂，让全国的孩子都可以足不出户，共享优质且普惠的教育资源。

值得一提的是，该解决方案中的AI智能评测功能可以根据孩子的学习情况进行教学质量评估，还会对其学习行为做大数据分析，并根据分析结果，自动推送相应的学习内容、制订个性化学习计划，真正实现"每一个客厅都是不一样的课堂"。

作为好未来践行教育普惠的代表产品之一，学而思轻课旨在让更多的中国孩子轻松获取优质的教育资源。因此，学而思轻课借助京东超市在母婴市场上"排头兵"的影响力、庞大的优质用户群，以及全渠道、全场景服务的领先优势，以免费课、轻课等形式，通过移动互联网，在减轻家长经济负担的同时，也为孩子减负。

了解用户真正的需求才能把握行业脉搏，作为在线教育的探索者，学而思轻课整合优质学术资源与先进技术，致力于让在线学习变得更加专业、高效、生动、有趣。未来，学而思轻课也会持续不断地增强全渠道、全场景的服务能力，精准洞察用户需求，持续开拓更为广阔的增量市场，以创新的线上早教形式，帮助更多的孩子养成良好的学习习惯，为孩子减负，让家长省力省心。

第十章
在线职业教育

导言

在2019年政府工作报告中,明确了要加快发展现代职业教育,多管齐下地稳定和扩大就业的策略,可见职业教育已经成为国家的重点工作之一。以往受客观条件限制,实体职业教育的发展遇到了诸多瓶颈。随着"互联网+"的概念兴起,在线职业教育为职业教育发展提供了新的动力。

一、职业教育的认知

职业教育以培养应用型人才,以及具备专业知识技能的劳动者为目的。与高等学历教育不同,职业教育因实践而生,与终端人才市场的需求实时联动。其影响面较广,包括了在职人员、高校毕业生、无业人员、失业人员、自由职业者等在内,以及所有对职业能力建设与延伸有需求的人群。其影响力深,与国家推进人才强国策略,全面提升人才素质与竞争力;加快产业结构调整,从"中国制造"向"中国智造"转型等核心战略的落地息息相关。

1.职业教育的定义

职业教育是一种注重技能训练,以就业为导向的人才培养体系。而就业,是最基本的民生。因此,广义上说,职业教育既不应该是单纯的课程或实践体系,也不应该局限于某一类特定的人群。而应该伴随着劳动者职业路径的发展,助力其在单一技能方面实现能力的提升,在不同类型的技能方面不断延伸的过程。在这个过程中,职业教育不应该拘泥于时间、地点、形式等因素。

> **微视角**
> 与义务教育或高等教育相比,职业教育是建立在市场需求基础上的,是灵活多变的。

2.职业教育的社会意义

职业教育具有广泛的社会意义,对于保持人才供求天平的稳定至关重要。

首先,从人才供给端看,不论是在职人员、高校或职校毕业生、失业或无业人员、还是农民工群体等,在职业教育方面具有普遍的需求基础。如图10-1所示。

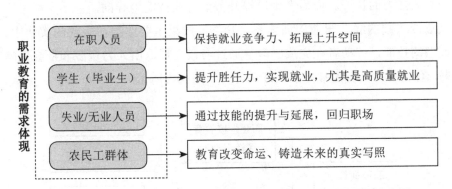

图10-1 职业教育的需求体现

比如,高校毕业生可以借力职业教育,将在学校里面获取的理论知识有效地延展到实践应用中;或者弥补自身在某一应用领域的短板(如语言能力、计算机水平等),同时提升就业能力与就业质量。失业人员则可以借助职业教育提升或拓展新技能,增强自身对工作的适应性,达到尽快获取新工作或进入自主创业路径的目的。对于广大农民工群体而言,职业教育的意义已经超越了技能提升的本身,还是助力他们实现社会流动性的动能。

其次,从人才的需求端看,随着中国人口红利优势的淡化,人才缺口逐渐显现,尤其是应用型与创研型人才的缺乏成为制约国家GDP长期增长,特别是高质量GDP增长的隐忧。这也解释了为什么就业人群的就业压力逐年加大、就业竞争激烈,而企业遭遇招人难、用工荒的现象层出不穷。

中国是传统的制造业大国,如果以制造业为例,对标人才市场的供求关系:到2020年和2025年,中国在新一代信息技术、电力装备、新材料、高端数控机床和机器人等领域的人才缺口巨大。而更值得关注的是,几乎每一个重点领域人才总量增长的步速均跟不上人才缺口的增速。这意味着人才紧缺的现实将越来越严峻。

综上所述，加快复合型、应用型和创研型人才的培养，提升现有劳动力的专业技能与智能化水平刻不容缓。而要达成这一目标，推动职业教育的发展，使之与高等教育并重，相互促进且互为发展基础至关重要。

3. 职业教育的分类

中国的成人职业教育市场主要有两个板块，分别是以学历为导向的职业教育和非学历型职业培训。前者主要以传统的线下职教体系为依托，包括中等职业教育（如普通中专、职业高中、技工学校等）和高等职业教育（如大专）等。劳动者在具有举办学历教育资格的学校完成学习并且通过考核之后，由国家级教育主管部门教育部统一颁发学历证书作为对其能力的认证。而后者则以提升劳动者的技能为导向，包括了线下职业培训学校以及逐渐兴起的线上职业培训体系，其学习成果主要体现在劳动的实践中。其中，针对认证型的技能，劳动者在完成学习并通过考核之后，由人力资源和社会保障部统一颁发证书，作为针对其特定技能的认证认可。如图10-2所示。

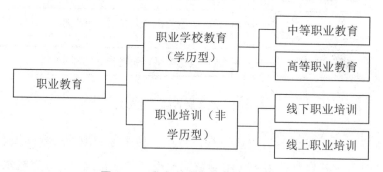

图10-2 成人职业教育市场的分类

二、职业教育的发展路径

尽管中国在职业教育的发展上取得了一些进步，但职业教育仍然是国内人才培养体系中的薄弱环节，相对滞后于市场的实际需求，需要进一步的改革与演化。"互联网+"为在线职业教育发展提供了重要基石。具体来看，职业教育的发展路径如图10-3所示。

图10-3 职业教育的发展路径

1. 2012年——职业教育回归视野

以往中国人才市场上技能型人才缺口较大，这是因为我国人口红利淡化了人力资源结构不平衡的矛盾。2012年，中国劳动年龄人口数量首次出现了下滑，意味着人口红利消失的转折点已经到来，到了需要向人才红利转变的关键时刻。职业教育的重要性因此被凸显出来，开始逐步走上复兴之路。

2. 2014年——职业教育走上线上

2014年是中国职业教育发展的重要节点。一方面，《加快发展现代职业教育的决定》《现代职业教育体系建设规划（2014～2020）》等一系列的政策相继出台，强势助推职业教育的发展。另一方面，伴随着"互联网+时代"的到来，中国的教育产业本身也逐步从"线下"逐步走上"线上"。职业教育开启了线上发展的新纪元。

3. 2018年——职业教育终身化

2018年，国务院进一步出台了《关于推行终身职业技能培训制度的意见》，重点落脚于"终身"二字。意在解决职业教育长期以来存在的供给不足、层次偏低、缺少个性化和延伸性服务等问题，真正建立起利国、利企、利民的终身职业技能培训体系。

4. 2020年——职业教育体系完备

根据国务院的要求与部署，到2020年，我国需建成具有中国特色和世界水平的现代职业教育体系，其中，职业教育的规模逐渐向高等教育靠拢。

资讯平台

当下，中国的经济和科技飞速发展，与之对应的是市场对人才需求变化的速度不断加快。这种快速变化，让中国人才供给侧长期存在的结构性压力和矛盾日趋显著：一方面，技能型人才，尤其是对高技能型人才的需求不断上升，供求缺口拉大；另一方面，高等教育的扩招使得市场上知识型人才的数量不断膨胀，但由于缺乏实践经验，胜任力有限，难以填补职场缺口。这个矛盾正是职业教育地位薄弱延伸至社会领域的具体体现。过去中国的人口红利突出，在一定程度上淡化了这一矛盾。伴随着人口红利拐点的到来，及时调整人才供需结构非常重要。

此外，以《国家战略性新兴产业发展规划》《新一代人工智能发展规划》《工业互联网行动计划》为代表的新型发展战略陆续推出，明确国家将从劳动密集型向高附加值的技术密集型经济模式转变。这个变化也对劳动力资源提出了更高的要求。

因此，自2011年以来，国务院、教育部、人社部等相关部门连续出台了一系列的措施，意在利用校企结合、互联网+、终身教育等多理念多方式相结合的方法，力争逐渐建立起完备的职业教育体系，为国家战略的落地提供人才支撑。

三、在线职业教育的兴起

在技术与需求共同作用的结果下，中国在线职业教育应运而生。互联网技术的广泛应用和智能硬件设备的普及，为在线职业教育的发展提供了客观条件。职业形态、教育理念、课堂形式等多维度的演化变迁催生了在线职业教育的市场需求。如图10-4所示。

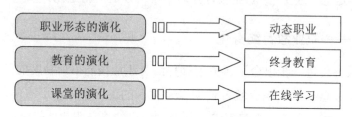

图10-4　在线职业教育的演变

1. 职业形态的演化——动态职业

中国经济的发展始终保持着稳健有序的增长，而经济增长的内涵远远超越数字本身，是社会意识形态的综合变迁。在变革的浪潮下，职业也不例外。它不再是一个一劳永逸的结果，而是一个动态的进程；要求劳动者不断地对知识结构与技能进行重建、升级和延展，以应对工作世界的变化；让劳动者在职业变化为常态的时代中，职业生涯更加长久。

（1）职业转换。从个体劳动者的角度看，工作的选择，包括企业转换、行业切换，是综合考虑个人兴趣、工作强度、长期发展机会等多元化因素的结果。特别是对年轻人而言，就业不再是一个稳定的状态，而是一个动态的过程，一个通过不断实践来接近内心追求的过程。在线职业教育平台的兴起为这些职业转换者，特别是处于上升期的年轻人，提供了有力支撑。

（2）职场回归。近年来，作为独生子女一代的80后、90后逐渐成为职场的主力军，他们同时肩负着工作与家庭的责任。当面临人生重要选择节点的时候（如生育、疾病等），两者往往难以兼顾。因此，职场中断的现象日趋普遍，对女性劳动者的冲击尤为明显。这些"职场中断者"往往期待在暂别职场以后，重新整装出发。

然而，现实情况则是，由于劳动者的知识储备与技能在中断期内停滞不前，导致其难以达成职场回归的目标，特别是难以达到中断前所处的职场位置，不论是职位还是实际收入水平。对于劳动者而言，这种现实与预期的不匹配是经济与心理上的双重打击。而在线职业教育可以以低成本让整个学习的过程充分泛化。劳动者可以在交通工具上、茶余饭后的间歇中等不同的场景下学习。例如，利用等人等车的10分钟即可完成一节微课堂的学习。让职场中断期不再等同于知识与技能发展的真空期，帮助劳动者保持住他们在工作上的胜任力；同时，平稳心态、重塑信心。

（3）"斜杠人生"。"斜杠青年"这个概念，最早来源于英文单词"Slash"，指越来越多的年轻人不再满足"单一职业"的生活方式，开始追求能够拥有多重职业和身份的多元化生活。在他们的名片或简历上关于职业的信息总是会使用到斜杠分隔开来，因此得名。

目前在我国，"斜杠人生"正逐渐上升为一种潮流，以青年群体为主，但并不局限于此。越来越多的人不单单满足于一份固定的工作，而是拥有很多份需要不同技能的工作，增加人生的可能性；同时，提升收入水平，享受更好的人生。

中国青年报社会调查中心的一项研究显示，超过半数的青年人认为自己身边存在着"斜杠青年"。这些人充满活力，能够高效地利用时间，充实地生活，具有榜样力量。

"斜杠青年"的普遍特点是具有执行力和保持终身学习的状态，他们或根据自身的兴趣进行再学习，将爱好转化成可以提供服务的技能；或根据就业市场的需求，提升最紧缺的技能。职业教育，特别是在线职业教育，对于这一人群的产生和发展具有明显的促进作用。

2.教育的演化——终身教育

职业教育是以就业为导向的，职业的变化必然带来教育理念、方法与形式的变迁。随着劳动者的职业生涯成为一个愈发动态的过程，他们既会面临劳动技能上的挑战，也会经历个人劳动角色的变迁。从这个角度看，职业教育也应该是一个持续累积的过程：在职业生涯发展的进程中，以灵活有效的方式满足劳动者在就业、转业、创业等方面提升技能的需求，而非是单次或者阶段性的行为。

职业教育"终身化"关系着能否充分利用劳动力资源，不断提升劳动者的劳动能力与产出率，是大势所趋。其背后的战略意义在于，随着我国人口结构逐渐变化，出生率趋低，而老龄化加速，劳动人口的年龄界限也会适当调整，持续的技能培养体系还涉及劳动力资源的储备。未来，不论是高校学生、职场人士、失业/待业者、农民务工群体，还是离退休人员、退伍军人等，都需要用贯穿一生的学习充实自己，完成更高的人生目标和价值。

职业教育"终身化"的趋势进一步助推了在线职业教育的发展，并且赋予其持续勃发的生命力。除了在线学习体系以外，我国的人才培养体系正在发生一系列的积极变革，包括政府在进一步地完善对实体职业教育的财政投入体制、不断扩大职业院校的办学自主权、鼓励行业龙头企业组建职业教育集团等。但是，体系的变化，再作用于人才培养结果的变化，是一个循序渐进的过程，需要时间积累的过程，并非立竿见影。而市场的需求往往等不得。因此，线上人才培养体系的发展既是过渡期的桥梁，也是未来重要的发展目标。

这也正是能够灵活响应市场变化、弥补学校教育与职业需求之间缺口的在线职业教育，在诸多不完美的情况下，一经兴起就增长迅速的原因，即承担起过渡和补充既有人才培养体系的责任。

3. 课堂的演化——在线学习

职业的演化带来了教育的变化。而教育的变化则是由诸如课堂形式、教学方式等若干具体模块的改变来实现的。网络课堂，正是顺应了"动态职业"和"终身教育"两大理念而衍生出来的新教育手段，是基于互联网的远程在线互动培训课堂。它以模拟真实的课堂场景，通过网络给学生提供有效的培训环境，是目前在线职业教育的主要方式之一。

网络课堂随时随地的便利性与高性价比能够迎合职业教育主要需求人群学习时间碎片化与教育支出敏感度高的特性，只要有网络，使用者可以在任何时间地点登录课堂进行学习；海量的内容可供自由选择，特别是以往由于地域或者门槛的限制，无法获得的名校名师资源也唾手可得，且线上课程的花费远远低于传统的线下培训。

随着技术的进步，网络课堂具有不断升级的潜质。

比如，在人工智能技术的支持下，网络课堂可以为用户量身定制课程组合；在大数据的支持下，根据用户的线上活动进行分析，主动推送其可能关注的学习内容等。使用者不再是传统的、建立在个人执行力基础上的单通道学习，而是被兴趣充分牵引着，在交互的过程中，完成定制化内容的学习。最终，达到所学与所需精准匹配的目的。

又如，缺乏实践与练习的机会常被视作是在线职业教育无法跨越的瓶颈。随着可视化虚拟仿真系统的发展与应用，在网络平台上进行实践操作，并以此来巩固学习成果已经成为可能。未来，通过技术优化等手段，其应用成本将越来越低廉，而应用范围必然越来越广阔。

依托技术革新与优化而不断演化的网络课堂，可以保持并提升使用者的学习兴趣，便于他们坚持和习惯养成，从而保障学习成果能够有效落地；还可以与使用者的个人所处环境紧密连接，将学习的初衷和意图融汇到学习的课程体系中，充分考虑由细微差别所带来的结果差异。网络课堂的这些发展，为在线职业教育体系不断提升教学质量与实用性奠定了基础，实实在在地惠及广大的使用者。

> 微视角
>
> 充分利用互联网技术及数字化工具，整合资源，促进职业教育的发展正在成为全球化的趋势。

四、在线职业教育的细分市场

在线职业教育的核心落脚于"在线"。因此，狭义上说，这个行业就是借助互联网平台，进行职业教育的远程授课，降低使用者的学习成本，提升优质教育资源的普及度。广义上说，以互联网为依托，通过创新、灵活、多变和有效的方式提供的、与职业技能有关的学习内容，都可以认为是在线职业教育。它始于线上，但并不局限于此。它还包括线上与线下的融合发展，例如，在线下搭建可联网互动的智慧教室，但是学习培训的内容仍然通过线上传递，这也是一种形式的在线职业教育。现代化在线职业教育指的是广义的行业定义。随着技术进步与迭代，新的形态和方式也会不断涌现。因此，这个行业在快速发展的同时，其内涵也将不断丰富。

在线职业教育市场的内涵本身是不断延展的，因此，并没有标准的市场细分准则。基于目前的行业发展现状，一般可以从两个角度进行市场的细分。

1. 从服务提供商维度切分

从提供在线职业教育服务主体的角度，可将市场分为两个板块，即官方与非官方平台市场。官方平台细分市场一般指以政府机构、公立学校等为依托，提供在线职业教育与培训服务。而非官方平台细分市场则指由各类培训机构、民办院校或互联网企业等第三方提供职业培训服务的市场板块。前者的优势在于直接拥有优质的基础教育资源，如师资、现成的课程体系等。后者的核心优势在于：在课程上，更注重对市场需求的主动响应；在技术上，不断优化与创新的动力更足。如图10-5所示。

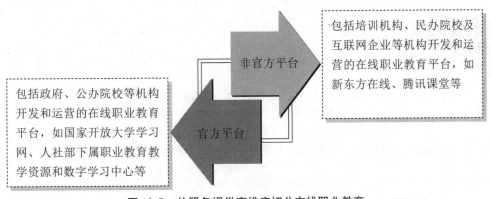

图10-5　从服务提供商维度切分在线职业教育

2.从服务模式维度切分

根据在线职业教育服务模式的差异进行细分,主要有B2C、B2B2C及MOOC三种。如图10-6所示。

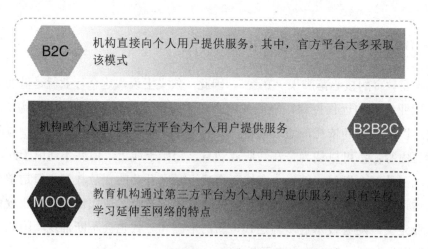

图10-6　从服务模式维度切分在线职业教育

(1) B2C。B2C指在线职业教育培训机构直接面向个人提供服务,其服务流程直接,内容也往往比较垂直,与机构的教育能力直接挂钩;面对的用户群体也相对固定。

(2) B2B2C。B2B2C则指在线职业教育培训机构及个人通过第三方平台,为个人用户提供服务,其核心特色在于教育内容的综合性强,可以在单一平台上提供多元化的选择;并且可以通过大数据的积累及其他技术手段,实现需求的精准匹配。

(3) MOOC。MOOC这种模式相对比较特殊,它源于高等教育中的大规模线上公开课,后来被逐渐被延伸至职业教育领域。从本质上,其运作模式与B2B2C类似,核心差异在于:在中间2B平台上入驻的机构为各类教育部核准的职业技术院校,带有官方认证属性,而非其他的商业培训机构或个人。

> **微视角**
>
> 相对而言,B2B2C模式能更具体地反映行业特征与差异化,因此,其应用也更加广泛。

B2C、B2B2C和MOOC三个细分市场各有特点,活跃的企业也有所差异。如图10-7所示。

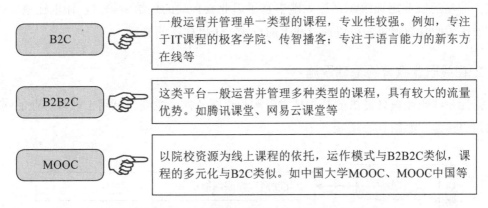

图10-7　B2C、B2B2C和MOOC三个细分市场的特点

整体上看，B2B2C的模式能够有效地整合资源，为用户提供丰富多元的选择，使用人群广泛；且以大型平台为依托，在大数据分析、技术优化等方面具有显著的优势。这块细分市场是中国在线职业教育市场的主要增长驱动力。

五、在线职业教育的行业结构

在线职业教育，是"互联网+"技术与职业教育融合的产物，因此，其行业生态结构与传统的职业教育相比，内涵更丰富，结构也更为复杂。除了职业教育机构与用户这两个供需主体以外，其最显著的特征是有大量互联网科技企业参与其中，为职业教育供需两个主体提供一系列的技术服务。以主流的B2B2C细分市场为例（由于商业模式的类似性，也包括了部分的MOOC市场），在线职业教育的行业生态图至少包含图10-8所示的五个参与主体。

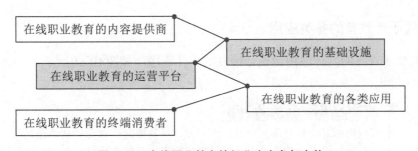

图10-8　在线职业教育的行业生态参与主体

1. 在线职业教育的内容提供商

指直接提供职业教育学习内容或服务的机构或个人，包括有学历认证的职业学校和非学历的职业培训机构与个体。其中，"在线"带来的最大变化是：第一，催生了很多新

型线上非学历职业培训组织,极大地丰富了职业教育端的供给;第二,让以往集中在大城市的优质职业教育资源可以通过线上的形式,予以广泛的普及。

2.在线职业教育的基础设施

指为在线职业教育提供的基本技术资源和存在条件,主要包括用于教育行业的网络、云和用户终端。如图10-9所示。

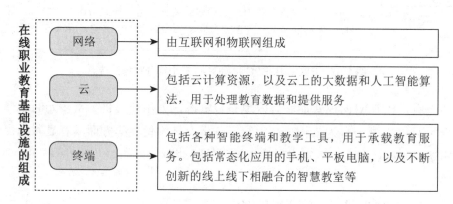

图10-9 在线职业教育基础设施的组成

3.在线职业教育的运营平台

指在基础设施的基础上,构建整个服务系统。一方面为在线职业教育内容的提供者提供包括内容承载和分发的平台、支付结算系统、在线教学和互动工具、学员与教务管理等在内的技术服务;另一方面为终端用户提供丰富的学习内容和方便的学习工具,打破时间和空间的限定。

4.在线职业教育的各类应用

指针对供求双方的具体应用而设计研发的软件程序,如图10-10所示。

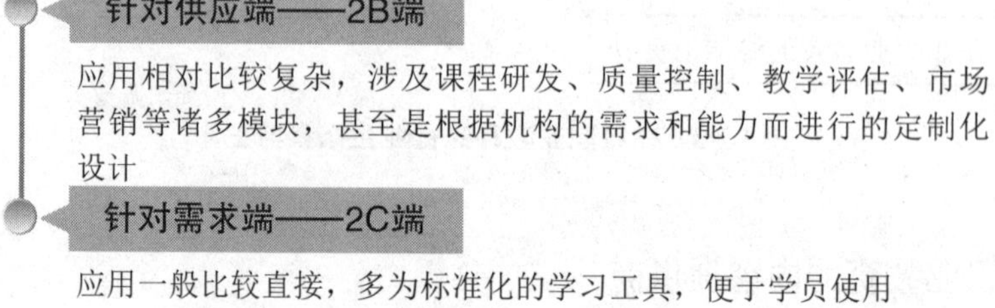

针对供应端——2B端
应用相对比较复杂,涉及课程研发、质量控制、教学评估、市场营销等诸多模块,甚至是根据机构的需求和能力而进行的定制化设计

针对需求端——2C端
应用一般比较直接,多为标准化的学习工具,便于学员使用

图10-10 在线职业教育各类应用的组成

5.在线职业教育的终端消费者

指使用在线职业教育内容或服务的最终消费者,包括在职与非在职的成人。其中,"在线"最大的影响是扩大了受众群体,以较低的费用、灵活的形式、针对性强的培训让大量在校学生与职场新人成为重要用户。

在基础设施、运营平台及各类应用领域里面活跃的互联网企业,作为桥梁,连接在线职业教育的供需双方,并且精准匹配需求,既是在线职业教育显著区别于传统职业教育的特点,也是B2B2C这种商业模式的成功要素。在这个中间环节里,既有如腾讯、网易、百度等全产业链的互联网企业,也有只专注于某一单一服务领域的平台。这些互联网企业本身快速发展、追求创新,持续地为在线职业教育市场注入活力。如下表所示。

不同类型的互联网企业

	全产业链互联网企业	单一型互联网企业
供需应用	如腾讯云等,为培训机构提供基于云的轻量化网校搭建和教学管理等SaaS应用	如云朵课堂、畅课等致力于教育行业的软件开发及技术支持,带动培训机构现代化、线上化发展
运营平台	如腾讯课堂平台,整合了腾讯QQ、支付、云、直播等多种业务能力用于职业教育服务	N.A.
基础设施	如腾讯云、百度云等提供的教育云行业方案	如青鹿、希沃等专注与以教育云为依托提升教育的交互性和智能性,打造"智慧课堂"

六、在线职业教育的个体应用

经济"智能化"的发展加快了知识与技能更新换代的速度,劳动者为了保持自身的竞争力,主动接受职业技能培训的意愿越来越强烈。而互联网技术让低成本、高效率的学习成为可能。支付能力或者学习时间上的局限都不再是阻碍劳动者追求持续职业技能提升的壁垒。"低成本""充分利用碎片化时间""应时应需的课程体系"与"不断优化的学习体验"是个人用户眼中在线职业教育的代名词。而"获得感"则是在线职业教育个人用户最真切的体验,融汇了实现个人价值最大化的成就感与生活不断进步的幸福感。

1. 在线职业教育个体用户画像

在线职业教育具有普惠性，使得学生、在职人员、失业人员、农民工群体等均能广泛受益。但是由于互联网、智能终端普及率、行业知晓率等主客观因素的影响，高校在校（18～22岁）与初入职场的年轻人（23～29岁）是目前在线职业教育使用最广泛、最活跃的群体。

（1）用户以城镇居民为主。受经济发展水平、科技要素需求度等客观条件的影响，互联网在城镇地区的普及率明显高于农村地区。此外，城乡在智能设备的渗透率、在线职业教育平台的知晓度等方面也差异显著。因此，目前在线职业教育的主要用户为城镇居民。未来，随着互联网及互联网技术的不断下沉，在线职业教育的用户群体仍将不断扩大。

（2）职场小白与学生一族是占比最高的用户。在线职业教育的用户根据年龄段进行细分，其中23～29岁的用户占比最大，达36%；18～22岁的学生一族，占比为29%。这两部分用户的显著特征为学生或尚未脱离学生属性，需要借助在线职业教育，实现从学校到职场的转化，提升自身的职场适应力与胜任力。另外，年龄段在30～39岁的职场骨干与年龄段在40岁及以上的职场人士，其占比分别为24%与11%。随着劳动者职业发展阶段的变迁，他们对职业培训的需求也相对"由刚转柔"。如图10-11所示。

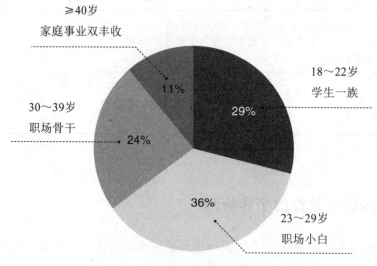

图10-11　在线职业教育用户年龄分布

（3）用户的个人状态与课程需求之间的关系。职业教育的强"就业属性"在用户对课程的需求和选择上充分体现出来。个人用户选择的在线职业教育课程与他们所处的工作生活状态密切相关。如图10-12所示。

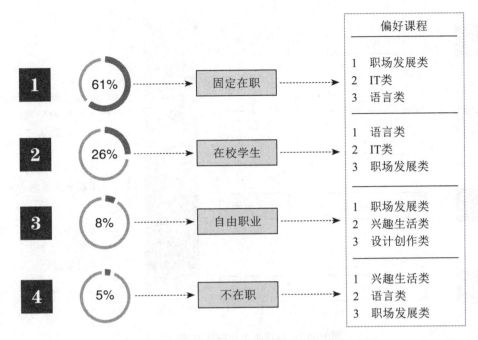

图10-12　在线职业教育用户的个人状态与参与课程

图示说明如下。

① 固定在职：此类人群对职场发展类的课程最为偏好，其次是IT类和语言类。在职人员希望充分利用在线职业教育的平台提升综合素养，从而增强自身在职场中的竞争力，争取更好的职业发展。

② 在校学生：学生群体仍然在接受系统的学校教育，在线职业教育平台的核心意义在于弥补短板，促进应用，助力从"学生"到"职场人"的角色转换。所以，语言类、IT类及职场能力提升类的课程最受欢迎。

③ 自由职业：这类人群需要通过在线职业教育，不断地充电，进行自我提升。例如，自由职业的程序员需要不断提升技能，稳固客户；自媒体运营者需要随着各类应用的进步而不断精进自身图片处理、视频剪辑等多方面能力等。所以，职场发展类、兴趣生活类、设计创作类均是需求量大的线上课程。

④ 不在职：不在职人群包括无业、退休、全职主妇等多种人群。偏好的课程包括兴趣生活类、语言类、职场发展类等。

（4）用户收入与在线需求的关系。相较于传统的职业教育，在线职业教育课程的性价比高，花费不再是阻碍劳动者持续学习的壁垒。目前来看，税后年收入为10万元以下的工薪阶层用户比例最高，占总体的60%；然后，依次为税后年收入在10万～30万的使用者，占25%；中产阶级及以上，税后年收入30万元以上的使用者占15%。如图10-13所示。

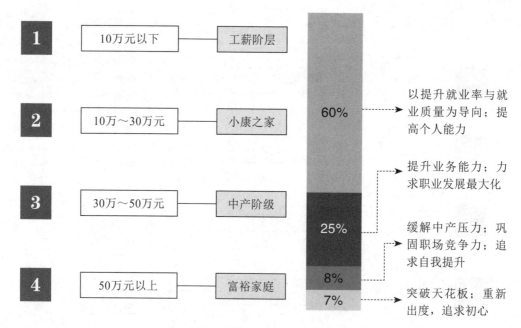

图10-13 用户收入与在线需求的关系

图示说明如下。

① 10万元以下:包括在校的学生、处于职场打拼初期的新人等。在线职业教育平台的课程费用低且选择丰富,支持他们为自己创造更好的经济条件和生活条件。

② 10万~30万元:基本上告别了职场的初级阶段,迈入部门主管的行列,并且力争在职场中"更上一层楼"。这部分人群向上需要对管理者负责,向下要助力职场新员工的成长,其学习时间更为碎片化。多元化的网络课程(如微课堂等),可以帮他们实现随时随地学习的愿望。

③ 30万~50万元:这部分典型的中产阶级承担起了职场领导者的角色,他们需要不断提升竞争力、强化自身的"不可替代性"。

④ 50万元以上:一般拥有较好的知识储备与社交资源,在线职业教育之于此类人群是扩充兴趣爱好、提升幸福感的媒介。虽然这部分人群的占比相对较低,但是却是教育终身化理念不断延展的体现。

2.个体用户选择在线职业教育的驱动力

个体用户选择进行在线职业教育的原因多种多样,与他们所处的职场阶段、个人知识结构组成、职业发展目标等因素息息相关。其中,与时俱进地保持学习状态、不断拓展知识结构是最具普遍性的原因。换言之,主动学习是在线职业教育用户的共性。而学习时间灵活可控、知识获取经济门槛低、课程内容多元且应用性强,是用户选择在线职业教育的根本驱动力,也是在线职业教育行业的生命力所在。如图10-14所示。

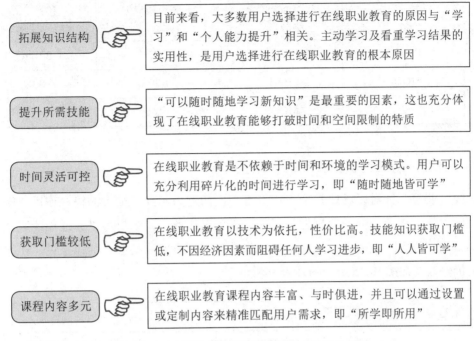

图10-14 个体用户选择进行在线职业教育的原因

3. 用户选择在线职业教育平台的偏好

大多数用户在接受职业教育时，偏好在线形式，成本投入低且不受地域和时间的约束。可以说，在线职业教育具有灵活性、多元化和经济性等特点。从在线职业教育的平台来看，可以分为以政府机构、公立院校等为主体的官方平台，和以企业、培训机构、民办院校等为主体的非官方平台。从相关统计数据来看，后者占据了市场主导地位。在不同类型的非官方平台中，B2B2C形式运营的平台领跑在线职业教育。

（1）非官方平台的使用量更大。不同于其他国家在线职业教育领域中官方平台更强势的现象，在中国，相较于官方在线职业教育平台，用户更偏好在可以提供更多元选择的非官方平台上进行在线职业教育。

（2）B2B2C平台领跑在线教育。相较于其他运营形式的在线职业教育平台，B2B2C平台一般具有以下优势：课程内容广泛，包括IT互联网、设计创作、语言留学、职业考证、兴趣生活等多方面课程，可以广泛匹配用户的多方面需求。这一类平台一般为大型的互联网企业主导，具有庞大用户基础、平台体量大、课程选择多等特点。

（3）不同年龄用户对平台的选择。不同年龄用户都对B2B2C平台表现出最强需求。除此之外，他们对其他运营模式的平台选择有着不同的偏好。如表10-1所示。

表 10-1　不同年龄用户对平台的选择

	18～22岁 学生一族	23～29岁 职场新人	30～39岁 骨干精英	40岁以上 家庭事业双丰收
1	B2B2C	B2B2C	B2B2C	B2B2C
2	MOOC	B2C	B2C	B2C
3	B2C	MOOC	政府部门组织办学	政府部门组织办学

4.个体用户对在线职业教育的价值感知

在线职业教育针对职场或是个人在方方面面的能力起到了很大的提升作用，能不断充实生活、快速提升技能、挖掘擅长能力、提升工作效率。用户可以通过在线职业教育丰富知识面、提升个人能力，进而提升工作效率、增添就业机会。具体来说，在线职业教育的价值体现在图10-15所示的几个方面。

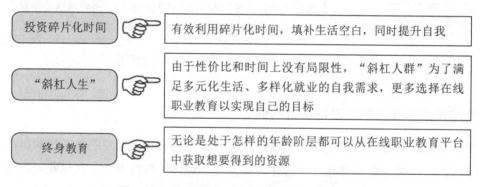

图10-15　在线职业教育对个体用户的价值体现

通过在线职业教育平台这一媒介，各个年龄阶层的用户都可以投资自己的碎片化时间以得到自我升华：年轻人可以通过线上学习更好地抓住发展机会；中年人可以通过线上学习提高能力、稳固并提升社会地位；退休的健康老年人通过线上学习也可以效仿年轻人做一个"斜杠老人"，选择自己的方式创造社会价值。

七、在线职业教育的企业应用

除了个人用户以外，企业用户也意识到在线职业教育在人才培养过程中的便利性与实用性。目前，使用最活跃的行业用户分别是IT类和贸易类企业。对于企业用户而言，通过在线职业教育平台，提升员工针对工作的胜任力及员工个体的综合职业素养几乎同等重要。

1. 在线职业教育企业用户画像

整体上看,一个行业所需的技术和职场技能迭代的速度越快,这个行业里面的企业对在线职业教育的需求度越高,即需要员工不断提升和刷新知识技能水平,与行业发展同步。

(1)企业用户以IT和贸易行业为主。在线职业教育的企业用户按照所属行业进行细分,依次为IT企业、贸易企业、制造业、金融和教育企业。

> **微视角**
>
> 企业需要利用在线职业教育灵活的形式、与时俱进的学习内容为自己的员工充电,共同应对市场的变化。

(2)企业用户大多采用线上线下相结合方式。在使用线上培训的企业中,仅有少数企业只使用在线职业教育作为员工培训的形式。大多数企业都是采用线上线下有机结合的形式。

2. 企业用户参与在线职业教育的原因

由于在线职业教育的成本、使用模式具有很大的优势,在有限的成本投入下,员工可以通过在线职业教育平台充分利用碎片化时间,广泛获取各渠道资源进行技能提升从而增强整个企业的竞争力。因此,在线职业教育已经逐渐成为企业员工培训的重要组成部分。

具体来说,企业使用在线职业教育的主要驱动力如图10-16所示。

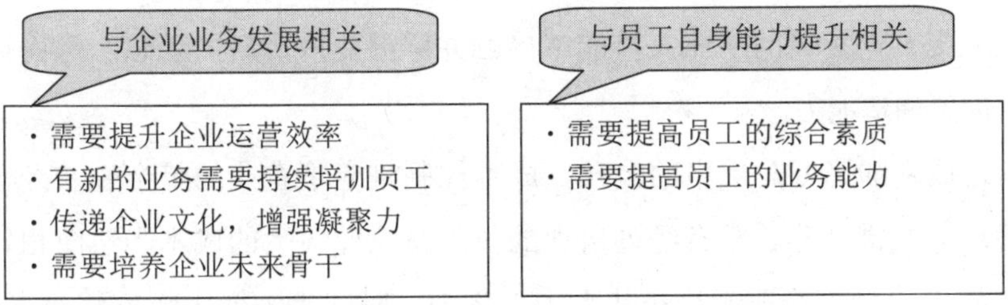

与企业业务发展相关
- 需要提升企业运营效率
- 有新的业务需要持续培训员工
- 传递企业文化,增强凝聚力
- 需要培养企业未来骨干

与员工自身能力提升相关
- 需要提高员工的综合素质
- 需要提高员工的业务能力

图10-16 企业使用在线职业教育的主要驱动力

> **微视角**
>
> 由于在线职业教育的局限性,目前来看,企业还无法仅通过在线平台满足对员工培训层面的全部诉求。但随着VR等更多科技的发展与普及,未来线上培训将会更好地融入到企业的员工培训体系中。

3.企业用户选择在线职业教育平台的偏好

在采取互联网的方式辅助企业员工培训的企业中,大部分企业更加偏好借助第三方力量来运作企业内部的在线职业教育。其中,有些企业会选择外包搭建内部培训平台,根据其具体需求选择或定制相应的培训资源;也有企业会选择购买平台使用权限让员工可以直接在平台上进行学习。

员工培训是企业的一种投资行为,也要和其他的投资行为一样从投入产出的角度考虑效益问题。对企业,尤其是中小微型企业,与第三方合作可以有效降低员工培训的成本投入,同时可以广泛吸收优质资源和紧跟行业发展的步伐,大大提高了员工培训的内容深度与广度,是一笔十分划算的"智力投资"。

相关数据显示,在企业选择合作的第三方平台中,B2B2C平台是最主要的合作伙伴,占到了总量的40%。B2B2C平台是集内容变现与价值聚合为一体的开放型教育媒介,体量相对较大,集合多元化垂直领域、单领域的终身化发展内容,可以为企业员工培训提供全方位的支持,满足不同企业的多样化需求。

4.企业用户对在线职业教育的价值感知

从在线职业教育的价值体现的效果来看,企业认为参与在线职业教育对员工的基础技能、员工与企业运作的充分吻合和员工的综合素质提升等方面帮助更大。

(1)企业市场竞争力的提升。当前国内市场中,大多行业的中小微企业数量庞大,这些企业的主要职责在于稳固市场运行而非推陈出新。在线职业教育会使得行业内知识的扁平化大幅提升,更多的从业人员能够接触并掌握业内最新的动态,进而提升行业的整体水平与创新创造能力。

(2)运营成本的降低与效率的提升。成本控制贯穿于企业的整个生产经营流程,是企业财务管理的关键部分。没有经过培训的员工是企业最大的成本,然而相较于传统的线下培训,线上的员工培训无论是从人力、物力、时间等方面大幅度缩小了相应成本,也同时提升了企业整体的运营效率。

八、在线职业教育的发展趋势

在线职业教育突破了以往的一些不可能,利用数字技术来重新搭建职业教育的学习过程。未来,在线职业教育呈现图10-17所示的发展趋势。

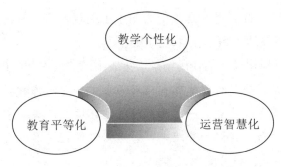

图10-17　在线职业教育的发展趋势

1. 教学个性化

教育的最高境界莫过于"因材施教"。根据每一个人的特点与需求，提供定制化的学习内容与服务，从而最大化地培养人才，发挥他们的专长。这点在常规教育体制中，受到许多客观因素的制约，很难实现。

比如，教师资源，特别是优质教师资源，相对于生源远远不足，更不用提个性化教学了。

但是，随着大数据与人工智能技术的进步，这些壁垒正在被逐渐突破，让教学个性化这个目标逐渐从理论变成现实。

比如，教育培训机构现在可以将AI图像识别、情绪识别等智能技术应用到教学中，通过捕捉学生的细微表情等类似的举措来研究他们的学习行为，如对教学内容的兴趣度、对不同板块内容的理解度、积极参与思考的程度等。然后根据这些个性化的信息反馈，对教学内容、互动方式等进行针对性地改进。

对终端用户而言，技术也能为他们提供更高效、个性化的学习方案。

比如，通过大数据的分析，使用者将在系统中形成用户画像，课程可以从初始推动阶段就实现个性化；在语言学习过程中，AI图像和语音识别技术的综合运用可以帮助使用者纠正发音、检测知识盲点等。

总而言之，技术正在全方位地弥补教育资源的不足与不均，让"千人千面，因材施教"落到实处。

2. 运营智慧化

数字技术除了能在教学上发挥作用以外，还能通过教育培训机构的全面"上线"，实现基于大数据的智慧化、集约型的管理运营模式。从而保障机构始终处于"流程不断优化、效率不断提升"的良性动态机制中。

具体来看，教育培训机构的运营管理由若干环节组成，例如，资源规划与管理、学员信息系统等。云计算技术，为各个应用环节的对接和数据交互提供了条件，实现扁平化管理。这一点对于缺乏IT资源和运维能力的中小型教育培训机构尤为重要,这类机构几乎可以通过使用云直接迈入数字化管理的新纪元。

在云之上,还可以根据具体的使用场景,集成不同的技术与应用。

比如,在线上与线下融合的智慧教室应用场景中,可以将物联网、直播和微信平台与教育培训机构的管理系统集成。一方面,对教室环境、设备、学习内容等进行集中管理,优化成本;另一方面,在机构管理者、老师、学员之间形成有效的沟通机制,例如移动化的师生管理系统等,提升管理效率。

技术让机构的运营越来越充满智慧,赋予了规模不同、资源迥异的职业教育培训机构同等的发展机遇。

3. 教育平等化

"确保包容和公平的优质教育,让全民终身享有学习机会"是《联合国2030年可持续发展议程》中要实现的17个可持续发展目标之一。我国也历来重视教育的公平公正。可以说,在提升教育平等化及普及性方面,在线职业教育已经迈出了坚实的一步。未来,科技的促进作用将远超想象。近几年,科技的迅速发展对于教育平等化的发展已经起到了至关重要的作用,全球虚拟机的出现、低时延的网络互联能力以及音频技术的提升,使得更多用户可以通过互联网随时随地、无障碍地获取优质的教育资源。

在线上平台上,尤其是传统的教育较难触达的群体,数十万人同时参与线上学习,数万节直播课程同步进行,几乎感受不到任何的卡顿。与此同时,在线课堂也给更多人创造了人生"再出发"的可能。

比如,将在线职业教育与乡村公益项目相结合,让贫困地区的人们可以掌握立足社会的职业技能,通过自己的双手实现脱贫;有身体障碍的人也可以通过互联网学习编程、设计、语言等实用性职业课程的学习,实现就业,并且充分融入社会。

 相关链接

在线职业教育面临的挑战

自2014年正式上线以来,中国的在线职业教育市场快速增长,量级不断提升,交出了一份亮眼的行业发展成绩单。但是,如果纵观整个行业的发展周期,中国的在线职业教育市场仍然处于发展的初期阶段,距离充分发挥其商业及社会价值、行之有效地践行"就业教育"的目标还存在着较大的提升空间。具体来看,在线职业教育在发展过程中还需突破以下几大壁垒。

1. 对在线职业教育的认知认可度不足

中国职业教育的发展在一段时期以内受到了忽视。2012年随着人口红利拐点的到来，职业教育的重要性才逐步显现。但是，社会氛围对包括在线职业教育在内的职业教育及其培训成果的认知认可度普遍不足，仍需进一步的提升。

有关调研结果显示，无论是2C端的个人用户，还是2B端的企业用户及用人单位，都表示出"认同目前在线职业教育及其培训成果的社会公信力不足"的现状。这种"不足"体现在求职市场的供需两端分别是：求职者发现在面试过程中，简历上在线职业教育的经历及完成的培训技能，很难为自己增光添彩或让用人单位信服；而用人单位在招聘、晋升等核心环节很少会重视候选人在线学习的经历与取得的成果。如果深究在线职业教育及其培训成果社会认知认可度低的原因，主要有二：其一，学历至上的传统观念仍然需要时间去改变，很难一蹴而就；其二，现阶段在线职业教育市场的参与者众多，鱼龙混杂，不同平台的课程质量参差不齐，以至于用户难以对教育的作用和价值做出正确的判断。

整体上看，在线职业教育从"职业教育"到"就业教育"的通路仍然没有完全打开，是其未来发展需要突破的壁垒之一。在这个过程中，既需要行业自身的不断完善，也需要政府的支持与合理引导，上下游机构的密切配合等，任重而道远。

2. 在线职业教育的社会价值没有充分被释放

在线职业教育仍然属于教育的范畴，这个行业在其商业价值以外，还存在着广泛的社会价值。例如，在线职业教育平台有多元化的教育资源，信息传播和技能培训不受空间和地域的限制，并且与实体的职业教育相比，成本投入更低。这些特点，让在线职业教育高度契合包括就业/再就业培训、技能扶贫等在内的民生工程的需求。而目前在线职业教育平台的运营模式相对比较固化，主要面向2C（个体）和2B（企业）客户群体。政府项目的参与度低，且合作的活力不足，导致在线职业教育整个行业的社会价值没有被充分利用。

2018年10月，人力资源和社会保障部与财政部联合推出了《关于全面推行企业新型学徒制的意见》，旨在打造政府拨款推动、企业加大投入、培训机构积极参与、劳动者踊跃参加的职业技能培训新格局。这是来自政府层面积极探索的信号。

未来，进一步激活政企合作，让在线职业教育为民生工程服务、为技术发展服务是在线职业教育行业发展需要突破的壁垒之二。在这个过程中，需要政府进一步开放合作空间，平台端不断提升课程质量与应用型。

3. 在线职业教育的生态圈没有被激活，与上下游机构合作不紧密

在线职业教育目前主流的运营模式是通过平台对接个人或企业用户，在这个过程中，在线职业教育平台与上下游机构的合作相对松散，没有充分激发出整个行业生态圈的活力。

以在线职业教育行业下游的企业为例，参与调研的企业用户普遍认为平台应该加强与企业的合作，创新发展模式，包括定制化服务、线上线下相结合及企业品牌认证等。

如何创新发展模式，深化与上下游机构的合作，是在线职业教育行业发展需要突破的壁垒之三。毕竟，只有在线职业教育行业的整体生态圈更活跃，在线职业教育行业才能更具活力地发展。

4. 课程质量参差不齐，缺乏对优质教育内容有效的激励和保护

由于处于发展的初期阶段，中国在线职业教育市场的配套机制尚不完善，造成了行业入门门槛低，参与者众多，课程质量参差不齐，"同质化"凸显等问题。对于用户而言，过多表面上千差万别、实则大同小异的选择让他们难以甄别。大多数用户只能通过参考课程的参与人数、其他用户的主观评价（口碑）等指标，作为课程选择的标准。然而，这种仅仅依靠"互联网流量"的判断方式，缺失了教育的专业性，并且容易受到营销手段的影响，往往会导致用户获得的教育内容并不适合，影响使用体验，妨碍学习效果，并最终影响到整个在线职业教育行业的口碑。

而对于市场的参与者而言，无序的竞争往往让有潜力、有质量保障且有创新意愿的企业疲于应付市场困局，难以在技术进步、教育产品内容研发等核心领域长期发力。最典型的市场现象便是：由于内容复制成本低，盗版现象仍然存在。

原创平台的优质资源，包括课程设计、内容和形式等方面都可以被快速复制，重新打包，在别的平台上线。短期内，对原创平台形成巨大的商业冲击。长期来看，必然削弱平台创新的积极性与投入能力。

在目前的行业环境下，政策监管力度和技术水平无法充分打击复制和盗版的行为，削弱了品质平台内容创新的积极性，进而影响了高质量内容的出现。"劣币驱逐良币"的风险是在线职业教育行业在发展中，需要突破的壁垒之四。

【案例一】▶▶▶

腾讯课堂助推在线职教机构新升级

腾讯课堂是腾讯推出的在线职业教育平台，聚合了优质教育机构和教师的海量课程资源。作为开放式的平台,腾讯课堂帮助线下教育机构入驻,共同探索在线教育新模式。目前,腾讯课堂在架课程不仅覆盖IT互联网、设计创作、电商营销、职业考证等热点类目,还包括升学考试、语言留学、兴趣生活、文艺修养等课程。

热门培训						
IT·互联网	设计·创作	电商·营销	职业·考证	升学·考研	兴趣·生活	语言·留学

科技让教育工具、教学、管理方式产生巨大改变,未来的在线职业教育会朝着教学个性化、运营智慧化、教育公平化的方向发展。腾讯课堂已成为一体化在线教育平台,通过流量资源整合一体化、运营、教学、教务管理一体化,机构生态赋能一体化三方面的优势,全方位助力机构打造课程生态。

1. 打造六大能力,为入驻机构提供一体化支持

腾讯课堂定位就是职业教育,针对18岁到35岁的年轻人找到合适的课程。腾讯课堂不仅仅只是提供一个在线教育交易平台,而是提供从在线教育机构需要电商方面的工具、到在线学习、到教务管理等所有工具在平台上一体化的闭环。

目前,腾讯课堂通过小程序矩阵、营销工具、咨询工具、AI应用和个性化推荐、音视频优化、知识版权保护六大核心能力,为入驻机构提供一体化在线教学工具和运营支持,包括流量、销转、教辅等支持。

流量支持方面,腾讯课堂为入驻机构提供腾讯系流量支持,实行联合投放政策,帮助机构搭建小程序矩阵等,助力机构精准投放流量,进行流量拓展。营销转化方面,腾讯课堂为机构提供分销、裂变、拼团、预售等营销转化工具,"课堂企点"等咨询工具、CRM用户管理系统等,助力机构提高课程变现能力。教辅支持方面,腾讯课堂为入驻机构提供流畅的直播工具、直播与录播课程类型、作业与考试系统等。

腾讯课堂结合腾讯云的技术体系进行联动,投入了非常大的资源,能够在各种网络环境下,保持视频直播等课程稳定流畅的体验。同时,在尊重用户隐私的情况下,腾讯课堂通过设置统一的账号体系,帮助机构把所有的数据用户进行统一化、标识化,从而提升运营效率。另外,腾讯课堂还配套了一些闯关式的学习,让机构更加灵活有效地组织自己学员的学习;通过完善的大数据系统实现课程智能推荐、自适应和千人千面能力,助力机构精准触达目标用户。

除了教学工具与运营支持外,腾讯课堂还为入驻机构提供全方位的知识服务,如线下提供沙龙经验分享,线上提供公众号社群分享,运营文档和线上课程等支持,以及类目经理1对1运营支持等。同时,腾讯课堂通过加密存储和法律保护等手段,对机构伙伴的课程内容进行知识产权保护。

在整体上，腾讯课堂做的一件事就是把整个基础架构和建设做到极致，不仅仅只是一个最简单的连接，而是在连接之上，帮助机构不管是在运营效率方面还是在教学效率方面可以提升的领域都做到极致。让平台上的机构不再需要花那么多的精力和时间投入到基础工具或者是运营工具等的开发上，而是能够把更多的时间投入到正式的教学体验、教学内容和教学服务上面。

2. 推出101计划，投入10亿孵化优质职教机构

腾讯课堂于2019年1月在2019年度峰会上发布了"101计划"，希望和业内最头部101家机构进行深入合作，腾讯课堂会投入10个亿左右的资源，推动这些机构快速的发展，对进入"101计划"的机构进行包括流量挖掘、腾讯系产品、内容等资源、课堂生态建设，以及课堂专业顾问服务等全方位扶持，助力机构成长升级。除了工具和运营层面的支持外，腾讯也将依托内部的技术能力和实操经验来帮助机构生产更有效的内容，并把主要着力点放在IT和编程领域。

据了解，至2019年10月，腾讯课堂"101计划"新增机构22家，营收同比增长69.3%。累计培养月营收破百万机构43家。

3. 学员可申请售后仲裁，违规机构将被下架清退

腾讯课堂平台上，所有的课程是经过审核之后才能上线。2019年3月，腾讯课堂推出了"学员无忧计划"，设立违规扣分、课程AB类惩罚和仲裁机制三大措施。对有违规行为的机构，腾讯课堂将采取课程下架、机构清退等惩处手段，为学员打造良好的学习环境。

2019年年初开始，腾讯课堂还推出了仲裁机制，学员可以针对课程质量、教学水平等维度进行举证申请售后、仲裁。平台也设置了仲裁的一套流程，机构和学员之间会有7天到14天的时间来协商是否能达成一致，如不能达成一致，则通过平台介入来判定纠纷责任。如果判定学员的诉求合情合理，平台会要求机构按照一定的比例或是全额退款，以此来进一步保障学员利益。

【案例二】

新技术赋能尚德机构探索见成效

自从全面转型为互联网教育、率先建立起国内领先的在线直播学习模式后，尚德机构拥抱新科技并使之为教育赋能。2019年，尚德机构更是在"AI+教育"方面发力，先后推出了自主研发的督学机器人、AI检测系统、人脸识别电子合同系统等，在保障学员权益、为学员创造价值方面结出累累硕果。

2019年4月，尚德机构自主研发的督学机器人上线，通过电话的方式督促学生上课，有利于解决成人用户学习时间少、容易产生惰性的问题。目前，机器人可有效代替班主任30%的机械性工作。

AI督学机器人从2018年底开始研发，2019年3月投入试用。经过一个月的真实场景深度学习，已能满足基本督学需求，并可针对学生的提问自主回答。尚德机构有关负责人表示，目前AI机器人主要应用于开班课前，通过电话的方式督促学生上课。开学"第一课"会介绍完整课程，针对自考做详细讲解以及如何根据自身情况安排考试等。根据大数据统计，上好"第一课"的学生出勤率更高，通过率也更高。

2019年以来，为进一步实施内部管理规范、保障学员利益，尚德机构出台多项措施提升用户服务水平，包括电话AI筛查、报名人脸识别、全程可追溯体系、信息发布规范等，人工智能在这其中扮演了重要角色。

在规范咨询解答方面，尚德机构将所有拨打给学员的电话都纳入自主研发的系统中，由产研团队搭建起AI检测系统，每一次通话都会经过AI筛查。发现敏感词时，转由人工二次核查确定，一旦发现违规将给予处罚。若问题触及了零容忍线，相关责任人还将被开除，并列入黑名单，未来还将向行业内通报，以提升震慑力。

在报名流程方面，2019年7月，尚德机构与北京数字认证股份有限公司达成合作，由后者为尚德机构提供完整的电子合同解决方案，将人脸识别、电子签名等功能应用于学员报名流程中。经过3个月的研发和必要调试，2019年11月4日，员工版电子合同系统率先上线。上述负责人介绍，员工端应用电子合同，可以很好地解决员工地域分散、雇员流动性高、风控能力弱等传统纸质劳动合同签署面临的各种痛点，为推行行业黑名单制度打下基础，将有助于净化行业环境。

而学员端应用人脸识别电子合同，在签署前协商、签署中认证、签署后管理的过程均会留痕，最终会形成完整的证据链，信息全部由第三方储存管理，不存在泄密可能。此举可有效证明报名流程的真实性，有利于保障尚德机构每年服务的数十万学员的权益。经过灰度测试后，这一新举措于2020年一季度应用于学员报名中。上述负责人表示，电子合同在给企业带来明显降本增效价值的同时，也成为企业数字化转型的基础能力，进一步强化了企业的数据安全和合规风控能力。

依托技术支持尚德机构2019年在免费学项目方面也取得了更大的进展。一直以来，先付费、再学习成为成人教育行业通行的惯例，造成机构与用户之间信息的不对称。尚德机构在2018年推出"公共课免费学"的基础上，2019年一季度推出了力度更大的"免费学"项目，涉及证书类、自考公共课、管理类联考课程、硕士研究生考试课程、通识博雅类小课和职场辅助、生活服务类课程等，让用户提前体验在线学习产品，帮助他们更加理性地进行选择。

免费学项目推出不久，尚德机构为其建立了新App——尚德机构极速版，用户可在上面自由选择课程免费进行学习。据了解，极速版App体量更轻巧，方便用户下载。从年龄上看，尚德机构学员主要集中在18岁至38岁区间内，90后学员占比最高，女性学员占比高达70%。如今，尚德机构极速版App已成为免费学项目的重要渠道。

除此，尚德机构2019年还推出多款职业资格证书免费学小程序，满足成人学员碎片化学习需要，以提高学习效率。2019年4月，涉及教师资格证、MBA和会计从业资格证等多门课程的免费学小程序上线。2019年5月，尚德机构小程序"上课去尚德"迎来更新，除了近代史、古代汉语、当代文学等考试科目免费学外，还增加了改善职业形象、职业生涯规划、平衡职场生活等免费课程，目标受众定位为职场新人以及希望提升职业能力的职场人。

据介绍，过去尚德机构App针对付费学员提供学习服务，非付费用户下载并不多。免费学项目推出后，尚德机构会推荐用户优先体验免费学项目，在学员对自身学习能力和尚德机构服务能力有了初步认知后，再决定是否报名。

据了解，在线教育行业是典型的产业互联网行业，需要经历线上化、数字化、智能化三个阶段，价值链条非常长。目前，尚德机构已把所有线下逻辑搬到线上，完成了几十个服务平台的搭建，形成了真正的线上化。此外还搭建了自己的数据中心，打通了底层数据逻辑。在智能化方面，尚德机构拥有自己的"三师"体系：讲师负责教学工作，班主任负责督学工作，AI老师负责辅学工作。

通过这些探索，尚德机构深深体会到在线教育下半场给成人教育带来的益处。比如有了在线化，尚德机构保证了几百位互相之间并不熟识的老师，可以在高度复杂的环境中高效工作，而且保证工作的质量以及衔接的有效性。有了智能化，AI会做开课通知、缺课提醒和未做作业的提醒等，节约了老师的大量时间；而机器人做的事情，往往比人更稳定、更高效；省下时间的老师们，可以去做更多和情感、人文相关的事……

对此，尚德机构有关负责人表示，目前互联网已从上半场切换到下半场，这是增长模式和增长动力的切换，下半场靠的是如何能够释放供给侧的能力，如果企业能够做到线上化、数字化、智能化，就将获得体系化的效率提升和系统化的创新迭代，而这两种能力，是在下半场去释放供给侧的能力，它可以让一个企业走得更远。

【案例三】▶▶▶

爱华教育精心打造定制化的一体式服务

作为职业教育行业的领军企业，爱华教育在教育+科技领域持续发力。2020年，爱华教育将汇聚更多的教育精英和顶端人才，在人工智能、大数据等技术上加大投入，让科技创新为教育赋能，适应教与学，促进教学发展。

爱华学堂App是爱华教育学员学习、上课、刷题及师生互动的互联网+AI教育模式科技平台及网络教育课程平台。依托AI技术与大数据，爱华教育精心打造，为学员提供高度定制化的一体式服务和优质的学习体验，以人为本，重构学生、教师、学校以及学习内容之间的关系。

在线课堂，学习随时随地

学员通过爱华学堂App中的在线课堂进行直播课或录播课的课程学习，高清直播的编码技术继续提升，课堂互动手段更加丰富，学员随时可使用手中设备进行学习。在可以保证教学效果的前提下，能够打破地域的限制，合理利用碎片化时间，提高学习效率，促进教育资源公平分布的在线教学明显比线下面授更具优势。

据统计，经常使用爱华学堂App的学员平均满意度更高。较高的学员满意度背后，是爱华教育对人工智能等技术不遗余力的投入和高度重视。

督学提醒，激发学员积极性

爱华学堂App督学及沉睡激活体系，及时推送考试消息、课程通知，学员可清晰掌握考试学习安排，鼓励学员学习，学习不再是一个人苦苦坚持的事情。

习题丰富，学习事半功倍

多样化的题型训练、刷题模式、错题记录、难题收藏和详细的习题解析是巩固学习的最佳方式，学习效果事半功倍。

超级课表，匹配个性化需求

针对学员个性标签具备识别和匹配能力，从而推荐更科学的教学方案，实现学员教育的个性化。学员独家学习进度表，实时了解当日课程上课信息；一键智能查询不同专业下每个科目的上课时间和出勤状态，对于漏上的课程一目了然。

实时记录学习路径，让学习成为习惯

此外，依托AI深度学习技术，爱华学堂App能"自适应"学习场景，记录了学员每天的学习时长、出勤天数、学习天数等学习状态，实现与学员学习的同步"进化"，为学员提供更具个性化的学习路径，让学员坚持学习的每一天都会有收获。

【案例四】▶▶

东方教育联合快手升级在线职业教育服务

2020年2月，面对突如其来的新冠肺炎疫情，中国东方教育与快手强强联手，通过基建升级、运营升级、营销进阶等多维驱动，快速提升其旗下六大子品牌（新东方烹饪教育、新华电脑教育、万通汽车教育、欧米奇西点西餐教育、美味学院、华信智原）在线教育服务，为教育行业树立了极具参考价值的逆势突围标杆。

基建升级，大众市场对在线教育接受度大幅提高

作为职业教育行业的龙头企业，中国东方教育已经和快手合作了两年多的时间。凭借强大的内容体系和雄厚的师资力量，中国东方教育借助快手短视频+直播功能，完成了与用户的高频互动，带给客户沉浸式体验，实现了线上的精准获客。

数据显示，中国东方教育旗下六大子品牌，在快手官方账号视频播放量近50亿，流量沉淀超2000万。面对疫情，中国东方教育与快手的合作继续加码，推出了多门直播公开课，特邀体系内名师免费讲解，暖心响应"停课不停学"。在得到用户好评的同时，也帮助东方教育沉淀了私域流量。

"准备整版的豆腐,在它的表面雕上龙的造型。既考验你的美术功底,又要求坚持和毅力"。把常见的豆腐,秒变成了艺术品,一切凡物在老师的刀工下,都能在眨眼间变成"吃不起"的样子。从行政总厨到坐拥600万快手粉丝的网络红人,可能他自己都没意识到,自己的直播间俨然已经成为厦门新东方烹饪学校一道亮丽的风景线。

"这就是快手直播的魅力,仿佛亲临现场学习,解决了线下教学不便的问题。"中国东方教育相关负责人表示,"这场疫情,也给很多原来没体验过在线教育服务的人提供了很好的机会。疫情之下,非一线城市用户对线上教育的认知和接受度大大提高。未来,我们也希望通过线上线下结合的方式,提升教学效率,给用户带来更优质的学习体验。"

运营升级,"硬实力、硬技能"内容受老铁欢迎

一台电脑,一根网线,一节课程,通过互联网的传播,数亿用户可以足不出户,通过手机收获知识。为了让更多宅家的用户享受知识的便利,2020年2月1日,快手侧边栏上线了"停课不停学"(后更名为"在家学习")专栏,这是一个春晚级别的流量入口,可以为入驻的在线教育内容提供总共达50亿的额外曝光。据了解,"在家学习"与学而思轻课、新东方、跟谁学、VIPKID、尚德教育、猿辅导、作业帮等200余家教育企业合作,免费推出包括K12、学前、职教等教育内容。

中国东方教育旗下六大子品牌正是职业教育板块的重要组成部分。相关报告数据显示,快手受众往往对拥有"硬实力、硬技能"的内容非常感兴趣。

在课程设计上,中国东方教育也总结了一套符合快手用户口味的"定制大餐"。与快手合作的厨艺、电竞、动漫、汽车改装等课程内容均广受欢迎,这类内容有一定的技术门槛,通过专业的老师直播展示,很容易得到学员的认可。对此,中国东方教育认为,投入过多的精力在社交内容创意上不如直接展示极具品牌特点的"硬技能",这也是职业教育的魅力所在。

以郑州新东方烹饪学校为例,区域快手官方账号至今已沉淀近35万粉丝。精准覆盖受疫情影响居家的粉丝,教学各类美味菜品制作等"硬技能",平均单条视频播放量超1万以上。一支简单的酒瓶在指尖翻舞,眨眼间就能挑动直播间粉丝大咽口水。郑州新东方烹饪学校专业调酒师在直播"调酒"教学中,从"基本功"到"炫技"均不吝分享,直面展示了品牌务实教育与真诚服务的属性,得到了快手粉丝的高度认同。

营销进阶，普惠价值+磁力矩阵助力教育机构长效营销

对于教育机构来说，疫情来得突然。一方面，短时间内大量涌入的新增用户让获客成本巨高不下的教育机构看到了机遇。面对强大的流量红利，如何接好这场"流量雨"，实现用户高效转化和沉淀，成为亟待解决的关键问题。

值得一提的是，快手更为普惠的流量分配体系能让教育机构更快地积累用户，沉淀私域流量。再加上"磁力矩阵"的产品整合加码，能帮助教育机构更便利地沉淀销售线索，提高运营效率。高品质的内容、高密度的互动、陪伴性的社交关系，在教育生态里直接体现为高转化率、高完课率、高复购率和低获客成本。据了解，快手还通过AI算法搭建私域和公域两种流量之间的桥梁，以便让教育机构在快手生态里更好地创造价值。

快手多元化、场景化的内容生态，有温度、有信任的社交用户生态，再加上快手磁力矩阵的产品能力和强大的中台能力，无疑将成为教育机构在这一波发展契机中的最佳合作伙伴，助力其在激烈的竞争中逆势突围。

第十一章
在线语言教育

导言

在线语言学习作为外语学习的一种趋势,丰富了学生对教师、课程、时空的选择,这种不同于传统授课模式的学习方式受到大家的广泛关注。作为最成熟的在线教育市场板块之一,在线语言教育也是创业和投资的热门领域。

一、在线语言教育的概念

语言教育泛指任何语言的教导行为与学习行为。其内容涵盖文字、语音、语法、听力、会话、阅读与写作等。

在线语言教育泛指"以互联网为载体进行的语言类教学与学习行为",与传统线下英语教育一致,涵盖文字、语音、语法、听力、会话、阅读与写作等内容,外语类在线学习占据目前市场的主要板块。

资讯平台

在线语言教育包括了多种语言,如我们熟悉的汉语、英语,还有韩语、日语、西班牙语等,而其中最受欢迎的、市场最大的则是英语。

英语之所以成为在线语言培训的主流语种,也跟当前的世界环境有关,英语是国际通用语言,在世界范围内使用广泛。同时,我国也把英语作为了应试教育中一门重要的学科,尤其是在K12教育阶段,英语成绩的好坏还会影响到学生的升学。到了大学,还有英语等级考试,出国留学还需要考雅思、托福等,就业后还有相应的职业英语、商务英语等,可以说英语学习伴随了一个中国学生的整个学生生涯,因此我国的外语类语言教育以英语为主。

不过，在语言教育当中，汉语也拥有一定的用户群，主要以学生、海外留学生为主。而日语、韩语等语种的用户人群也比较集中，不少人学习日、韩语是出于兴趣、旅游等的需要。

二、在线语言教育的形式

经过漫长时间的发展，在线语言教育的形式得以进一步丰富，增加了直播互动、一对一教育、语音识别与测评、App冲关学习、外语题库、口语练习、记单词等多种多样的形式。在技术的支持下，在线语言教育实现了在线互动、纠正发音等可能，打消了语言学习者的顾虑，且以更加优惠的价格吸引了更多的学习者。如图11-1所示。

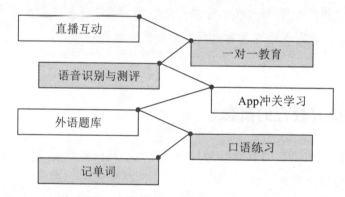

图 11-1　在线语言教育的形式

三、在线语言教育的市场需求

1.青少儿英语市场需求

随着全球化进程加快，国内的英语学习市场日益扩大。在升学压力及出国留学低龄化趋势下，在线青少儿英语教育备受追捧。

近年来，在线青少儿英语教育市场规模持续两位数高速增长，2019年市场规模达80亿；随着二孩政策全面开放、留学人口的不断增多和低龄化趋势，未来两年在线青少儿英语教育市场规模会持续增长，有望在2020年突破百亿大关。

2.成人英语市场需求

目前，英语作为工作语言对于很多职场人士来说非常常见，但随着多领域国际合作的深入与拓展，越来越多的英语沟通场景使得更多人意识到英语学习是个人职业发展和提升的重要途径。

以英孚、美联、华尔街英语、韦博为代表的几个"老牌"连锁品牌是早期成人语言培训行业的缩影。随着在线教育的成熟，越来越多在线机构加入市场竞争，tutorabc、51Talk、沪江 HiTalk、伴鱼、流利说……成人英语教育开始占据市场，成为诸多业内企业角逐的发力点。

如果说，早期的英语教育是初级版本，以教学中心为基地，基本是以教授中心课程为主，那么，随着新的教育理念和技术的运用，英语学习和语言培训市场的商业模式都进行了全面升级。线上和线下渠道的资源整合，可以为用户提供更加个性化和场景化的学习方式，甚至在未来通过新技术实现沉浸式学习都逐渐成为可能。

相关链接

成人英语教育与青少儿英语教育的区别

艾瑞研究院调研显示，除了以升学考试、考分考级为动机的在校大学生外，成人英语学习用户中大部分是以工作需求和现实生活场景需求为主的职场用户。真正实现自我提升的内在驱动力和在线碎片化时间的学习方式，使得成人英语教育与其他用户的英语学习有着较大的区别。这也为语言培训机构如何为该领域人群提供定制化服务提出了新的挑战。

相对于应对考试和课后辅导的培训，真实提升综合英语水平是成人英语学习更具有挑战的教学目标。以实用为目标的英语学习，不仅要以完成考试的规定动作为基础，还要达成纯正口音、自信表达、思维方式拓展、学习习惯养成等多个方面的学习效果。而最终，对于成人用户来说，英语学习的过程要支持用户实现技能、自信、社交的全面自我提升。

与在校学生有所区别的是成人用户的学习方法和习惯。"没时间"是成人语言培训长期存在的问题。当下，人工智能与信息化发展为成人英语教育创造了更多机会，通过互联网与教育的融合，能够降低传统教育重资产运行的软硬件成本，而对于成人用户的时间成本来说，在线教育也是性价比更高的学习渠道。

四、在线语言教育的产品类型

针对语言学习用户需求划分,在线语言教育产品可分为工具属性、平台属性两种类别,如表11-1所示。

表 11-1 在线语言教育的产品类型

属性	类别	特点	代表企业
工具属性	词典翻译类	利用互联网,为网民提供及时的语言翻译服务	有道词典、金山词霸
	背单词类	通过移动端或PC端进行智能化的单词背诵,多为免费,可以购买定制化的服务,提供类似词根记单词的方法等	开心词场、扇贝单词、拓词
	口语听力类	利用实时语音技术,通过闯关等有趣的方法,进行口语训练,提高口语能力	英语流利说、有道口语大师
平台属性	课程类	为学习者提供系统、全面的课程学习。主要以直播、录播模式为主,为学习动机更为强烈的人群提供,如考研、出国等多种用途人群使用	沪江网校、新东方在线、有道学堂
	1对1真人外教类	利用互联网,为用户提供1对1真人实时互动语言课程。主要为口语类的课程	VIPKID、51talk
	社区类	为语言学习者提供在线交流的平台,多为免费,为课程售卖类平台引流	沪江网

五、在线语言教育的发展趋势

随着互联网等现代技术对教育行业的变革,传统英语教育行业巨头也顺应潮流,加速布局在线英语教育市场。在政策与资本的推动下,在线英语教育持续升温,逐渐占据我国英语培训市场更多的份额,在线英语教育迎来黄金发展期。未来,在线语言教育呈现图11-2所示的发展趋势。

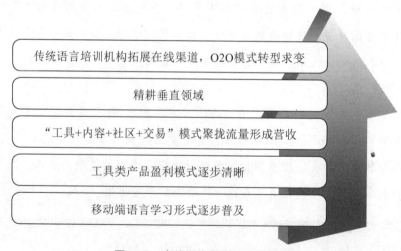

图 11-2 在线语言教育的发展趋势

1. 移动端语言学习形式逐步普及

语言教育类，结合在线教育模式，基于移动终端的优势，多屏互动教学方式应用范围扩大，学习者可以碎片化地随时随地进行学习。随着5G网络的普及应用，移动学习用户将增长明显，将逐步成为在线学习的一种普及形式。

随着在线教育的普及程度不断提高，用户规模将会进一步扩大。PC端在线教育产品的用户数量趋向稳定，月度覆盖人数增长开始趋缓。而随着移动端在线教育产品的增多、功能齐全，移动端用户还具有较大的增长空间。

2. 工具类产品盈利模式逐步清晰

工具类产品以丰富的学习形式，贴合学习者的实际学习需求，如线上语言翻译工具、题库工具、文档工具、笔记工具等，具有较高的用户忠诚度和使用频率，并逐渐渗透到语言学习的方方面面，改变了用户的语言学习习惯。当用户量积累到一定程度，盈利就成为一个绕不开的话题，词典翻译类、口语听力类、背单词类等产品一直在不同的方向上进行尝试。

3. "工具+内容+社区+交易"模式聚拢流量形成营收

在线教育社区化和粉丝化经济趋势越来越明显，通过工具或社区将同爱好的人群聚拢，在社区内进行互动交流。根据标签化的形式将人群进行分类，挖掘更多商机，最大限度地发挥长尾效应。内容则是在线教育的核心，一个在线教育产品要想增加用户的购买率和黏性，一定要拥有优质的在线课程资源。交易主要指商业模式运作，目前多以免费的共享资源和免费工具吸引用户，进而推出系统化的收费课程，符合互联网"先用户，后盈利"的规律。

"工具+内容+社区+交易"的模式更能多方位地聚拢潜在用户资源，最终形成盈利。如图11-3所示。

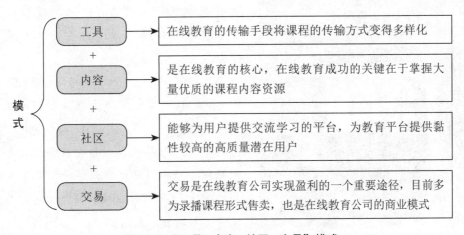

图11-3 "工具+内容+社区+交易"模式

4. 精耕垂直领域

在线教育的门类和细分结构都非常复杂，短时间内"大而全"的教育平台都难以有较大突破。首先，因为此类教育平台需要大量的优质教育者和运营者来产生优质教育内容，对于人才的供给提出挑战。其次，由于在线教育的盈利周期过长，增加企业的负担。最后，专业垂直领域分流了细分领域的人群，且目前在线教育的付费行为还不成熟。诸多原先"大而全"的平台在短期内很难有较大程度的突破，如果没办法提高教育产品的质量，还可能沦为低质量产品，受到各专业细分平台的挑战。

5. 传统语言培训机构拓展在线渠道，O2O模式转型求变

分析传统外语培训机构财报可以看出，虽然目前在线教育在企业营收份额占比较低，且这部分业务的盈利模式仍不清晰，但并没有妨碍这些传统线下机构布局线上业务。

比如，华尔街英语推出在线外语学习课程和诸多移动学习工具；新东方投资创建"新东方在线"，并与腾讯成立合资公司，推出在线学习产品等。

传统机构一方面希望借助在线教育的新契机，开拓线上新业务；另一方面，也希望借助互联网的力量优化升级线下业务，借助O2O模式撬动在线外语市场。

【案例一】▶▶

小米联手 51Talk 跨界打造在线英语家庭教学

作为中国在线教育赴美上市第一股和国内在线青少儿英语领域首家实现盈利的企业，51Talk继Airclass、魔镜大脑、H5互动教学等教育科技化应用之后，又与国内顶尖智能手机与数码品牌小米深度合作，进一步探索如何借助科技力量提升英语学习体验。

2020年3月24日，小米与51Talk在Redmi旗舰新品发布会上联合发布Redmi小爱触屏音箱8英寸，实现了在线英语教育与智能硬件的跨界结合。而首月购买Redmi小爱触屏音箱的用户免费获得由51Talk深度定制的价值1288元的外教课程大礼包，成为行业跨界的新普惠亮点。

在智能硬件上深度定制，学好英语更容易

此次，51Talk的真人外教英语互动教学内容在Redmi小爱触屏音箱8英寸上呈现，可以让家庭中的K12阶段学员们更快更好地接受英语教学，不仅完成智能音箱从"陪伴功能"到"成长能力"的新应用场景拓展，更是51Talk智慧教育上的一次新探索。智能音箱尤其适合不会使用鼠标、键盘等输入设备的儿童使用，借助Redmi小爱触屏音箱，聚焦青少儿英语的51Talk无疑如虎添翼。

Redmi小爱触屏音箱8英寸内置的儿童专属模式，贴心设置的童脸识别可自动进入儿童模式，借助AI能力使得Redmi可以更好地保护儿童的身心健康。同样，在51Talk的在线青少儿英语教学内容中，也以AI技术和H5互动教学等教育科技化应用为基础，通过人脸识别、虚拟教具、情绪识别、美颜功能和视频装扮等智能功能，让外教和家中宝宝在视频窗口中添加可爱的贴纸和动画效果，结合课程主题让课程更加生动，沉浸式的教学体验也让英语学习更有成效。

作为国内优秀的在线英语教学平台，从51Talk走出了一批优秀学员，这些优秀小学员的背后，正是来自于51Talk平台上优秀的外教老师。自2017年，51Talk针对青少儿适龄儿童的英语教学推出5A好外教服务标准，要经过7轮以上的考核和低至3%的录取率严格筛选，保证更好的教学质量。

助力孩子"对话世界"，同时添加"科技的乐趣"

"让每一个孩子都有能力对话世界"是51Talk的企业使命，51Talk创始人兼CEO黄佳佳在多个场合表示，51Talk希望通过互联网技术让优质教育资源变得触手可及。51Talk更推出千城计划，力争覆盖1000座县级以上城市。

"每个人都能享受科技的乐趣"是小米的愿景。可以看到，普惠是双方最为契合的合作基础。现在，再加上仅售349元的Redmi智能音箱，无疑在为孩子们"口语好，学习棒"的基础上，又加上了"好工具"的助力。

此次51Talk与小米的合作，是双方优质资源的良好结合。为高性价比的智能音箱赋予优质的英语教学内容，在行业内也开了在线教育与智能产品跨界合作的先河。同时，这种跨界合作的方式，不仅为用户带来更实用、更优质的使用体验，更是51Talk在智慧教育上的一次新尝试。

【案例二】▶▶▶

VIPKID联合华为推出在线教育智能解决方案

2020年2月，在线青少儿英语VIPKID与华为针对用户体验问题进行大数据分析

和AI应用加速模型建模，以华为Premium Wi-Fi家庭网络解决方案为基础，推出了业界首个基于eAI（Embedded Artificial Intelligence）的VIPKID智能加速解决方案，实现了25分钟课堂的零卡顿。

数据显示，VIPKID智能加速解决方案承载超高清网课的时延低至平均50毫秒左右，比业界传统路由器、光猫设备时延下降至少50%以上，25分钟的一堂课可轻松实现0卡顿。不仅如此，在学生上课的同时，家长可正常使用宽带看视频、上网，无需担心影响上课体验。这套方案，不仅为在线教育业务提供了专属保障，也大幅提升了用户宽带使用体验等业务体验。

据悉，VIPKID当前这一自建智能加速网络的效果，具备eAI智能加速、双通道、Mesh Wi-Fi和智能运维四大关键能力：eAI智能加速可以降低50%～100%的端到端时延、降低60%～98%的丢包率，在线视频画面从此流畅无卡顿；双通道技术可以在大流量上网下载的情况下，依然可以获得完美的在线教育业务体验；Mesh Wi-Fi实现全屋覆盖，用户可随时随地享受无缝的在线教育业务体验；智能运维实现"足不出户"即可从各个维度了解在线教育业务的体验情况。

实际上，以技术为核心的教育创新一直是VIPKID努力追求的目标。早在2017年3月，VIPKID就已与微软达成合作，将使用基于微软技术的Microsoft Azure公有云作为数据存储平台，实现教学内容的实时传输，并支持数千堂课程同时在线教学；2018年8月，VIPKID又与微软中国达成战略合作，聚焦于人工智能教育解决方案，共同推进在产品、技术和市场相关合作。

无论是对AI技术的深度应用，还是推出智能加速解决方案，成立六年多以来，VIPKID除了在教研师资和内容上不断精进，在技术层面也已筑造了一条护城河。未来，随着5G与AI技术的不断发展，VIPKID与华为合作的这一套智能加速解决方案将会发挥更大效能，或将带动引领在线教育行业技术的向前发展。

【案例三】

DaDa 打造以教学效果为导向的在线学校

获得《2019胡润全球独角兽榜》的在线教育头部企业DaDa以教学效果为导向，积极引入国际权威语言标准、打造考评体系，充分保障教学质量。

DaDa成立于2013年4月，成立至今，DaDa以"做一所和孩子相互有爱、有情感连接的在线学校"为愿景，以陪伴为理念，坚持选用最好的师资，采用一对一专属外教、固定学习时间的运营方式，给学生提供更好的英语教育。在外教选聘方面，DaDa严选母语为英语的老师，必须拥有丰富的教学经验并且持有TEFL、TESOL等国际级的英语外教资格认证，录取率仅为3%。上课前，学员将通过DaDa自主研发的车位算法的测算以及孩子自己的喜好，获得系统为他匹配的专属外教，在此后半年、一年、两年甚至更久的学习周期内，外教将根据他们的学习程度和个性为他们提供持久、稳定的教学和陪伴。

除了一对一专属外教的教学模式，DaDa在课程体系打造方面也坚持个性化理念，针对4～6岁、7～9岁、10～12岁、13～16岁四个不同年龄段的孩子打造了21个级别的个性化课程体系，并为学员提供一对一测评。

为了让课程有科学、明确的教学依据，该体系不仅将欧洲共同语言参考标准以及美国共同核心州立标准、"LEXILE蓝思值"等西方权威教学标准融入进来，同时，针对幼升小、小升初阶段的孩子，DaDa还对标国际考试，在课程内容中设置相应内容，全面提升孩子的听、说、读、写能力，让孩子从容应对英文面试和笔试。

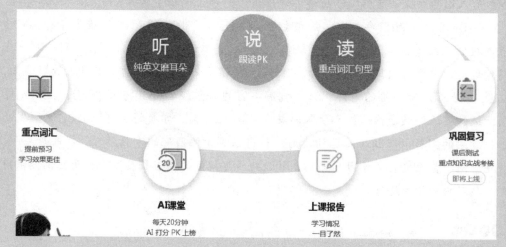

在主修课教材选择方面，DaDa选择了经过时间沉淀、被实践证明过的权威教材——朗文和Wonders作为主修课教材，并与两家出版社合力推出线上课程，成为了行业的首创。据了解，Primary Longman Express及New Longman Elect系列教材是我国一些国际学校普遍在使用的英语教材，覆盖率超过80%，不仅词汇句型和语法的梳理系统化、知识点覆盖率高，同时非常重视阅读和语言在生活场景里的运用，同时兼顾应试成绩和语言运用能力的提升。而另一套家长眼中的"网红教材"Wonders则是在美国超过70%小学以及国内知名国际和双语学校中广泛使用的教材，完美整合了精读写作方法论和跨学科丰富阅读资源，着力培养孩子的批判性思维阅读能力以及"以英语为母语"的深度语言思维。

除了主修课，DaDa还推出了专题课、AI互动课和公开课等其他形式的课程。专题课通过自然拼读、西方文化、科普百科、兴趣爱好等八大类一对一专题课程，培养孩子学习英语能力、生活独立能力等八大能力。AI互动课则通过真人动画实景教学的有趣互动方式，以及与全球上千名孩子进行实时在线抢答考题的形式，在生动活泼的氛围中全方位培养孩子的听、说、读能力，同时让他们掌握500多个配套单词句型。

DaDa创立伊始就明确了发展路径，要为孩子们提供的不仅仅是一个口语练习平台，而是一所以教学效果为导向的在线国际学校。

【案例四】▶▶

伴鱼少儿英语业务全线升级

2020年3月12日，据伴鱼少儿英语官方微信公众号显示，为切实保证教学质量和用户体验，其已对师资、课程、产品进行全面升级。这些升级贯穿课前、课中、课后整个流程。

师资升级：固定好外教，更专注学生成长

据介绍，目前伴鱼全体老师都会上试听课，伴鱼将不特别指定老师来为新学员进行试听，也不为试听课特别设计课件。对伴鱼来说，和家长、学生的第一次见面就是全面检验。

学生完成试听后，可以直接选择该外教作为常规课教学老师，后续也可以自由选择老师约课。伴鱼表示，将不做明星外教的推荐，以此保证学员与教师的上课状态相对稳定，不会因为老师被推荐导致原来的学生被迫频繁换老师。

除了学员体验，据了解，固定外教也将帮助家长更好地权衡课程质量，学习效果与家长评价挂钩。

官方透露，录取外教老师时，伴鱼少儿英语会考核应聘者的 TESOL、TEFEL 等国际教师资格认证，和身份、国籍认证，在进入面试环节后，会关注外教老师的发音、口音、教学经验、教学方法和课堂表现等，需要经过多项考核，目前平台的外教老师录取率在 5%。

课程升级：精细化课前课后体验，打造学习闭环

此外，在强化学习效果上，伴鱼还在课程端进行学测练升级，打造包括课前预习和课后练习环节在内的学习闭环。

课前预习升级为核心页讲解、单词卡和互动游戏 3 步。孩子可在课前高效地了解本节课学习目标，提前练习核心单词，做好知识输入准备，在课上可以进行更好地输出和与老师互动。

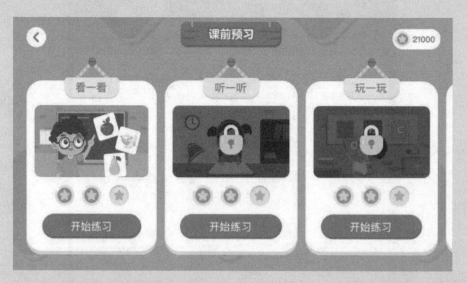

课后练习提升了交互体验，产品更加精细，并且扩充了题型、题量。增加多选题、单词拼写题等题目，保证练习量充足的情况下，孩子也不会感到枯燥。完成练习，全面巩固学习效果，趁热打铁消化课上的知识。

课件升级：增加互动，分龄设计

据了解，伴鱼选择的是培生的 Big English 系列教材。培生是世界500强中唯一一家教育公司，在各个学科都有王牌出版物，其 Big English 系列则是专为3～12岁母语非英语孩子设计的新版旗舰教材。

2018年10月，伴鱼得到培生 Big English 系列授权，该教材中除了单词、句型、语法等英语技能的学习之外，还涵盖不少学科扩展内容，如自然科学、社会科学、艺术、历史、地理等，通过调动孩子的思维、表达欲望，让孩子在各种场景中，先内化英语知识，再做到学以致用。

为配合场景、学科知识和课程环节，伴鱼对在线课堂进行研发调整，目前互动环节游戏已有20个种类，每种将配合当节课的内容和场景，保证其丰富程度。

此外，伴鱼在一对一课件设计上做了分龄处理：小龄学生的课件更简单可爱，易于接受；大龄学生的课件更丰富、贴近现实，有助于对跨学科知识的理解学习。

据了解，当前每一节课的课件形成都需要经过教研研发、插画师绘制、互动设计、程序开发等30多个环节的打磨。

服务升级：帮助家长实时了解孩子学习

选择外教学习课程，不少家长们不仅担心选不到合适的老师，更担心自己不懂英语不能及时和外教老师沟通了解孩子学习情况。

伴鱼介绍，这一点也正是此次服务升级的关键点。针对于此，伴鱼采用班主任制度。班主任老师会帮助家长根据学生情况挑选合适的老师，即使是孩子第一次报名线上课，也不会产生学习障碍。班主任也会跟踪学生学习情况，周期性与外教老师沟通反馈，充当家长与外教老师的沟通桥梁，解决家长语言不通的困扰。

此外，班主任老师会用他们多年的教育行业经验，为孩子找到合适的上课节奏，提高学习效率，帮助家长发现孩子知识上、学习习惯上的问题，配合老师提高孩子学习能力。

【案例五】▶▶

GoGokid推出"学习地图"助力学员语言提升

GoGoKid选用纯正北美优质外教1对1教学，为孩子们打造了沉浸式的语言学习环境，同时运用国际流行的翻转课堂模式，使其能够深度参与语言学习，养成良好的学习习惯。在学习过程中，GoGoKid平台为孩子们提供了丰富的英语语料，使其在主修课之余也能够按需索学，培养语言学习兴趣。另外，为了使孩子们更好地运用学习资源，保障其学习效果，GoGoKid还设计了"学习地图"，孩子们可以遵循"学习地图"安排主修课、阅读绘本、听儿歌等，充分利用学习资源，循序渐进地提升英语能力。

据了解，GoGoKid教研团队结合德国心理学家艾宾浩斯的记忆遗忘曲线理论及学员学习情况调研结果，针对4～12岁孩子制订了清晰、规律的英语学习计划——"学习地图"。"学习地图"将孩子每一周、每一天的学习任务合理划分，就如同学校中的课程表，帮助孩子完成学习安排，循序渐进地获得能力提升。

学习日 学习周 课程	星期一	星期二	星期三	星期四	星期五	星期六	星期日
第一周	主修课L1	绘本阅读1	主修课L2	音乐动画1	主修课L3	儿歌	拓展学习
第二周	主修课L4	绘本阅读2	主修课L5	音乐动画2	主修课L6（测评课）	儿歌	中教梳理课
第三周	主修课L7	绘本阅读3	主修课L8	音乐动画3	主修课L9	儿歌	拓展学习
第四周	主修课L10	绘本阅读4	主修课L11	音乐动画4	主修课L12（测评课）	儿歌	中教梳理课

根据"月度学习地图"的计划与安排，孩子一周至少需要完成3节主修课。对此GoGoKid教研团队负责人表示："3～6岁的孩子们尚处于'语言敏感期'，需要确保足够的开口时长，帮助其养成正确的发音习惯和良好的语言思维。"参考艾宾浩斯记忆曲线，GoGoKid教研团队对课程学习内容及复习节奏进行了细致规划，而一周3节主修课恰恰能够保证孩子学习的连贯性，确保孩子牢固掌握知识点。

以GoGoKid-K级别（K1+K2）学习规划为例，依照"学习地图"，学员需每周进行3次主修课学习，每日全英文学习30分钟，在两年288学时的英语学习中，学员将学到420个核心单词、600余个句子，以及48个最常见的话题内容，其中K阶段单词量的420词，覆盖幼升小考试、剑少考试和三一口语考试要求掌握的300词，单词量与各考试的重合率分别为60%、54%和52.3%，这样的学习内容不仅与美国同年龄段学龄前儿童掌握的内容持平，对于孩子在国内参与日常英语考试也大有裨益。而在学习的过程中，孩子们也能够更加自如地建立人际交往关系，表达自我感受，提升社会情绪能力和自我展示能力。

值得一提的是，在GoGoKid教研团队对课程内容的打磨下，孩子不仅每一节课都对前一课内容进行复习回顾，同时知识点也将在各主题、各级别高频复现和逐步深化，知识点设计呈"螺旋式上升"，即一个话题会随着层级的递进在广度和深度上不断拓展。以K1阶段的课程为例，当K1学员学习了宠物和农场动物后，K2阶段课程会在此基础上进行话题拓展，引导学员学习动物园动物和海洋动物，到了L阶段，课程内容在难度上会继续提升，例如L2阶段课程教孩子如何甄别哺乳类动物和卵生动物，L4阶段带领孩子们探讨动物的习性，区分杂食类动物、肉食类动物、草食类动物、迁徙类动物和非迁徙类动物等。这样有关联性且循序渐进的内容设置与孩子的思维方式更加相符，让每一位学员所学的知识都越来越深入，越来越丰富饱满。

在"学习地图"中，GoGoKid教研团队为孩子们规划了丰富的英语学习途径，主修课、绘本阅读、iLab音乐动画、儿歌等，不仅有助于学习内容的系统性积累，也能使孩子们高效利用碎片化时间，在潜移默化中提高英语学习兴趣，获得英语综合能力的逐步提升。

主修课是GoGoKid"学习地图"中的关键部分，是孩子们获取新知识、提升综合能力的重要途径。为了让中国孩子尽快融入北美外教课堂，培养英语学习兴趣，GoGoKid外教老师会在上课伊始与孩子进行简单口语对话，并通过课堂互动引出本节课主题内容，帮助孩子快速进入学习状态。在课堂中，外教老师会与孩子进行角色扮演会话练习，引导孩子掌握情境问答句型，灵活运用单词。而在课程结束前，老师还会对孩子的英语单词、句式的应用情况进行检测，有针对性地练习重点难点部分，给予孩子个性化的学习建议。

而绘本是孩子们增加单词量、提升阅读能力的绝佳途径，图文结合的特点也使绘本这种读物更具趣味性。据了解，除了引进多家世界知名分级阅读出版集团推出的高质量绘本，GoGoKid教研团队也参考蓝思（Lexile Framework for Reading）权威分级阅读标准进一步开发出"自研绘本"系列，使孩子的英语阅读更加契合日常的学习内容与学习节奏。"iLab兴趣实验室"作为GoGoKid"明星产品"，其中的原创音乐动画、儿歌尤其受到年轻家长们的欢迎。许多家长表示，iLab中的儿歌朗朗上口，让孩子能够在主修课之余通过听歌来"磨耳朵"，非常适合对孩子进行英语启蒙或学习兴趣培养。此外，GoGoKid还设有公开课、专项能力提高课、中教辅导课等内容供学员们按需选择。

"学习如逆水行舟，不进则退"，只有保证规律、高频的学习输入，才能获得理想的学习效果。为了使学员们的英语能力在词汇、阅读、认知以及思维等多维度同步得到提升与锻炼，GoGoKid教研团队由此打造了"学习地图"，帮助孩子们进行科学的学习规划，打造英语学习成长之路。

第十二章
在线素质教育

> **导言**
>
> 随着中高考制度改革和素质教育落地推广,越来越多的家长不再唯"成绩"是从,而是更多地关注孩子的综合发展。与此同时,"互联网+"概念和人工智能等技术则为素质教育的线上转型提供了有力的保障。

一、素质教育的概念

素质教育,是指一种以提高受教育者诸方面素质为目标的教育模式。它重视人的思想道德素质、能力培养、个性发展、身体健康和心理健康教育。

《教育法》里提到,素质教育是着眼于受教育者及社会长远发展的要求,以面向全体学生、全面提高学生的基本素质为根本宗旨,以注重培养受教育者的态度、能力,促进他们在德智体等方面生动、活泼、主动地发展为基本特征的教育。

可以说,素质教育是当下K12教育的一种有益补充,包含当下市场流行的编程教育、创客教育、艺术教育、体育教育、大语文等(图12-1)。

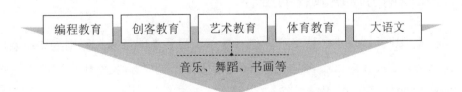

图12-1 素质教育的范畴

> **相关链接**
>
> ## 什么是大语文
>
> "大语文"是"大语文教育"的简称。"大语文教育"是已故的特级教师张孝纯先生创立的一种新型的、带有突破性的语文教育思想。这种思想主张语文教育以课堂教学为轴心,向学生生活的各个领域开拓、延展,全方位地与他们的学校生活、家庭生活和社会生活有机结合起来;并把教语文同教做人有机结合起来,把传授语文知识同发展语文能力、发展智力素质和非智力素质有机结合起来,把读、写、听、说四方面的训练有机结合起来,使学生接受全面的、整体的、强有力的培养和训练。
>
> "大语文"观认为:语文教育,是以人获得更好的身心发展为基点的,因此,语文教育不仅在于让学生更好地进行语言表达,同时在于帮助学生形成良好的思维方式、培养美好健康的情感与心理认知、完善和提升学生的自身人格与人文修养。将其称作"全人教育""全人作文"。
>
> 大语文包括了语言文字认知、文学常识、传统文化素养、阅读理解能力、表达能力、写作能力等综合素质,侧重于对学生综合能力和人文素养的培养。简单来说,大语文,就是有别于传统课堂的语文,旨在提升学生综合能力和文学素养。输入给孩子更好更多的内容,让孩子更多更好地输出。
>
> 从近年各地高考出题趋势来看,"大语文"概念非常突出,课外拓展内容增多,重视传统文化积累,对考生的语文综合能力和思维思辨能力要求提升;而中高考改革后强调的综合素质,与"大语文"的内蕴一脉相承。

二、互联网与素质教育的融合

互联网的迅速发展促进了诸多产业进行变革,而资本的持续加码则为传统素质教育开拓了新思路,学校、课堂不再是展开素质教育的唯一平台,足不出户式的"互联网+"教育或成素质教育的深化抓手。

所谓"互联网+"素质教育,指的是以互联网为载体形式,促成学生与教师跨地域式学习交流的一类新兴素质教育模式。因其免去了时间、路程成本,可提供个性化定制教育服务,正广泛受到越来越多的年轻家长青睐。

比如,在线音乐素质教育陪练服务的VIP陪练,用户打开VIP陪练的客户端,通过平板电脑的鹰眼摄像头聚焦其手指和琴键,以互联网为载体反馈至另一端的教师,教师以此了解琴童的指法,给予针对性的意见和指导,完成授课。因其便捷、高性价比的特征,上线仅三年的时间就吸引了超过100万名的学员。

三、在线素质教育的驱动力

国民人均收入增长,使得用户拥有更多收入来支撑儿童教育,加上80后、90后认知和对待教育观念的转变,儿童的素质教育越来越受重视,素质教育也成为在线教育热门领域,大量资本方、教育巨头、创新企业涌入,形成了政策、资本、技术和人口结构变化的多方驱动,推动素质教育快速发展。

1. 政策驱动

2019年6月,国务院办公厅印发了《关于新时代推进普通高中育人方式改革的指导意见》(下称《指导意见》)。作为21世纪以来国务院第一个推进中国高中阶段教育的纲领性文件,《指导意见》对未来高中教育的改革方向以及高中教育质量提升,进行了全面规划与部署。其中明确指出,学校应当开放包括体育与健康、艺术等多元化课程,进一步深化落实我国素质教育的要求。毫无疑问,国家政策的重视是引发在线素质教育火热的根本原因之一。

另外,新时代对于人才的界定不再局限于工作技能,更注重综合型人才,使素质教育逐步走进人们的视野。未来,就业市场对拥有解决复杂问题能力和社交技能人才的需要会远远高于对体力和专业技能人才的需要,所以素质教育所培养的复合型人才将会是就业市场的主要需求之一。

2. 资本驱动

广阔的市场前景,驱动诸多教育机构迅速完成线上教育的转型,也同时催生了一批专精于线上素质教育的专业机构。公开数据显示,2019年在线素质教育项目融资案例达51起,占全年素质教育融资案例总额约48.57%,在线素质教育项目融资总金额达34.91亿元,占全年素质教育融资总金额的66.17%。

3. 技术驱动

宽带速度提升、移动网络普及、智能终端和智能穿戴设备广泛应用,硬件持续升级为随时随地学习提供了基础条件,拓展学习场景,打破教学内容瓶颈;图像识别、语音识别、在线测评、直播互动等技术升级,完成了教学测评的闭环,满足了用户师生互动、答疑等教学基本需求；云服务和大数据分析技术带来了个性化学习解决方案。如图12-2所示。

图像识别技术、语音识别技术	完成了教学测评的闭环，满足了用户师生互动、答疑等教学基本需求
视频直播技术的成熟及普及	视频直播技术的发展掀起了直播+教育的浪潮，带动了在线教育行业洗牌，使老师更专业、教师资源更平衡、用户成本更低
微信生态逐渐成熟	微信生态逐渐成熟，方便家长、学生与老师之间的随时交流，有问题可以及时询问

图12-2　新技术驱动在线素质教育的发展

微视角

资本与技术是驱动"互联网+"素质教育的重要红利，没有经济资本的持续助力与网络技术的发展完善，难以形成当前"足不出户"的在线素质教育模式。

4. 用户驱动

亿欧智库与中国音乐学会的专业数据显示：2017年，以美术、钢琴（音乐）为代表的素质教育，其青少年参培人数均超过了3000万，其中钢琴素质教育的人数仍在以每年10%的速度不断增长。相关专业机构推测，中国素质教育市场规模将于2020年突破500亿元大关，并持续保持其不断增长的势头。

从需求端来讲，90后家长逐渐成为市场主力，这些家长学历在本科及以上居多，普遍接受过高等教育，具有较强的文化属性，是未来在线素质教育的主要用户。

 相关链接

崭露头角的在线素质教育

2019年，素质教育乘着利好政策，站上了新风口。但随着教育行业经济环境遇冷，原本竞相入局的资本变得更加理性。

数据统计，2019年全年素质教育领域融资案例105起，融资总额达52.76亿元。细分领域中，STEAM教育投融资案例数量37起，艺术教育数量21起，大语文教育数量16起，数理思维教育数量11起。

对各个新兴火热的素质教育机构试错的结果不断总结，资本更多地涌入了头部品牌。蓝鲸教育总结了2019年素质教育领域完成单轮次上亿元融资的典型案例，汇总如下表所示。

2019年素质教育领域单轮次上亿元融资典型品牌案例

公司	细分领域	披露时间	融资轮次	融资金额	投资方	在线/线下
火花思维	数理思维	2019.03	C轮	4000万美元	IDG、红杉资本、金沙江创投、北极光创投等	在线
		2019.08	D轮	8500万美元	IDG、GGV、红杉资本、金沙江创投等	
豌豆思维	数理思维	2019.01	A轮	1500万美元	DCM中国（领投）、创新工场	在线
		2019.09	B轮	亿元人民币及以上	新东方（领投）、喜马拉雅、创新工场、DCM中国	
核桃编程	STEAM	2019.02	A+轮	1.2亿人民币	高瓴资本、源码资本、XVC创投等	在线
		2019.10	B轮	5000万美元	华兴新经济基金（领投）、高瓴资本、源码资、XVC创投等	
编程猫	STEAM	2019.01	B轮	亿元人民币及以上	光控众盈资（领投）、展博创投	在线
		2019.11	C轮	4亿元人民币	中俄投资基金（领投）、高瓴资本、洁流资本等	
小码王	STEAM	2019.02	B+轮	1亿元人民币	浙江大华投资、容亿投资	线下+在线
西瓜创客	STEAM	2019.08	B轮	1.5亿人民币	新东方（领投）、百词斩、经纬中国、红极资本等	在线
蓝宙科技	STEAM	2019.11	Pre-A轮	1亿元人民币	盛实资本等	线下+在线

续表

公司	细分领域	披露时间	融资轮次	融资金额	投资方	在线/线下
美术室	艺术教育	2019.06	C轮	4000万美元	腾讯投资、蓝驰创投、弘毅投资、微光创投等	在线
画啦啦	艺术教育	2019.06	B轮	数千万美元	经纬中国、启明创投、真格教育基金	在线
河小象	大语文	2019.08	B轮	2亿元人民币	创新工场、好未来、元璟资本、金沙江创投等	在线
秦汉胡同	大语文	2019.02	A轮	1亿元人民币	沪江教育等	线下+在线
歌斐教育	教育综合体	2019.11	A轮	1亿元人民币	同程旅游、荣大资本、天朝资本等	线下+在线

通过对上述典型融资案例的汇总,我们不难看出,素质教育领域,马太效应愈发凸显。

1. 少儿编程

细分领域中,在线少儿编程为主的STEAM教育表现得最为亮眼,共有五家机构先后获得单轮次过亿元融资,其中老牌编程教育机构编程猫、STEAM在线教育新秀核桃编程,于2019年均披露过两轮融资,且单轮次融资金额均破亿元人民币大关。

2. 数理思维

在线数理思维教育细分领域也在2019年捷报频传。火花思维和豌豆思维两家先后在2019年收获两轮融资,单轮次融资金额也均过亿元人民币。可见在小升初需求的带领下,数理思维市场得到进一步扩张,或将成为继STEAM教育之后,素质教育领域的又一新蓝海。

3. 大语文

2019年异军突起的大语文领域也受到了资本的广泛关注。河小象自2017年5月成立,仅2019年便斩获三轮融资。2019年4月,其宣布获得A轮融资,由金沙江创投和志拙资本投资,金额未披露;次月,其再次宣布获得亦联资本、元璟资本投资的A+轮融资,融资金额仍未披露;同年8月,河小象再度披露完成融资,此轮融资获创新工场、好未来、元璟资本等明星资方站台背书,融资金额更是高达2亿元人民币,一时风头无两。

4. 艺术教育

作为素质教育"正统"的艺术教育,2019年融资表现却较为平淡。2018年热度

> 较高的在线钢琴陪练项目2019年有所降温,但少儿美术培训项目仍是艺术教育细分领域的融资焦点。
>
> 美术宝2019年6月宣布获腾讯投资、蓝驰创投等资方共同投资的4000万美元C轮融资。画啦啦紧随其后,同月斩获经纬中国、启明创投、真格教育基金共同投资的数千万美元B轮融资;2019年11月再次披露获得经纬中国、启明创投投资的B+轮融资,但金额暂未披露。

四、在线素质教育的细分领域

根据不同的发展领域,在线素质教育可划分为艺术教育、体育教育、编程教育、日常素养教育和户外拓展教育,其细分领域划分如表12-1所示。

表12-1 在线素质教育细分领域

艺术教育	体育教育	编程教育	日常素养教育	户外拓展教育
音乐	体能	少儿编程	儿童礼仪	营地
舞蹈	球类	少儿数学思维训练	儿童厨艺	……
美术	武术	机器人教育	情商	
戏剧	冰雪运动	创客教育	财商	
国文	水上运动	3D打印	全脑开发	
国艺	棋类	无人机教育	口才	
播音主持	游泳	科学课	……	
……	……	……		

1.艺术教育

前瞻产业研究院发布的《中国少儿艺术培训行业市场前瞻与投资战略规划分析报告》显示,截至2018年底,我国少儿艺术培训市场规模突破500亿元,达到了552亿元。目前,中国15岁以下人口有2.5亿左右,随着家庭收入持续增长,参加各类培训的少年儿童预计每年超过1亿人次,艺术培训的目标市场十分庞大。有机构预测,到2023年,国内少儿艺术培训市场规模将有望达到1161亿元。

那么在线艺术教育能不能从其中分得一杯羹呢?

以少儿美术培训为例，虽然线下美术培训机构遍地开花，但线下少儿美术教育市场目前还较为混沌，存在着准入门槛低、课程设计不合理、标准化程度低、师资体系不完备等一系列问题。并且线下市场的分散使"区域化、碎片化"成为行业扩张和升级的阻力，这都给在线艺术教育的发展提供了机遇。

目前来说，线下培训几乎是以小班模式为主，由于成本问题，线下很难实现1对1教学。而在线教学方式突破了地域限制，机构可以获取更多用户，同时大大方便了家长，节省时间成本。再加上1对1的线上授课模式，可以解决线下成本高、教室利用率低的问题，并且对于学生来说线上的时间安排更自由。

相比于线下教育，线上提供了更高效的学习途径，但在线学习的模式，尤其是偏素质类的小班学习，对"产品"和"服务"的要求也更高。对于用户来讲，线下艺术教育强调现场体验性，对于学习，是需要在特定场景下对差异化的学生调整相应的教学方法。尤其对于儿童群体，线下模式几乎是所有机构的主要业态。

对于家长来讲，线上直播教学模式，孩子的视力问题令人担忧；其次，对于那些自制力一般的孩子，线下培训老师还可以起到监督作用。

除了家长对于线上艺术教育缺乏认知以外，对于用户线上学习习惯的培养也是一个缓慢的过程。此外，优质教师资源稀缺也是一大难题，尤其是在线1对1教学对于教师质量和数量都有着高要求和高需求。

对于想要进入的机构来讲，由于在线艺术教育准入门槛较高，尤其是技术层面，线下可全方位体验学习，线上想要还原线下教学场景并不是百分之百可以做到的。除此之外，艺术教育对于直播技术的要求明显高于K12直播教学，比如美术教学要求高色彩还原和高清晰度，第三方平台很难为美术教育提供定制化直播技术服务，对于自主研发产品又是一笔不小的投入。

2. 体育教育

体育教育一直是学科类教育和素质类教育里面线上化程度最弱的一个细分领域。体育教育也被长时间打上了"强线下属性""难以实现线上教学"诸如此类的标签。这样的标签与体育教育的产品形态、交付形式以及现阶段的用户需求、从业人员的组成结构不无关系。

就体育教育的产品形态和交付形式来说，体育教育首先需有专业的场地和器材来做支撑，一般线上和家庭无法满足条件。另外产品的形态和交付形式，通过电脑和视频内容也不能清晰直接地传递给学员及家长，也不能像线下老师手把手给孩子进行动作纠正和指导。

而就现阶段的用户需求和从业人员的组成结构来说，用户对体育的线上化需求非常弱，体育教育所赋予孩子的教育意义似乎是线上教育无法完全实现的，如团队氛围。并且，体育产业在中国还未成熟，从业人员的整体素质和素养也亟须提升，在体育教育领域，非常缺乏既懂体育教育又懂线上运营和互联网技术的人才。体育教育整个产业链条从服务到营销大多数机构依旧是以传统线下方式为主,众多体育教育机构的主阵地是线下场馆、营地,互联网仅仅起到信息连接、服务沟通等辅助作用。

但实际上,线上对于体育教育行业的"价值"远不止于此。

首先,与体育教育机构纷纷发力线下场馆相比,线上仍处于一片尚未大规模开发的"流量洼地",具有较大的挖掘潜力。

其次,相比重运营模式的线上场馆而言,线上能够为体育教育机构打开增长的"天花板"。比如,在营销推广方面,线上的获客成本更低,且可以打破地域的界限;在线产品和课程,可以摆脱线下场馆的束缚,减少租金成本,带来更高的利润率;在线服务,能够精准触达每一个用户,从而形成一个相对完善的体育教育生态闭环。甚至,一些体育教育机构能够将自身的产品、服务等互联网化之后对外"输出",以产业互联网平台赋能用户端的方式实现规模化运营……

最后,从社会功能上来看,在线体育培训对于"教育普惠"具有更重要的意义。借助互联网技术和手段,发达地区的专业化教育培训产品和课程能够更便捷地"传递"给落后地区的消费者,推动"全民健身"的目标早日实现。

有分析机构预测,2025年,我国经常参加体育锻炼的人口数将达到4亿人以上,这其中55.1%的人未来有意向进入收费场馆进行体育运动,90%多的人员具有培训需求。但从目前来看,虽然近年来我国线下运动场馆增长十分迅猛,但也难以满足这样庞大数量的用户需求。因而,从线下走向线上,双方融合协同发展,也是我国体育教育产业发展的必然趋势。

资讯平台

从政策方面看,教育部继发出"停课不停学"号召之后,再次重申"教育信息化2.0行动计划"。2020年3月16日,教育部发布《关于加强"三个课堂"应用的指导意见》,该文件指出:到2022年,全面实现"专递课堂""名师课堂""名校网络课堂"在广大中小学校的常态化按需应用。

其中,体育教育信息化作为素质教育、个性化教育的重点,也肩负着缩小城乡差距、促进教育公平和均衡发展的历史重任。从这个层面看,体育教育机构的互联网转型升级恰好迎合了国家的战略性目标,符合顺势而为的发展理念。

与此同时,互联网底层技术已经或者是正在得到改善。比如,最近频频提及的新基建,5G、大数据、人工智能等应用为互联网、信息化带来广阔的发展空间。5G网络建设开道,教育信息化的网络环境将得到大幅度的改变。诸如疫情期间,由于大量学生用户涌入线上导致网络拥堵、直播卡顿甚至崩溃的局面将大为缓解。

3. 编程教育

编程教育类形态多样，有以编程猫为代表的在线图形化编程工具平台、一对一在线教学的傲梦编程、在线小班一对六及录播+在线助教教学的西瓜创客。借着在校教育发展的东风，在线编程也迎来了崭新的发展时代。

比如，编程领域的小码王于2020年3月宣布获得1.5亿的C轮融资，加快线下教育往线上教育转型。而2020年1月被三七互娱集团收购的在线编程教育品牌妙小程也宣布加速课程升级，以应对不断变化的教育环境。

自2015年开始，编程教育以黑马姿态成为K12教育的新宠，随着人工智能发展、国家政策推动、名校招生助力、家长意识提升，少儿编程的市场规模在2018年迅速蹿升至40亿元。2020年的教育动态，更促使着在线编程行业走向更加规范化的路线，在这样的背景下，2020年，少儿编程的考级时代正式来临。

在过去的一两年，少儿编程的确是一个炙手可热的项目，比较容易受到资本方的青睐，甚至有些过热，因此有大大小小、实力参差不齐的上千家公司出现。目前随着国家对编程教育的政策扶持频繁出台，以及国内对人工智能人才的需求缺口仍在不断扩大，也因此造成了作为家长、学生等消费群体对编程教育的消费热度在不断上升，所以我们判断2020年甚至以后相当长的一段时间，少儿编程行业的生存状态仍会良好。

4. 日常素养教育

纵观所有的线上教育产品或者平台，有一个领域内的线上教育产品却很少有企业或机构去涉足——儿童素质教育领域。素质教育属于低龄非功利方向，在这个大方向上，让人熟知的线上教育品牌很少。但这个领域却是一个大市场，因为需求较大。

庞大的儿童人口基数及二孩政策的全面开放，促使儿童教育市场前所未有的火热，同时儿童教育需求越来越多元化，家庭对素质教育重视程度也进一步提高。以前，儿童素质教育受重视程度不高，现在却不同，中小学课本都在变化，家长也在变化。80后、90后成了家长，他们知道素质教育的重要性，这将会是一个巨大的市场。而教育部也对这一领域提出了新的教育理念——核心素养教育，特别针对于中小学生，也为儿童素养教育的发展提供了良好的政策向导。

值得注意的是，近年来市面上也涌现了一些做儿童线上素养教育的品牌，比如成长保、考拉优教、巴小象课堂等。他们聚焦于儿童素养教育的领域，以家庭教育为场景，面向家长和儿童提供核心素养教育产品和服务。这些品牌各有特色，也有所偏重。

未来的市场是属于优质产品的，但在运营推广、技术、平台等领域同样不可或缺。目前儿童核心素养教育有越来越多的机构参与进来，也许未来在这些机构中就会有一个或者几个大放异彩。

五、在线素质教育的发展趋势

不同于应试教育提供的标准化教育,素质教育注重的是差异化教育。从长远角度来看,素质教育有助于培养青少年的社会核心竞争力。

1.在线素质教育市场前景广阔

随着经济全球化加深、世界政治经济联系更为紧密,国民教育意识发生转变,人们对国际化教育的需求不断增加。中国人有重视教育的传统,一直以来,子女教育都是中国家庭关注的重点之一。随着人民生活水平提高,家长对子女教育更为重视。

受经济发展红利不断释放、居民财富水平逐渐增长和政策倾斜三个宏观层面因素的影响,追求高素质教育的需求推动留学和游学市场不断增长。随着80后家庭孩子进入学前教育阶段,幼儿园教育就站到了一个转折点上。前几年,幼儿教育的差异和表现并不明显,但新一代的年轻家长渐入主流后,更重视教育的方式和目标,给传统幼儿教育市场带来了变革。随着二孩政策的全面开放,超60%家庭考虑生育二孩,在中产阶级消费者不断扩大,二孩放开政策的趋势下,在线素质教育行业具有较大的发展潜力。

2.云技术助力在线素质教育新生态

互联网的高速发展,大数据、云计算及人工智能等新兴技术的不断涌现,客观上要求各行业更加深入和快速地融合信息技术,充分利用企业内外部信息资源,产生新的增长模式,提升企业经营、管理和决策的效率和水平,进而增强企业核心竞争力。新形势下的招考改革等措施将进一步激发教育信息化、组织、管理新需求,教育行业的竞争中信息技术运用水平的竞争也显得愈发重要。党的十九大报告明确提出深化产教融合,为IT产业与教育行业的协同发展指明了方向。

【案例一】▶▶▶

学而思进军少儿编程领域

2018年8月,学而思网校正式发布了素质教育课程体系,学而思编程等首批课程也同步上线。

在此之前好未来曾创办了摩比思维馆,以及投资素质教育企业,以丰富素质教育的课程内容。由于编程学习能够培养学生的计算思维和创新思维,所以现在孵化了学而思编程项目,加入到素质教育课程体系之中。

学而思编程主要参照美国计算机教师协会K12教育标准,制定出了适合中国孩子的进阶式12级学习体系。主要采用八步思维教学法,包括思维引导、项目发布、探究式提问、自主设计程序、独立建构程序、是错优化、反思总结、学科延展等。

在授课模式上,学而思编程有三位老师陪伴每个孩子,包括对课堂负责的主讲老师、对学习效果负责的辅导老师,以及网校自主研发的"AI老师"。学而思编程将借助表情识别、语音识别与测评等技术,及时反馈每个学生的学习情况并推送个性化学习任务。

在课程体系上,学而思编程基于图形化编程平台学习趣味性编程内容,提供包括适合6～10岁孩子的Scratch课程、适合8～12岁孩子的Python课程以及适合10～14岁孩子的C++课程,培养孩子的逻辑思维能力和想象力。

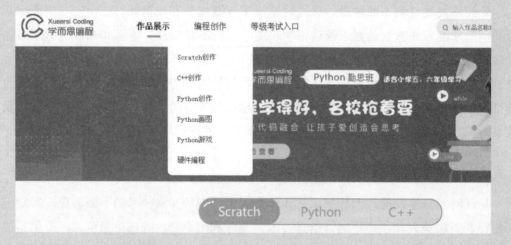

除此之外,为了让孩子更好地理解概念,学而思编程在直播课程之外,研发设计了儿童不插电编程桌游。

素质教育是2017年教育行业十大关键词之一,而素质教育的一个细分领域——少儿编程培训,在新高考改革的大背景下,从2017年开始尤其受关注。

从2012年开始,好未来就开始了素质教育领域的布局——投资了德拉学院、画啦啦少儿美术课堂、爱棋道、青青部落等企业。除此之外,好未来旗下的摩比思维馆还以合作的形式,与Scratch共同开发少儿编程课。

【案例二】▶▶▶

掌门少儿满足多元素质教育需求

经历了少儿英语、少儿编程的相继火爆,当下,专注提升逻辑思维能力的数理思维教育成为素质教育领域的"新宠"。以数学学科为主要载体,国内在线数理思维教育主要聚焦少儿思维形成的3～12岁黄金年龄段，兼具应试与素质培养的双重属性，为孩子提供培养数理认知、逻辑思维、判断分析等能力的教育内容，充分满足了幼小衔接等多元教育需求。

市场需求摆在面前，数理思维培训热潮随之爆发，2018～2019年，数理思维领域涌入大量竞逐者，老牌的传统教育巨头是其一，新晋的数理思维领域黑马是其二，倚靠K12教育大公司背景拓展数理思维业务的品牌是其三，尽管入局选手众多，短时间内真正"做大"的企业却屈指可数。作为K12教育公司入局素质教育领域的代表，掌门教育推出的在线少儿数理思维子品牌掌门少儿，以掌门多年来积累的教育资源和行业口碑为基础，显示出强大的发展实力。在2019年12月易观发布的《2019中国互联网少儿数理思维教育行业洞察》中，掌门少儿综合表现亮眼，跃居在线数理思维领先位置。

倚靠技术、教研打造的课程差异化优势

中国少儿数理思维教育目前已经进入市场启动阶段，易观指出，行业内诞生了具有一定标准化程度的产品，但不可忽略的是，教学产品同质化、缺乏教学效果评价标准都成为业内发展瓶颈，因此深耕技术、教研成为趋势，通过提升教学内容差异性和教学效率，打造多元化产品和服务，才能让教学真正走进孩子心中。

脱胎于K12教育大公司的在线数理思维领域选手似乎已经先天具备了的教研和技术优势。面向3～10岁处于幼儿园到小学阶段的群体，掌门少儿继续深耕教学，首先成立了业内第一家思维研究院，结合科学的少儿思维模型和特定思维工具，用全方位、多层级构建思维教研体系，强力支撑掌门少儿的前端教学。与此同时，通过思维+课内知识结合的方式打造差异化课程，做好该阶段知识衔接的同时将能力拓展内容融入到课程环节中，打造更加标准化、品质化的课程、课堂内容。

另一方面，借素质教育融入K12契机，AI、大数据等技术在数理思维教育中的落地将有利于实现更科学的定级划分，从智能评测入手，针对素质教育培养建立可见和带有数据指标的分析结果，掌门少儿将技术赋能教学全场景，设置课前评测等多个环节，及时反馈指导生成学习路径，逐步实现在线教学智能化体系路径。从用户角度来讲，教学效果评价机制的建立将使得教学效果更加直观，可以让家长感知到孩子的成长轨迹，同时趣味性和科学性的教学产品能够陪伴孩子共同成长。

丰富素质教育形式、内容与场景，数理思维教育寻求更多可能

随着行业选手深耕节奏的加快，数理思维教育的探索空间也被一步步挖掘，诸如拓展在线小班课、AI课、微课等更多样化的教学形式，不断丰富教学场景和内容，都成为行业未来的发展方向。

站在丰富素质教育内容的角度，教学年龄段的纵向承接、多学科业务的横向拓宽成为品牌的深耕方向。掌门教育站稳K12在线1对1全科辅导领域后，受众群体年龄层自然下探，持续加码幼儿园阶段教育。教学年龄段的延伸让掌门的教学实现无缝衔接，覆盖3～18岁整个学龄段。也正因此，掌门教育能够为孩子提供更具延续性的教学服务，同一套教研和教学体系的产品不仅减少孩子适应成本，更容易产生理想的教学效果。在课程设置方面，除了数理思维课程，掌门少儿还开设了语文思维和学习力系列课程，能够满足学生的多样化需求。

在素质教育场景与形式的创新方面，学习教具的自主研发、IP动画的启蒙式教学已经成为现有数理思维教育的有力辅助手段。掌门少儿情景互动式课堂将知识点与动画、游戏环节做到了平衡融合，通过游戏互动环节的设置，将运算、解题的抽象思维具象化，帮助孩子清晰地理清知识逻辑。同时引入动画形象增强课堂趣味性，寓教于乐。

除了基础的思维能力训练，素质教育还将向家庭等场景延伸，2019年，掌门少儿与清华大学社科院积极心理学研究中心联合科研，并于年底上线了积极心理学课程，在国内顶尖高校学术支持下，掌门少儿将结合国际顶尖的积极心理学教学方法，帮助更多家长与孩子建立健康家庭亲子关系，积极引导孩子发现自身优势，锤炼孩子的综合素质，实现全面发展。

【案例三】▶▶▶

火花思维推出 AI 数理思维课

2019年7月，火花思维上线最新研发的AI数理思维课，通过AI技术，优化幼小低龄阶段数学思维培训的教学方式。

2018年初，教育部提出了《高等学校人工智能创新行动计划》，这也意味着人工智能将全面拥抱教育行业。同年，亿欧智库发布《2018人工智能赋能教育产业研究报告》，提出了"AIED（Artificial Intelligence in Education，指'人工智能+教育'）"概念，并指出，国内教育培训机构AIED产品的推出将是大势所趋。

事实上，"AI+教育"早已不是新鲜话题，AI技术的融入，可为因材施教的精准教育提供数据支持和建议，可根据不同学生的学习进程实现分层教学，制订个性化的学习计划。此次火花思维推出的AI数理思维课，就是在火花强大的课程体系和数百万节课程数据的基础上进行深度分析，赋予AI教师观察和读懂孩子操作的能力。同时以数据分析反馈结果配合激励体系，为学生提供针对性的交互学习体验。

AI对教学的改善主要体现在以下方面：一是通过AI技术，分析课程数据，赋予AI教师观察和读懂学生操作的能力，以期还原教师真人教学场景，提供更有针对性的学习规划指导；二是通过数据即时反馈和激励，提供针对性交互学习体验，提高学生兴趣；三是课程无需预约，随时上课，学习时间更自由灵活。

此外，火花思维还围绕AI数理思维课推出了五步立体式学习流程，建立课前—课中—课后—复习—反馈的学习体系，通过情景化的自主预习、个性化互动教学、趣味化的知识强化训练、寓教于乐的复习模块以及完整的学情效果评测报告，提供家长和孩子全程的快乐伴学服务，让孩子自主高效地爱上学习。

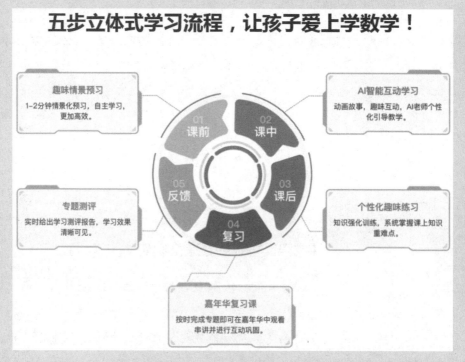

作为儿童思维训练领域的先驱者,火花思维推出AI数理思维课,一方面是希望能够利用技术手段,最真实的还原教师真人教学场景,更加科学而有针对性地为学生的学习进行规划和指导。另一方面可以进一步地让孩子灵活自由地分配学习时间,随时随地反复强化练习,在巩固学习成果的同时,降低家长和孩子学习的时间和经济成本。

【案例四】▶▶▶

美术宝推出小熊美术,着重打造AI+美术教育

近年来,科技赋能教育成为市场发展的主旋律,新技术正成为在线教育快速发展的"助推剂"。从在线化到智能化,整个教育行业在不断升级,美术教育行业也不例外。

2020年3月,伴随着云计算、人工智能、大数据、AI等技术的发展,美术宝教育旗下教育品牌"小熊教育"正式推出一款AI智能教学平台——小熊美术。作为AI美术教育行业里的最新赋能应用,小熊美术是美术宝教育专门为3~8岁全球少儿研发的一种全新形式的系统性AI美术绘画课程,旨在通过视觉、语音等结合人工智能开展美术教育新模式新体验。

美术宝教育在2019年成立小熊美术教育品牌,以3～8岁少儿的心理、生理、认知、发展、成长等规律为基础,结合美术教育学科的图像识读、美术表现、创意实践、审美判断、文化理解五大核心要素,专门为全球少儿研发的一种全新形式的系统性AI美术绘画课程。

在AI教学中,小熊美术通过技术手段将视觉、语音、机器学习等多项技术产品化应用在课程上,配合真人实景互动教学,专属1对1老师辅导,学员可随时随地进行学习。场景化、游戏化、生活化的设计,激发孩子自主学习兴趣;丰富教具、课后练习、跟踪测评,则在稳定提高学员绘画技巧的同时,进一步保障立体化学习效果。

目前,包括国家文化、民族服饰、动植物、故事趣闻、科学知识、一百位艺术大师等主题课在内,小熊美术的课程丰富多彩,种类繁多。学员可根据自身情况,在课程库中选择适合科目并进行多样课程的个性化组合学习。

教育一方面是传递知识,另一方面是传递情感。小熊美术AI课采用人机交互的模式,用机器增加交互属性,用人去传递情感,以满足孩子的学习体验,达成学习效果。"AI+美术教育"的崭新教学模式,不仅在时间和空间上满足了用户学习时间碎片化的需求,还满足了用户个性化学习的需求。

技术的进步是解决教育普惠的好方式,小熊美术通过AI互动教学、IP动画赋能课程的方式,将数字化技术融入教与学场景,用智能为美术教育赋能,让每个孩子享受到系统、便捷的美育课程。

未来，小熊美术将用既有的优势与技术去探索占据行业更前沿的阵地。通过小熊美术自身的发展与努力，让更多的家庭，更多的孩子享受优质的、普惠化的美育服务。

【案例五】

爱棋道全面升级十二级课程体系

自2018年7月开始，爱棋道教研部根据教学数据进行深入研究，对爱棋道的整体课程体系进行重新规划。经过近一年的深入钻研，自2019年7月暑假班开始，爱棋道将对十二级课程体系进行更新迭代。旨在提升学员们的围棋学习效率、加快升级升段速度，教真围棋，培育让孩子受益一生的能力。

更新亮点

（1）迭代升级全级别知识点，中盘与实战模块新增近200个知识点，删除了一些较为落伍且实用性不强的定式知识点。

（2）增设I-0级别课程，优化启蒙阶段内容体系，帮助学员打牢基础。

（3）取消原I-11级别课程，更新为特战二队课程，即现I-10级别可直接衔接爱棋道特战二队。

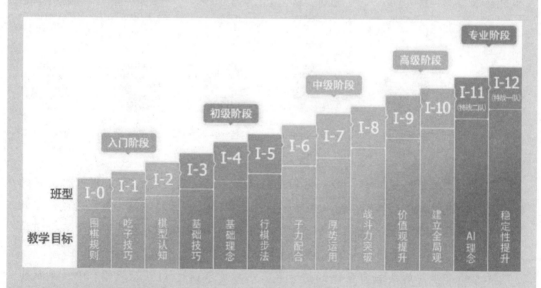

更新内容详细说明

（1）调整启蒙教学产品，满足多样化需求，新增I-0级别。爱棋道通过多年来的教学数据积累与市场调研，发现在启蒙初期，学习基本的围棋规则、子力的气与死活的认知等知识点时，是不同学员学习速度差别最大的时期。为了满足不同学员间对于学习时间和进度的个性化需求，爱棋道现针对零基础学员新开设了I-0课程，采用"录像课+实战指导直播课"的形式，让学员能够随到随学，进度可自行调整，从而使围棋入门变得更自由，更便利。

（2）AI新时代，高段授课模式升级，助力突破高段瓶颈。自2016年AlphaGo横空出世以来，AI的围棋理念与变化给整个围棋界带来了一场全新的认知风暴，高端的围棋理念与变化研究，可谓是日新月异，与原本的更新速度比，有了质的提升。鉴于此，原本旨在传授给高段学员最新围棋理念与流行变化的I-11课程就略显落伍了。

于是爱棋道决定对I-11课程进行升级迭代，大刀阔斧地砍掉了原I-11的课程内容，保留教学目标与思路，融合特战二队的课程内容，每学期制作全新的教学内容，旨在保证学员们能随时学习与了解最新的AI围棋理念与流行变化，提升高段学员的学习效率与进步速度，快速突破高段瓶颈。

第十三章
在线高等教育

> **导言**
>
> 近年来，慕课（又称MOOC，即大规模在线开放课程）等新型在线开放课程和各种学习平台在世界范围内迅速兴起，突破了教学时空限制，增强了教学吸引力，激发了学习者的学习积极性和自主性，扩大了优质教育资源受益面，正在促进教学内容、方法、模式和教学管理体制机制发生变革。

一、慕课的概念

所谓慕课，即"大规模在线开放课程"（Massive Online Open Course，MOOC），是指通过互联网将大学课程传输到世界各地以满足人们求知欲望的一种教育模式。

作为高等教育的一种新模式，以及传播教育资源的一种新途径，慕课引起中国广大高等教育工作者的热烈关注。早在2003年4月，教育部就开始投入大量经费，实施了"精品课程"工程建设。经过10多年的建设，也得到了不小的发展。随着网络公开课、国家精品课程的普及，依靠互联网而进行的网络教育逐渐走进大众视野，成为普及高等教育实现教育公平的一种新方式。

二、慕课的特点

近年来，作为"互联网+教育"产物，慕课开始在世界范围内广泛兴起。慕课突破了传统教育时空限制，激发了全新教学生产力，引发了教育模式革命性变化。具体来说，慕课具有图13-1所示的特点。

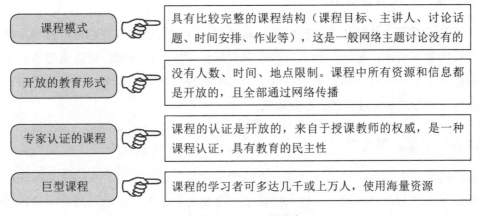

图13-1　MOOC的特点

三、慕课在高等教育中的优势

慕课作为新的教学资源,打破了学校的界限,共享着全球的优质资源,促进了教育资源的均衡。在高等教育的发展中,慕课作为教学的有益补充,为学生带来了各种优质教学资源,使得学生足不出户便可享受到来自世界各国的教育思想。它在高等教育中的优势主要如图13-2所示。

图13-2　慕课在高等教育中的优势

1.简单易操作

慕课通常采用小视频的形式,视频可以缓存也可以倍速播放,满足不同学生的学习需求。学生通过学号登录慕课,可以随时随地学习,作为学生课外选修的补充学习。整个系统操作简单易学,学生可以很快适应慕课学习。

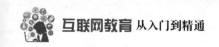

2.丰富的优质教育资源

慕课的讲授者一般是知名院校的教授和专家，目的是让很多普通院校的学生也能享受到优质的教育资源。慕课平台上有很多课程以供学生进行选择，可以满足不同学生的课内和课外爱好。在视频中，学生可以学习名家教授看问题的视角、批判的思维，以及用整体学习的方式来促进自己的专业成长。

3.实时共享，终身学习

慕课的优点之一是能够实现共享，提高学生终身学习的能力。全民学习时代已经到来，慕课为培养和提升终身学习能力提供了一个良好的平台。在高等教育中进行慕课的补充也是为了培养学生在未来工作和生活中的学习能力。慕课上的资源可以不受区域限制进行共享，任何地区、任何学校、任何个人都可以进行慕课的学习，实现优质教育资源的进一步共享发展。

4.学生学习更加自主

慕课进一步推动学生进行自主学习，学生可以积极主动地去学习自己感兴趣的课程，主动地在评论区中探讨，从而促进学生学习主观能动性的提高。

5.提高学习兴趣

慕课有助于增强学生的学习兴趣。这种新型教学资源的引进，使学生对学习充满了新鲜感，愿意主动地去进行慕课的学习。只有产生对学习的兴趣，学生才能养成自觉学习的习惯。

> **微视角**
> 慕课是通过线上课程的教学来实现高水平大学教学资源的平衡发展，以补充现在高等教育教学资源的不足。帮助更多的大学生享受到优质的教育资源，从而实现全面发展。

四、慕课对中国高等教育发展的影响

慕课时代已经到来，北京大学、清华大学、复旦大学、上海交通大学等先后加入了慕课阵营，它们凭借自身雄厚的学科实力和学术声誉，成为推动慕课在中国发展的一支重要力量，进而影响着中国高等教育发展。

1.慕课革新了高等教育的教育思维

这种教育思维的革新，主要表现在教育资源的共享和人才培养的创新。慕课具有明显的优势，如图13-3所示。

图13-3　慕课的优势

图13-3中的优势必然给传统型大学的改革和发展带来一些启迪。慕课是一种教育革新，更重要的是，它将改革大学教育，重塑高等教育版图。慕课可以满足高校教育发展的两个目的，如图13-4所示。

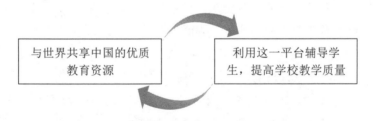

图13-4　慕课可以满足高校教育发展的两个目的

中国名校与慕课频繁互动，既反映出中国高校面对世界教育的创新变革，应对敏捷，也可以看出中国教育正越来越受到国际化的影响。

2.慕课改变了高等教育的教学方式

随着慕课的深化发展，高等教育的教学方式将从固定课堂模式走向移动学堂模式，最终实现全球教学方式的重构和提升。新型交互技术的大数据给大学教育模式带来全方位的冲击，大数据的多样性、可扩展性、实时性、个性化价值正在影响并改变大学教育模式，慕课作为一种新型交互技术的大数据，也给大学教育模式带来了巨大影响，如图13-5所示。

1	大学教育对象将由课堂里的学生变为全世界的学生
2	大学教育的内容将对社会所需进行快速反应
3	随时随地在互动平台上学习将成为未来的教育形式
4	大学教育的真实课堂景象将复制到全球各个角落

图 13-5　慕课对大学教育模式的影响

总之，这种新型交互技术的发展给大学带来了教育对象、教育内容、教育形式和教育场景的重构，将深刻影响大学教育的观念、理想和行为，给大学增添变革的力量。

资讯平台

2019年4月9日，由教育部牵头，众多机构协办的中国慕课大会在北京友谊宾馆隆重举行。本次大会以"识变、应变、求变"为主题，来自教育部及其他中央相关部门的领导、教指委专家、省级教育行政部门领导、高校教务处处长及教师代表、国际知名慕课专家和多家课程平台负责人等600余人参加会议，旨在为办好更加公平更有质量的中国高等教育，就中国慕课的更快建设、更好使用、更有效学习、更有序管理，共同发表《中国慕课行动宣言》(以下简称《宣言》)。

该宣言指出，六年前，在教育部大力推动下，中国高等教育超前识变、积极应变、主动求变，慕课建设开始起步。2018年，教育部认定推出首批490门国家精品慕课。2019年，教育部认定推出第二批801门国家精品慕课。六年来，中国慕课从无到有、从小到大、从弱到强。目前，12500门慕课上线，超过2亿人次在校大学生和社会学习者学习慕课，6500万人次大学生获得慕课学分，为建设学习型社会、学习型政党和学习型国家做出了重要贡献。

3. 慕课对高校体制的挑战

慕课对中国高校体制带来了图13-6所示的五大挑战。当然，挑战同时也是机遇，将有助于促使高校体制改革，帮助高校更好地适应慕课新形势发展。

以"学"为本的教学价值取向冲击以"授"为主的教学模式
精巧的课程设计让"照本宣科"无立足之地
促使现行的教学评价方式变革
高校人才交流与竞争更加频繁激烈
促使大学加快教育改革,提高教学质量

图 13-6　慕课对高校体制的挑战

由上述可知,慕课对中国高等教育发展的影响必然促使中国高等教育思维与模式的双重转换。首先,人们对于在线学习的认知与理解更加深化,必将打破面授课程惯性思维的束缚,从而积极接受新事物,转变自我的学习理念和工作理念,通过掌握教育技术和慕课基础知识,提高学习热情,提升自主学习能力;其次,高等教育的教学模式发生了新的变化,大规模开放式在线培训模式正在大力冲击着单一的视频学习,一种依靠互联网的即时性、共享性的教学模式必将逐步形成,它克服了以往教学模式单一、静态的弊端,通过连通全球学习资源,进而构建覆盖全世界的公共学习平台。

 相关链接

慕课必将成为新时代加速高等教育改革发展的重要引擎

无论慕课如何"颠覆"传统教育方式,教育的本质和方向不能变,既要"授业、解惑",更要"传道"。

一堂慕课,可容纳10万名学生注册学习;偏远地区,孩子们也能实时聆听千里之外的名师授课;遇到难题,扫一扫即可得到解析方法……信息技术在教育领域的应用普及,打破了时空限制,为教育开启了"魔法之门"。

慕课,即大规模开放在线课程,是"互联网+教育"的产物。目前,我国上线慕课数量已达5000门,学习人数突破7000万人次,慕课总量、参与开课学校数量、学习人数均处于世界领先地位,我国已成为世界慕课大国。不久前,教育部正式推出了490门"国家精品在线开放课程",这是国内首批、国际首次推出的国家精品慕课。

那么,如何才能抓住机遇,借助慕课实现高等教育"变轨超车"?变轨超车,"变"是前提,"超"是目标,实现"变轨超车",还有很多工作要做。

首先看"变"。慕课这所没有"围墙"的大学，是很多人的夙愿，有了慕课，在课程学习的意义上，所有人都可以成为"北大的学生"。同时，这一教育的"魔法"，让老师实现了教学效益最大化，让学生能随时随地听课，颠覆了传统的大学课堂教学方式，对推进教育公平，实现高等教育高质量内涵式发展，都具有重要推动作用。

当前，慕课正成为世界各国争夺下一轮高等教育改革发展主导权、话语权的重要阵地。所以，社会主义办学方向任何时候都不能变，必须始终坚持立德树人，将社会主义核心价值观寓于教育教学全过程。令人欣慰的是，从目前实践看，一些高校利用慕课平台，促进专业教育与思想政治工作紧密结合，一些高校思政课堂也变得"有温度""高颜值"，成为学生想学、爱学的课程"网红"，开辟了让人惊喜的新天地。

再说"超"。教育是立国之本、强国之基，作为一个有着悠久文明的古国，中国教育在相当长的时间内都处于世界领先水平。只是近代以来，在内忧外患、积贫积弱的大背景之下，没有跟上世界教育发展的脚步。新中国成立以来特别是改革开放40年来，我国国力的迅速强大为教育快速发展奠定了坚实基础，适逢其时出现的慕课，更为高等教育"变轨超车"提供了难得的历史机遇。中国慕课之所以能跑在世界前列，就在于起步早、定位高、力度大、速度快。值得注意的是，我国慕课跟他国不同，一些发达国家的慕课主要应用对象是社会学习者，我国则主要定位于大学内的教育，通过推进共享的校际优质教学资源和力图打破"满堂灌"的传统教学模式，从而促进教学内容、方式方法改革，提高高等教育教学质量，在此基础上兼顾社会学习者。这种充满活力的慕课成长方式，让"超车"前景可期。

当然，实现真正意义上的"超车"，还有很长的路要走。可喜的是，慕课教育已纳入我国教育改革发展的顶层设计，教育部将进一步推进名师积极建、教师积极用、学生积极学的慕课征程。相信随着建设与应用向纵深发展，慕课必将成为新时代加速高等教育改革发展的重要引擎。

五、慕课在高校教育中的应用模式

实现课堂高效化是高校教育的核心工作，也是人才培养的重要途径。优质的教学内容、合理的教学活动以及恰当的教学方式是高效课堂的基本要求。慕课作为教育信息化的产物，不仅为学生提供了优质的学习资源，使个性化学习成为可能，而且丰富了教学活动，有助于教师发掘新的教学途径。目前，慕课在高校中主要有以下几种应用模式。

1. 基于MOOC的翻转课堂模式

基于MOOC的翻转课堂模式是一种融合了线下和线上教学的混合式学习,利用翻转课堂方式来完成一门课程的教学。在此方式中MOOC学习作为教学过程中的一个环节来推动教学进程。线上,MOOC为学生提供了丰富的学习资源与合作讨论的平台;线下,多样化的面对面教学方式如教师讲解、实验、讲座等为学生答疑解惑,帮助学生建构知识体系。

2. 基于MOOC的分布式翻转课堂

基于MOOC的分布式翻转课堂对基于MOOC的翻转课堂模式进行了升级,教师不再以班级整体作为课堂的主要对象,而是按照学生的学习程度将班级划分为更小的单元,给学生布置不同的学习任务。这种模式增大了教师的工作量,要求教师准备大量的学习资源,但是教学效果更好,充分满足学生个性化学习的需求。

3. 作为优质资源共享平台的应用

作为优质资源共享平台的应用模式,以教师在课堂的讲授为主,仅将MOOC作为课前预习和课后复习的拓展性资料。该模式更符合我国学生的学习习惯,学生负担小,但不利于学生创新与实践能力的培养,且不能满足学生个性化学习的需求。

该模式下运用的平台主要包括图13-7所示的四类。

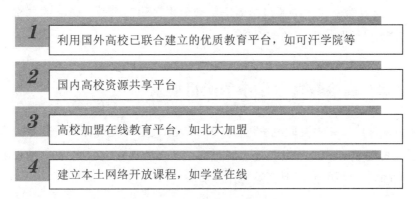

图13-7　优质资源共享平台的类型

4. 借助MOOC进行全过程在线学习

在借助MOOC进行全过程在线学习模式中,学生通过MOOC平台中的课程进行自主学习,完成平台上的作业提交、测评考核等以获得学习结果认证。教师通过在线方式为学生答疑解惑,进行作业批改以及提供个别辅导等,教师将学生参与MOOC的学习表现作为计算成绩的重要依据。

5.基于研究的综合应用模式

在基于研究的综合应用模式中,部分学生利用MOOC进行线上学习(不同学生可以选择不同的MOOC课程),部分学生采用传统课堂方式进行学习,部分学生采用MOOC与传统课堂相结合的混合式学习,教师通过比较学生的学习效果,进行提高教学质量的相关研究。

6.基于MOOC的中外教师合作混合教学模式

在基于MOOC的中外教师合作混合教学模式中,将国外大学的MOOC课程引入到国内大学的面授课中,同时安排MOOC平台的自主学习、国外教师开展远程视频会议、面授课集体教学等学习活动。对于学生发展而言,不仅能使学生接触到国外优秀的课程资源,而且能在国内学生与国外教师之间建立起跨越地域的交流。对于教师发展而言,不仅丰富了国内教师的教学手段,而且有利于发挥国内教师与国外教师各自的教学优势,取长补短。

7.二次开发模式

二次开发模式是任课教师与MOOC课程开发商等合作对MOOC平台与课程资源进行"本土化"改造的教学模式,主要包括对网络教学平台和课程教学资源的二次开发,有助于提高MOOC课程与课堂内容的契合度。

六、慕课在高等教育教学中的应用场景

在"大数据时代"和"互联网+"的背景下,MOOC等在线课程的新型教育资源快速发展,对我国传统教育模式产生了较大的影响。社会各界对MOOC的关注和研究不断深入,高校与MOOC的合作也呈现紧密合作趋势。

1.课程设计层面

慕课课程主要由教学视频、阅读材料、作业、小测试、讨论等几个部分组成。参与制作慕课的团队一般都是由具有较高教学、科研能力的教师队伍组成,而这些教师在本专业的教学领域都有比较深入而详尽的研究,并且依靠多年的教学经验能够对教学过程比较灵活的把握。其设计制作的MOOC课程主要分为图13-8所示的三类。

| 第一类 | MOOC平台上已有的课程内容 |

此类MOOC课程可以让学生参与到名校名师的课程中,体验名师的教学方法,但是由于MOOC课程是由他人制作,教师并未参与到MOOC的制作,因此MOOC的内容与教师的课程安排可能存在契合度不高的问题

| 第二类 | 教师个人制作一部分课程并与已有的MOOC课程相结合 |

此类MOOC课程在名师名课的基础上加入了教师自制视频,教师根据学生学习过程中可能遇到的问题对名师名课进行补充,使原有MOOC课程更贴合课程需求

| 第三类 | 完全使用教师自制课程 |

此类课程内容完全由教师决定,更易满足教师的教学需求但是无法体现MOOC中名校名师名课的特点

图13-8　MOOC课程的类型

相关链接

慕课在制作上的形式要求程

1. 基于技术的精细化教学设计

教师在准备制作慕课前需要针对不同层次、不同专业的学生的学习能力进行系统评估,从而设计整理出一整套适合此类学生自学的视频资料和辅助教程。相较以往传统的以课堂教学为主的教学设计而言,这种经过教师团队精心设计的慕课课程在使用时,具有针对性更强、内容上更加精炼的特点。这些看起来碎片化的视频资源,却使主题更加集中,主线不散,主要把课堂内容、课中练习、教学反馈、学生讨论、课后测评融合在一起,从而完成较为精准的结构化设计工作。

2. 制作具有多种形式共存的视频教学资源

视频资源是慕课课程构成的主体部分,一般情况下依据某个热点或争议的话题或重点、难点主题而展开阐述,具有逻辑性、严密性强的特点,视频资料可以完整呈现教学内容。教学视频时间长短不一,有些长达一小时,有些是几分钟到十几分钟的短视频,语句精练、讲解透彻、观看者易懂易学,并且具有可以反复观看的特点。

3. 教学对象针对性强,提供大量练习内容

一般在短视频中,制作者都会穿插进去即时性的若干问题,可以随时对知识进行回顾总结,视频讲解结束后还向学习者提供充足的练习来巩固学习效果。

4. 沟通交流方便,在线答疑解决疑问

慕课制作过程中一般都采取在线探讨、答疑的学习方法,在学习者和主讲教师之间建立沟通桥梁,使其共同参与。并且同时学习的同伴之间又可以通过开放性的作业进行无障碍交流,从而促进了学习和思维的共同发展,更加强化了教学效果。

2. 慕课运用层面

慕课在高等教育中的运用主要针对两类对象,如图13-9所示。

 全职工作人员或者已毕业的学生,这些人大多已取得学士、硕士或者硕士以上学位,观看慕课是为了提升自己的专业水平或者培养兴趣

 针对在校学生,高校教师可以利用慕课平台设计教学方案,在课堂上更多地结合操作实例讲解,为学生带来更多的视觉冲击,对所学的知识有更加直观的认识,比如医学院校的护理及针灸推拿等课程

图13-9 慕课应用的对象

通过慕课的运用,教师不再集中大部分精力参与到多媒体课件的设计与制作,而是把更多的精力和时间投入到提升教学能力及课堂方案的设计中。

3. 技术支持层面

高校的现代教育技术团队是由具有专业技术背景的教师组成的,主要负责课堂视频的录制、后期编辑和慕课平台的搭建、维护,确保在线师生双方可以顺利地利用慕课平台进行相互沟通和交流。而将慕课平台交于具有信息技术能力的专业教师,除了能够使具有专业背景教师的才能充分发挥,同时又使慕课团队教师的具体分工更加明确。

【案例一】

慕课连接华东理工大学和喀什大学

2018年10月8日上午9点55分,在华东理工大学(简称华理)奉贤校区A教306室,120名2018级学生济济一堂,像往常一样在上无机化学课。与此同时,远在5000多公里外的喀什大学,也有200名大一新生实时听到课程内容,参与课堂互动,这是无机化学同步课堂的国内首次试点。

让西部学生能远程共享精品课的是学生们身处的这个现代感十足的沉浸式远程直播互动教室。前方三块大屏,后方两块屏幕,教师身影由跟踪摄像机自动捕捉,两地画面清晰并可随时根据需要切换,整堂课程呈现流畅。这样的无机化学课堂接下来要上一个学期。

在教育部高教司发出"慕课西行"的号召后,华理先行先试,无偿为喀什大学打造同步课堂,将优质教学资源无私输送到西部,实实在在地为西部教育与人才培养做些事情。

华理化学学科是世界一流学科建设项目,以该学科的精品课程帮扶喀大,体现了上海高校对援疆的高度重视,体现了优质教育资源共享的理念。无机化学作为一门专业性较强的课程,着重教授无机化学基础知识和基本理论。据介绍,由于师资匮乏,喀什大学的无机化学课程面临开课困难的窘境。为此,华理特意安排了学校的优秀教师、化学学院徐志珍教授担任这门共享课程的负责人。

徐志珍老师作为华理"工科化学系列课程创新教育教师团队"的一员。她教授的无机化学课程是上海市精品课程。以"站上三尺讲台,就要对得起学生"为座右铭的她,上课条理清晰、讲解透彻,深受学生欢迎,课堂上不仅座无虚席,还常常需要加座,课前学生还会早早占座。得知开设同步课堂是为西部高校献爱心,徐志珍老师欣然应允并立即着手准备。

除了生源不同,两地学生的基础也不同。例如,喀什大学学生知识基础相对较弱。此外,新生报到时间不同、两地存在2小时时差等,也为课程实施带来了困难。

"既然做了,就要尽心尽力去做好,真正让学生学有所获。"徐志珍仍然迎难而上,她表示,课余将付出更多的时间和精力,通过开发配套的线上课程、开展习题课、微信群答疑等,进一步确保教学质量。

此次同步课堂试点借助网络与在线教育技术,依托线上平台与沉浸式远程直播互动教室,将华理的无机化学课程原汁原味地隔空"搬"到喀什大学,从此,西部学生又多了一个途径,得以共享东部优质的系统化专业基础课程。

【案例二】▶▶

优课联盟建起"没有围墙的优质大学"

在2020年初疫情期间,各高校纷纷延期开学。为保证各高校教学秩序正常运行,减少疫情对高校大学生学习生活的影响,由深圳大学倡导发起的全国地方高校UOOC(优课)联盟(以下简称"优课联盟")积极响应教育部"停课不停学"的号召,组织人力开展线上教学方式研究和培训,利用联盟优势服务全国高校和学习者。截至2020年3月20日,联盟平台开课总门次1537门,开设SPOC门次672,在线教师总人数31108人,注册学生人数49.7万,选课总人次34.92万,选修联盟课程的高校479所,累计选课高校517所。联盟平台教学运行稳定。

据了解,优课联盟是首个全国地方高校优质MOOC课程资源共享平台。2020年2月17日,优课联盟线上课程全线开放,面向全国免费提供471门课程。

为满足不同教师教学需求,优课联盟提供三种线上教学模式:纯MOOC教学、开源共享SPOC教学、自建SPOC教学。教师们根据自己的教学需求选择合适的教学模式,充分推动"MOOC+SPOC+翻转课堂""在线开放课程+直播见面课"等多种教学模式的应用。

作为优课联盟的发起单位,疫情期间,深圳大学在优课联盟的积极配合下顺利开展线上教学工作。2020年2月10日,深圳大学发布在线教学实施方案,3月2日开始线上试课,3月9日开始线上正式上课。疫情期间,深圳大学注册教师数2689人、注册学生数39502人,共8000多人次参与9场校级、213场院级线上教学培训,开课964

门次，实行线上教学的课程3554门次，开出率为89%，参与教师1685人，上课学生16.9万人次。全校公共基础课100%开展线上教学。

深圳大学线上教学实施方案不仅是疫情防控时期的应急方案，也是学校化应急需要为发展机遇、深入推动的一次教学创新行动。学校积极发挥优势和经验，大胆探索教育模式，引导教师合理采用SPOC、自建网上课程或远程实时教学等模式，适应不同课程需要，保障教学质量。

据介绍，疫情期间，优课联盟通过整合资源更好地为全国高校提供教学支持服务：积极组织开展线上教学直播培训4场，参与教师3000余人；组建多类型的答疑群，组织平台技术、联盟教务和教育技术专业学生志愿者等，利用多渠道的线上服务满足不同教师的教学需求；开展疫情期间联盟在线教学优秀案例征文活动，让各位教师互鉴共享；开展疫情期间联盟学生和教师问卷调查，不断改进和完善服务；加强联盟公众号运营，开展教师访谈、优秀案例报道、联盟培训、联盟动态等推文宣传。

【案例三】▶▶▶

学堂在线推出"雨课堂"智慧教学工具

2016年6月16日上午，学堂在线在清华科技园召开发布会，宣布推出智慧教学工具——雨课堂。雨课堂由学堂在线与清华大学在线教育办公室共同研发，旨在连接师生的智能终端，将课前—课上—课后的每一个环节都赋予全新的体验，最大限度地释放教与学的能量，推动教学改革。

学堂在线是清华大学于2013年10月发起建立的慕课平台，是教育部在线教育研究中心的研究交流和成果应用平台，是国家2016年首批双创示范基地项目，是中国高等教育学会产教融合研究分会副秘书长单位，也是联合国教科文组织（UNESCO）国际工程教育中心（ICEE）的在线教育平台。

目前，学堂在线运行了来自清华大学、北京大学、复旦大学、中国科技大学，以及麻省理工学院、斯坦福大学、加州大学伯克利分校等国内外一流大学的超过2300门优质课程，覆盖13大学科门类。

除了不断开发优质的课程，学堂在线还利用在线教育资源，积极在混合式教学模式创新方面进行探索，雨课堂就是有效的尝试。

零投入实现智慧教学，雨课堂让教与学释放更多能量

雨课堂将复杂的信息技术手段融入到PPT和微信，在课外预习与课堂教学间建立沟通桥梁，让课堂互动永不下线。使用雨课堂，教师可以将带有MOOC视频、习题、语音的课前预习课件推送到学生手机，师生沟通及时反馈；课堂上实时答题、弹幕互动，为传统课堂教学师生互动提供了完美解决方案。雨课堂科学地覆盖了课前—课上—课后的每一个教学环节，为师生提供完整立体的数据支持、个性化报表、自动任务提醒，让教与学更明了。

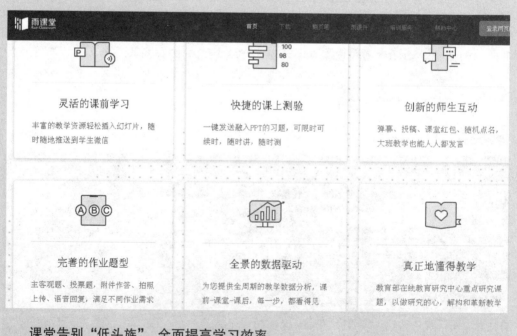

课堂告别"低头族"，全面提高学习效率

在智能手机普及的今天，课堂上学生低头看手机也成了大学课堂上老师与学生之间的难题。雨课堂的出现，成功改变"低头族"的现象，让智能手机变成学习的有效工具之一。

使用雨课堂让课堂实现了理想中的变化，学生更加主动学习，师生、生生之间的互动交流更佳频繁、深入。雨课堂是转变传统教学方式，进行课堂教学创新的工具，尤其适合翻转课堂、混合式教学的理念和要求。教学实验数据显示，翻转课堂班的学生学习体验更加正面，学习方式更加深层，学习投入更多，学习信心更强，学习效果也更好。

使用雨课堂，教师再也不用操心他上课内容中，有哪些是学生不懂的，也不用再分出时间与精力来关注哪些学生没有参与课堂学习，哪些学生参与度高等，因为雨课堂都已经进行了统计。雨课堂让教师实现了在一、两百人的大学课堂中的讨论教学。由于弹幕的匿名功能，学生发送弹幕没有了顾忌，课堂讨论参与度非常高；在课堂上进行随堂测试时，答案一旦提交，学生即可得知结果，且教师在课堂上可以把答题最佳同学的情况进行投屏，这样的行为刺激了学生们的好胜心，无形中班级同学之间展开了良性竞争。

【案例四】▶▶

中国大学MOOC拥有最多国家精品在线开放课程

在2018年年初教育部推出的首批490门国家精品在线开放课程中，中国大学MOOC就入选了322门，占比近七成，成为拥有最多国家精品在线开放课程的慕课平台。

跨越时空，中国大学MOOC让优质教育资源有效供给

公开资料显示，中国大学MOOC是由网易与高等教育出版社携手推出的在线教

育平台,向大众提供中国知名高校的MOOC课程。在它的官网上有这么一句话"在这里,每一个有意愿提升自己的人都可以免费获得更优质的高等教育。"

汇聚知名高校课程的中文MOOC平台

中国大学MOOC是由网易与高教社携手推出的在线教育平台,承接教育部国家精品开放课程任务,向大众提供中国知名高校的MOOC课程。在这里,每一个有意愿提升自己的人都可以免费获得更优质的高等教育。

浙江大学翁恺的《C语言系列课程》,是中国大学MOOC入选教育部的国家精品在线开放课程,据中国大学MOOC的官方数据,截至2018年4月,翁恺老师已经在其平台上授课十六次,累计有超过75万人次进行了学习。

从乡村到城市,从沿海到内陆,慕课正在跨越时空界限,形成一种新型的优质教育资源供给方式。

优化体验,中国大学MOOC让思想政治课前沿又有趣

近年来,一些高校积极探索基于慕课的混合式教学模式讲授思想政治课,特别是在全国高校思想政治工作会议后,思想政治课慕课应用数量快速增长。迄今,中国大学MOOC平台上线19门思想政治课慕课,开课34期,选课近40万人次,浙江大学段治文教授的"中国近现代史纲要"就是入选国家精品在线开放课程的思想政治课慕课。

段治文是浙江大学马克思主义学院教授、博士生导师。2014年11月,由他领衔主讲的"中国近现代史纲要"慕课课程在中国大学MOOC平台上线。至今,在网上选择这门课程学习的网友已经有10余万人。四川师范大学、西安工程大学等多所大学都把这门慕课课程的学习作为该校思想政治课程教学的重要组成部分。

"这门课不是单纯地讲历史知识,更不是以讲历史段子来博人眼球。作为一门思想政治课,重要的是从历史的角度来实现价值引领,解决学生关心的思想理论问题。要为学生成长奠定思想基础。"段治文说。

有用户在这门思想政治课慕课下评价:本课程让我有"相见恨晚"的感觉!学习了本课程,让我进一步了解了中国近现代屈辱但又不平凡的历史,让我对中华民族的不屈不挠有了更深刻的认识!

近三十年的思想政治课教学,段治文总结出了三个"通"、两个"结合"的理念,这就是"古今通，探索历史原脉；中外通，拓展世界视野；多学科通，拓宽学科素养；理论与历史相结合，使学生学得有趣；历史与现实相结合，使学生学得有用。"如今，他把这套方法应用在慕课课程上，收获了无数校外"粉丝"。

"所以你看，学校的背景并不会限制你的发展，通过中国大学MOOC，你依然可以接触一线的教育资源。"有用户在社交媒体上如是说。

参考文献

[1] 唐亮.打造面向未来的"互联网+教育"[N].中国教育报,2019-03-10(02).

[2] 张生."互联网+教育"推动教育均衡发展[N].中国教育报,2019-03-11(02).

[3] 史枫."互联网+教育"助力打造学习型社会[N].中国教育报,2019-03-12(02).

[4] 程铭劼,刘斯文.在线早教的另类"春天"[N].北京商报,2020-02-14(04).

[5] 吴吉,通讯员,王若琳.优课联盟建起"没有围墙的优质大学"[N].深圳商报,2020-03-24(A04).

[6] 张晓洁.中国在线教育风景正好(专家解读)[N].人民日报海外版,2019-12-02(10).

[7] 艾瑞咨询.艾媒报告 | 2019-2020年中国在线教育行业发展研究报告[R/OL].(2018-02)[2018-02-13].

[8] 张徐昕,李丹,李嘉伟,et al. 大数据在"在线教育"领域的应用研究[J]. 软件导刊·教育技术,2017, 016(005):54-56.

[9] 陈荆桥.基于直播平台的翻转课堂教学模式探究[J]. 中国教育技术装备,2018, No.432(06):59-61.

[10] 温洋洋.探究5G网络在在线教育领域的应用及影响[J]. 数码世界,2019(9).

[11] 陈兆奎.面向在线教育领域的大数据研究与应用[J].科技传播,2019(15):146-147.

[12] 张君阳,刘菲.慕课在高等教育教学中的应用[J]. 产业与科技论坛,2017,000(022):174-175.

[13] 石馨玉,朱康宁.MOOC在高校教育中应用模式的探究[J]. 教育,2016(12):111.